エピソディカルな構造

〈小説〉的
マニエリスムと
ヒューモアの概念

吉田朋正

彩流社

目次

I　批評のハードウェア

I

批評のハードウェア

エピソディカルな構造

――〈小説〉的マニエリスムとヒューモアの概念

壁というものがある。こいつ絶対に思想なんぞではない。堅固な物質でできている現実の壁です。

――石川淳、安部公房『壁』への序文

壁は空間を仕切るものと定義される。ところで他方、日常的な空間とはまさに壁によって定義＝決定されるものにほかならない。この世界に建築というパラダイムが登場して以来――それが実際にいつかはともかく――空間は仕切られるべき何かとしてある無際限な広がりではなく、人の技術がはじめて出現させるような有限で有意味な場所へと姿を変えた。むろん実際の建築は、単に運動の限界としてあらわれるのではない。

I－1

石川淳のある文章によれば、壁についての最初の重大な知識は小説家によって与えられた――壁とは限界ではなく、人がそこで曲がるための偶因にほかならない、これである（安部公房『壁』序）。これは確かに戯作者の少々とぼけた言い草なのだが、ある種の作家たちがくり返してきた主張の変奏をここに聞き取ることもできるだろう。例えばサルトルとともに散文家《プローズライター》と小説家《ノヴェリスト》の区別を主張したミラン・クンデラの議論は、前者を理念に基づいた建築的精神に、後者を壁の真際で立ち止まり、常にダイグレッシヴに自己展開し続ける予測不能な運動態に準えるものだと言って良い（『小説という技法』*L'art du roman*）[1]。クンデラが言うプローズライターとは、まさに自分が書きたいと望んでいる事柄を書く人間、つまりあらかじめ知っている何かを書くために書く人間のことだ。彼はある目的＝意味に向かって書くのであって、自分が何を書いているのか、また何を書くべきで、何を書きうるのか、何を書き得ないのかを知っている。だがノヴェリストとは、これとはまったく逆に、書き始める前には決して知らなかったような何かを知るために書く人間でなければならない。後者の典型は、例えば英文学贔屓のジル・ドゥルーズが好んで語ったマルカム・ラウリーの彷徨に大いに認められるだろう。すなわちこの作家によれば、『火山の下で』*Under the Volcano* なる小説は交響曲、詩、オペラ、暗号文、笑劇、その他さまざまなものとして不断に機能する何ものかであり、「一種の機械装置」ですらあるという――「しかも動くのだ、本当に。僕は動かしてみたのだから」（一九四六年一月二日の手紙より）[2]。オートマトンめいたこの機械は作家本人にとって何よりもまず予想困難な多面的事実であり、彼が同じひとつの作品を十年間ひたすら書き直し続けたという事実は、一人の作家がある作品の完成に十年を費やしたといったロマンティックな逸話と同じではない。実際アザルスによれば、それは「書き直す」という表現が一般に意味する範囲をはるかに超えた、人物造形の根本的なやり直しや主要人物の入れ替えをも含むものであったという[3]。つまりラウリーは、他の作家であれば複数の作品の執筆に充てるのが当然と見なすようなある持続的な運動、ないし実験の場に、彼自身とみずからの登場人物たちを等しく導き入れたのである。ちょうど二十世紀のイタリアの劇作家が、作者を捜し求める六人の奇妙な登場人物をみずからの舞台に導入してみせたように。

*

そのように書くこと、あるいは書き直し続けることは、実のところある種の生き方を選ぶこととほとんど同義であって、こうした場合、作家にとって「書くこと」は、人生の一局面であるよりははるかに人生そのものに似通ってくる――つまり、それは絶対に彼自身のものでありながら、絶対に彼の思うままにはならない何かなのだ。他所でも触れたエピソードだが、ピーター・ブルックが語った純化された出来事としてのシェイクスピア作品は、こうした経験にかなり近いものを鮮烈な形で伝えてくれる。この演出家によれば、シェイクスピア劇はあらゆる解釈をはねのけるようなひとつのモノ、人を躓かせる石のような唯物性と偶然性を併せ持った一個の絶対的な非-意味であり、むしろそのことによって――内に秘めた意味の豊穣によってではなく――舞台上に驚きに満ちた出来事を再生し続ける偶因でなければならない。だからこそブルックの理解においては、少々驚くべきことではあるが、劇の演出過程で彼自身や俳優たちが日々経験するさまざまな現実の出来事と、シェイクスピア作品が語りつつあるフィクション内の出来事とのあいだには、いかなる本質的区別も立てられてはいない。どうやらこの演出家が心底求めているのは、魔女たちの声にたちまち不吉なモチーフを聴き取る「教養ある」観客などよりは、はるかにマクベスとともに開幕早々これを下らぬと切り捨て、尊大な無関心を決め込む人々であるらしい。後に『何もない空間』*The Empty Space* と題され出版された、この興味深い一種の反-講演において、ブルックは『リア王』の筋をまるで知らないという女性を聴衆から選び出し、ゴネリルの最初の長台詞を朗読させている[4]。演出家いわく、それはまさに完璧な、嘘偽りなき愛の表現そのものであった。演出家が必要とするのは、この長女の内に秘められた悪辣や欺瞞、あるいはその台詞が実父に対する偽りであることを知り尽くした俳優や聴衆ではなく、むしろ完璧な愛とコピュラ（「であった」）で結ばれていたはずのものが、正反対の何かへと突如変貌する出来事の純然たる苛烈さ、圧倒的な強度といったものなのだという。それを招き寄せるものなら、どんな偶然も我が演出ならざる演出の味方となり得よう――しかるに作品についてより多くを知っていることは、こうした出来事を誘引するどんな手助けにもなりはしない、と。ブルックの語る別の興味深いエピソードでは、やはり何も知らされていない聴衆が紙片を手渡され、この台詞を今から朗読して欲しいと頼まれる。容易に想像される通り、他の聴衆はクスクス笑いながらその様子を見守るが、実はその青年が受け取ったのはペーター・ヴァイス『追究』*Die Ermittlung* の抜粋、つまりはアウシュビッツについて書かれたもっとも恐ろしい言葉の数々であった[5]。はじめは何も知らず、苦笑しながら立ち上がった青年がふとその紙片に目をやる。そして今から自分が声に出すべき言葉を知り、静かに戦慄し立ち尽くしたその瞬間、彼の緊張がたちまち騒がしい会場に伝播し、新たな空間が忽然と姿をあらわすだろう。何もない空間。たった今始まろうとする出来事に先んじて存在すべきは、ただそれだけだ。むろんブルックが招いたような小さな奇跡を、起こるべく算段することはできない。だがそれにもかかわらず、そうした出来事こそが演出家が辿り着くべき究極のモメントであるほかない。演出家は、そのように逆説的に語っているのである。

　別様に言えば、それはただ作品を造り上げようとするプロセスにおいてのみ偶然に見いだされ、はじめて手がけうるような何かが常に、絶対に存在するということだ。この意味で「作品を作る」とは、そのような偶因に行き当たることを求める終わりのない旅、ないし彷徨といったものを常に含意することになるだろう。この演出家のアナロジーは、先のクンデラの〈小説家〉の概念、つまり決して単なる〈散文家〉にあらざる者たちの本性を語るにはいかにも意義深い手がかりとなる。〈小説〉における思考は、組み上げられるべき何ものかを目指して為されるのではない。それはむしろバフチンが語ったドストエフスキーの創造過程におけるあの奇妙な体験、つまり自作を幾度も書き直しているうちに、当初は考えもしなかったスタヴローギンという人物をなぜか創り出してしまったという、あの興味深い出来事へと繋がるものだ。こうした出来事における思考とは、「書く」という行為そのものの結果を次々におのれの半ば偶然の足場とし、常に現時点とは異なる何ものかとしてみずからを新たに造り上げようとする。クンデラが述べた、「自分の本より聡明な小説家は別の仕事をすべきだ」(6)という揶揄の真意は、いまやあまりに明らかだろう。賢きものとは断じて作り手本人などではなく、彼の作品、つまり彼がこれまで遭遇し、これからも遭遇し続けるであろう出来事としての自身の言葉にほかならないのだから。こうした意味でのノヴェリストとは、常に彼自身が創り出した世界の最初の発見者であり、かつ精読者《リズール》であって、実のところ、彼ほどの驚きをもってこの世界を見つめ、そのざわめきに耳をそばだてる者など決して存在しない。

　誰よりも注意深い自作の読者であり、誰よりも熱狂的なその観客であるような「作者」。彼はみずから生み出した小宇宙をあたかも外的な事件のようにおのれの理解へとふたたび導き入れ、繰り返し、繰り返し新たな探求へと向かう。その繰り返しは、ドストエフスキーの賭け事《バカラ》やラウリーの酩酊のように、まるで終わりというものを知らない。

I―2

蛇足めくが、先にふれた小説家マルカム・ラウリーには、こうした倦まざる者たちのエクリチュールに大いに関わるはずの、ひとつのエピソードがある――彼を支え続けたマージェリーや、その短い命を燃やし続けたアルコールの物語とはまた違った実に興味深いエピソードが。先のスタヴローギン誕生にも似た秘話だが、記念すべき処女作『群青』*Ultramarine*を完成させてまもなく、若い作家はその原稿をすべて失ってしまったという。身を削る思いで完成させた人生最初の作品が、編集者のブリーフケースもろとも消え去ってしまったのだ！　こうして絶望の日々が始まる。時に創作の燃料たり得たアルコールも、いまや終わりのない悪夢の導き手となる。だが作家はほどなく、驚くべき力で回復するだろう――ふたたびペンを取った作家、あるいは作家になろうとする途上にあったその青年は、自分が語ったはずの物語を大急ぎで回顧し、信じがたい速度でもうひとつの『群青』を書き上げてしまうのだから。ここには自分自身の書記、おのれ自身の勤勉なるバートルビーたらんとするもう一人の作者が存在するかのようだ。またその傍らには、かつてひとつの作品が占めていたはずの場所をふたたび埋めようと、同一ならざる同一作が打ち震えながら生まれようとしている。新たなテクストが埋めるべき場所は以前とほとんど変わらないし、書き手自身もまた、遠目にはメルヴィルのあの謎めいた筆耕のように、いかにも無為な存在と映るに違いない。だが、彼があらためて書き記すそのほとんど同じ言葉たちは、プルーストの語り手が述べた密やかでかつ激烈な運動――コルク部屋に封じられた、あの「溢れる躍動」（“l'animation d'un torrent d'activité”）[7]――のさなかにある。小刻みにガタガタと胎動する、作者の小さな部屋。作家たちは早晩、こうした「独り居の部屋」を見つけなければならない。それは彼がみずからの言葉を繰り返し経験し、同じであるはずのものから差異を生成するための場所ならざる場所であり、密かに鼻歌でメロディーを奏でながら演ずるヴァイオリン奏者のように、作家は彼自身にしか知り得ない密かな共鳴や倍音《ハーモニクス》を耳にする。同一性へと収斂するように見えながら、じわじわとそこから逸しようとするこの反復ならざる反復のフィギュールほどに、私たちがいま手探りで求めている〈小説（的なもの）〉の概念を鮮やかに表現するものはない。彼が期待しているのは、まさにこの打ち震える小さな部屋が連れて行ってくれるはずの、自分が未だ知らないどこかなのだから。すべての現実の小説家が、こんな風に未踏の地を求めていると、私は断固として主張したいわけではない。この小さなエッセイが主張しているのは、ジャンルとしての小説を書いたか否かという事実問題 *quid facti* とは異なる、いわば小説という観念をめぐる一種の権利問題 *quid juris* が存在する、ということなのだ。

＊

かつてエドガー・アラン・ポーは、「言葉にして記してみるだけでも、かなりの程度思考の論理化へと繋がるものだ」（"The mere act of inditing, tends, in a great degree, to the logicalization of thought"）と記しているが[8]、どうやらこの主張は、書くということに伴う言語の絶対的な線性（linearity）や不可逆性といった現実よりは、そのような条件下でア・ポステリオリにのみ到達されるある視座の可能性を語っているように見える。つまりこの作家は、辿り着いた線の終着点からのみ眺めうるような全体の到来を「書く」という行為に常に期待している、あるいはその行為の中に予示しているのであって、そのような抽象へと向かおうとする意志こそが彼の言うcomposeする精神なのだ。また、右の引用で言われた「論理化」（"logicalization"）とは、例えば実体験としての建築、つまり常に一方向からしか見たり触れたりできない現実の建造物を、ひとつの全体として無時間的かつ抽象的に了解することにどこか似ているだろう。あるいはリニアな時間軸上の出来事としての言語体験を、非時間的な文法構造やシンタクスのツリーに変換することに似ると言っても同じことだ。本邦の三島由紀夫が遺した、あのほとんど訂正のない、病的なほど美しい楷書で書かれた原稿を想起しても良い——「末期の目」とはよく言ったものだが、こうした書き手たちの言葉は、いわば常にフルストップ、ないし読点〈から〉書かれた文章であることを逆説的に指向している。だからこの一九世紀アメリカの希有な文学者は、疑いなく職業的な小説家（でもあった人物）には違いないが、私たちがいま考えようとしている〈小説家〉とは、やはり少々異なった存在である。ところが他方で、例えば『差異と反復』*Différence et répétition*なる大冊をものした二十世紀の哲学者は、みずから「科学小説《サイエンス・フィクション》／学問的虚構、それも弱点があからさまな類いのそれ」（"science-fiction . . ., où les faiblesses s'accusent"）と卑称したその書物の始まりに、次のような印象的な言葉を刻んでいる。「自分の知らないこと、あるいは良く判っていないことについて書くのでなければ（…）どうして書くことなどできようか。まさしく、そこにこそ言うべきなにかがあると思える。われわれが書くのは、ただみずからの知の先端——われわれの知と無知とを分かち、しかもそこにおいて一方が他方へと変化するような極点においてなのだ。そのような形でのみ、人は意を決して書くことができる」[(9)]。彼と同じような哲学的精読者が、この主張をどう捉えるのかについてはひとまず置くとしよう。だがいま〈小説〉の概念を問うている私の目には、ドゥルーズのこの本は、確かに哲学的テクストである以上に、はるかに一冊の〈小説〉としてみずからを表現しているように見える。ラウリーが倦むことなく登場人物たちを造り出し、組み替え、常に更新し続けたというのとほとんど同じ意味において、『差異と反復』の著者が、さまざまな哲学的概念の倦まざる作り手、ないし改変者であったことは疑いを得ない。むろんある場合には、彼はバルザック的なカラクテールの同定者として振る舞わなかったことを、ある種の読者から大いに非難されることだろう――一体全体この作者は、この人物たち、あるいは言葉＝概念たちに、なにをさせようとしているのか？　彼らないしそれらを、何ものにしようとしているのか？　だが〈小説家〉は、まったく逆説的にも、仮にそれが分かっていれば、なにも書く必要などありはしないとうそぶくのである。

I―3

ともあれ幸いなことに、私たちは失われた原稿の代償として今も若きラウリーの最終的な到達点をペンギン版で大いに楽しむことができる。だが、いまサルトル＝クンデラ的な〈小説家〉の概念を手にしつつある私たちとしては、若きラウリーが偶然出遭った先述のような契機、つまり原初のテクストを折り重なる襞のように繰り返しながら、密かにこれを逸しようとするエクリチュールの新たな様相こそが、彼を真実一人の作家に変えたのではないかと想像せずにはいられない。実のところ、最初の原稿が無事に出版されていたら、ラウリーは今日私たちの知るような小説家となっていただろうか？　ひとつの喪失と引き替えに、青年ははじめて自己流のやり方を、つまり自分の歩いたその道をもう一度歩き直してみるという反復の手法――立ちはだかる壁の前で座り込むのではなく、ひとまず横に曲がってみせるという、あのしぶとくも鷹揚な流儀を密かにわが物としたのではないだろうか？　作家たちのさまざまな人生を振り返ると、言葉を紡ぐことに身を捧げた人間は早晩同種の困難にぶつかり、これを最善の機会に変えることをしばしば最初の使命としてきたようにも見える。フォークナーが出版社にことごとく原稿を突っ返され、作家として成功する見込みを完全に絶たれて郷里へと還り、当世風ボヘミアンとしての自分も、その作風もすっかり忘れ去って、ただ見慣れた故郷《ディープ・サウス》の似姿に無限の可能性を与え続けることをみずからの宿命と悟ったその日。あるいは臍曲がりのセーレンが最愛のレギーネとの婚約を破棄し――その理由は永遠に闇の中だが――ただ刊行者名に「キルケゴール」という本名を残し、あとは晩年の宗教的講話以前の一切をさまざまな「仮名」で書き続け、それら二つの名のあいだに引き裂かれた実在であり続けることをみずからの奇妙な運命として受け入れたその日。だが彼らのこうした振る舞いは、繰り返しになるが、断じて彼らがすでに熟知する何かを表現するための意図された選択などではなかった。総じて言えることは、彼らにとって「書くこと」が、その不器用な生き方ともども、自分が何を書きうるのかを発見するための終わりのない冒険をいつも意味したということである。「この本を書いて、私は読むことを学んだ」("I wrote this book and learned to read")と、フォークナーは忘れがたい表現で『響きと怒り』*The Sound and the Fury* に寄せたある序文を始めている――「『響きと怒り』を書き終えたとき、私は芸術というお粗末な言葉が相応しいのみならず、ぜひともそう呼ばれるべき何かがあることを悟った。(…)私は『響きと怒り』とともに読むことを学び、そして読むことを止めた。以来、私は何も読まなくなった」[10]。少々謎めいたこの述懐で、作家が大文字とともに記した「"Art"というお粗末な言葉」("the shabby term Art")こそは、いま私たちが〈小説(的なもの)〉と呼んでいるものに近似的な何かを表している。自作のまたとない熱心な読者になること――作家が誇らしげに語るところによれば、他のいかなる作品の読者である必要ももはや感じないほどに――それこそが本質的な意味で書き手になることであり、とりわけ〈小説家〉とは、ほとんど自家中毒や自己撞着という表現が相応しいこの閉じられた小宇宙の中で、奇妙にも常に新しいもの、自分の知らなかった何ものかを発見し続ける者たちなのである[11]。

*

彼らは創造者であると同時に破壊者であり、建築家であると同時に倦むことなきディコンストラクショニストだ。こうした自己撞着的な作り手としての〈小説家〉の彷徨は、常に多少とも偶然や成り行きに導かれるもので、そのプロセスは、完成に至ることを明確な目的とした制作《ポイエーシス》の概念とはどこか区別されるものであるに違いない。たとえラウリー自身がいささか偏執狂的なブレイク風の意味体系の構築に取り憑かれており、あるいはヘンリー・ジェイムズが、本人いわくもっぱら美的完成のみを目指して、その簡素極まりないメロドラマ的筋書きに過剰なバロック的細部を与え続けていたのだとしても、彼らはやはりユーパリノス的な建築家の概念（ヴァレリー）からは少々隔たった存在である。むろんある者たちは、例えばプレイナーな設計図を紙面に引き、これを見下ろし、さらに三次元的な実在物へと組み上げることを自身の最高の技術《わざ》とする。こうした人々は、エマソン流に言えば時空を超えて存在する同じ魂の一形式であって、彼は、ある時には透視図法で作製前の建築物の全貌を見て取るフィレンツェの建築家であり、別のある時には前人未踏の哲学大系をものするイェーナの哲人であり、さらに別のある時には、不可逆な時間的現象としての言語を「枝」のように展開されたスタティックな構造として再発見する言語学者なのである。つまるところ、彼らはユーパリノスが「完成と名づける、あの腐敗することのない富」

("cette incorruptible richesse que je nomme Perfection")[12]ゆえに存在しようとする者たちなのだ。だが私はこの小さな考察で、おそらくはこれと競合的、あるいは正反対ですらありうるような、もうひとつの精神の形を示唆しておきたいと思う。彼は、ある時にはほとんど脚本を用いずに作品を完成させることに固執するアメリカの映画監督であり、別のある時には文学的正典を演劇的偶因として濫用するイギリスの演出家であり、また別のある時には、賭博狂いとてんかんの発作の合間にみずからの登場人物たちが語るに任せ、そのポリフォニックな対話と転調の行方を不敵な笑みを浮かべて見守りつづけるロシアの小説家なのである。非常にしばしば、彼らは**みずからが為していることを、みずからが作りつつあるものを知らない**。ようやく組み上げかけた荘厳な建物の煉瓦を、いくらか先に何度でも、何度でも積み上げ直さずにはおれないオブセッションこそが彼らの逃れられぬ病である。そのようにのみ作られる作品、いやむしろ常に作られつつある作品とは、例えば道具の概念（＝目的を持つもの）との比較によって「芸術」や「美」を無目的なもの、ないし自己目的的なものとして対比的に位置づけようとする、ある種の哲学的美学における「作品」の概念となんと違っていることだろう[13]。完成を目指せば目指すほどそこから遠のき、時には自分で建てた奇妙な城壁に行く手を阻まれ、彼らはカフカの主人公のように、また別の道、さらにまた別の道を求め続ける。だが、一見間の抜けたこうした堂々巡りこそが彼らの新奇《ノヴェル》なる方法、小説《ノヴェル》という技術にして生き方でもあるような方法であったのだと、なぜ述べてはならないのだろうか？　ピランデッロいわく、ドン・キホーテという人物を創造することで黎明期の偉大な小説家が示したのは、こうした絶え間のない逸脱的で自己反省的な運動こそが、一個の作品と成りうるということであった。その運動とは、ピランデッロが好んで「ウモリズモ」と呼び表したもの、すなわち後述する私の理解によれば、相反する観念の対決によって不断に生み出される振幅そのものを、みずからの内なるダイナモとした精神の軌跡にほかならない。いまだ劇作家ならざるピランデッロ、『作者を捜す六人の登場人物』*Sei personaggi in cerca d'autore* に出くわすにはもう四半世紀ばかりを待たなければならない若きシシリーの小説家が、学術論文という体裁に託してみずからの根本的方法を求めた荒々しくも野心的な小著の中で、**ヒューモアと小説**という異なる二つの宇宙は奇跡のように出会う。そしてこの出会いこそは、クンデラの言う〈散文家〉、つまり鳥瞰的設計図をあらかじめ手にした者たちが断じて得ることのない、苦しみにも似た僥倖なのである。

I—4

ヒューモアの概念が、右に述べてきたような〈小説的〉なものの概念と根本的に係わりうるという以下の主張は、ある種の美学的視点に立つ論者には奇妙なものに受け取られるかもしれない。あり得べき主張のひとつは、既述のような〈小説的〉態度は、実際にはなんらかの手法的側面が結果させるもの――例えば、ある種のパタンや描写方法への作り手自身の固着がもたらしたバロック的過剰性といったものだ、という捉え方である。このような理解は、しかし手法や方法という概念を一面的に捉えているに過ぎないと私は思う。「君には想像もできないだろう」と、アンドレ・ジイドの描くテーセウスは、この作家お得意の純粋小説《ロマン・ピュール》の観念でも説明するかのように呟いたものだ――「迷宮がどれほど錯綜しているかということに。それを建てたダイダロスですら、出口がもはや見つからないのだ」[14]。だが肝心なことは、小説家にとっての迷宮が、ついに彼を苦しめるための本当の煉獄でも、文字通りの出口なし《ユイ・クロ》でも、決してありはしないということである。アリアドネの糸をたぐれなかった者とは、決してなにも書き得なかった作家であるに過ぎない。

*

かつてルネ・ホッケは、右の『テーセウス』*Thésée* の一節をマニエリスム的精神の典型として効果的に引用して見せたが[15]、彼の言うマニエリスムの概念にしてもまた、今しがた述べた隠された保留点にこそ重要な本質がある。つまりそれは単に手法に埋没することではなく、むしろ自身のマニエールが造り出す迷宮のただなかに在りながら、同時にそこではない何処かから同じ迷宮を辛くも眺めているという、逆説的分離にこそ本質を宿した精神の形なのだ。そのおよそ三十年後、マーシャル・マクルーハンは「フィードバック」や「サーボメカニズム」のような電子工学的概念を通じてメディアとしての人間、すなわち自己の内側深くにすでにテクノロジーを組み込んだ私たちの存在様式について語ることになる。なるほど、冷暖房器具のサーモスタットや自動車のブレーキ制御《アンチロック》装置は、どれほどかけ離れて見えるとしても、ホッケが見出した一六世紀美術に端を発する、過度に方法化された自己増殖的スタイルと同じセルフ=レファレンシャルな存在様式の際だった表現である。マクルーハンの流儀で言えば、それはまた、例えば『詩篇』作者が揶揄する偶像崇拝者の在り方であり―― “They that make them shall be like unto them” すなわち「偶像を造る者はみずからも偶像のような〔虚ろな〕存在となろう」という『詩篇』のコンテクスチュアルな風刺的文意を、マクルーハンは敢えて字句通りに読み替え、偶像《それら》を作る者は偶像《それら》に似るというほとんど『ブレードランナー』*Bladerunner* めいた現代的テーマを取り出す――、はたまたナルキッソスと彼が覗き込む水面の鏡像との関係であり、あるいは電子工学的なサーボメカニズム（みずからの動作結果を次々に動作条件に含めて作動するような閉鎖系）であり、さらにまた、みずからの音声を空間的に再＝現し（再び‐存在させ re-present）、ついには空間表出されたこの「声」を眼で見るに至った私たち人類の文字文化そのものなのである。「作られしモノ、作りし者に似るは当然なり」とトマスは記した。シューエルは「ナンセンス」を論じた著書で『神学大全』*Summa Theologiæ* のこのテーマを見事な形で反復してみせたが[16]、彼女と同じ熱心なカソリック教徒であったマクルーハンは、それをこう転倒させてみせたのである――「作りし者、作られしモノに似るは当然なり」と。むろん後者の「作りし者」とは、創造主たる神ではなく、そのデミアージックな模倣者としての人間を指しているのだ。

マニエリスムをめぐるホッケの議論もまた、単に文学や芸術の手法に関わるものではなく、ほとんどこれと同じ射程を持った、極小の中に壮大な歴史的展望を秘匿した文化論とでも言うべきものである。そしてマクルーハンやホッケがともに問題にしているのは、あるテクノロジー（アート＝技術／芸術を含む）が有したなんらかの構えや形式である以上に、そこに表現された私たちの生そのもの、世界＝内＝存在としての在り方にほかならない。このような捉え方は、私たちがこれまで示唆してきた〈**小説的**〉と〈**散文的**〉、つまりある場合には水平的視点と鳥瞰、はたまた偶然的運動と統覚的制御とでも称されるであろう粗雑な二項対立に、いっそう広くて深い、一種エチカルな展望を与えてくれる。ホッケの言うマニエリスムとは、言うなれば、こうした二つの異なるベクトルの〈はざま〉に在ろうとする危機意識の発見であり、一見皮相な芸術的手法への耽溺の背後には、全体への超越的視座の可能性を常に志向し、これを敬仰しながらも、ついにそこには到達し得ないという一種の諦念が――ホッケの流儀で言えば「絶望」（『絶望と確信』）が――また、そこから生じた自己反省的な意識がなによりも強烈に存在している。

I―5

ここで私たちは、冒頭で導入した〈小説〉と〈散文〉という素朴なバイナリズムから、むしろこのような対立自体を内面化、ないし意識化したいっそう様態《モーダル》的な概念として《小説（的なもの）》を再定義する必要に駆られる（仮に、これを《　》を付すことで示差的に表現するとしよう）。一方に水平的かつダイグレッシヴな、偶然と予測不能性を旨とする運動態があり、他方に鳥瞰的ないし共時的（非時間的）な、超越や統覚といった観念と容易に結びつく全体を志向する運動がある――この大まかな見立てこそが、本稿の出発点であった。そしてまたこの対立は、無目的的、あるいはむしろ目的が常に新たなものへと更新されてしまう過程と、目的《テレオロジカル》（論）的なものとの対比として表現されるべきものであった。

私たちのアナロジカルな思考の中で、この素朴な対立図式がどこまでも基本的な軸点《ピボット》を成すことに変わりはない。そしてここに加えられた右のような再定義は、私たちの《小説》的なものの概念を、ホッケ流のマニエリスムになお一層近しいものとするであろう。だが、今ここで求められる小説的なものの概念は、なるほど後者と同じ内省的態度や、一種実存的な意識を表現しうるものではあるにせよ、やはり異なる意義付けを――とりわけ、美学的範疇を易々と越えるような広がりを――あらかじめ備えていなければならない。マニエリスムのような言葉は、まさしくそれが手法《マニエール》という限定的概念を含むものであるがゆえに、ほとんど常に、釈義上の困難と定義をめぐる際限のない論争をもたらす。筆者は例えば、右のホッケ流のマニエリスムを濫喩《カタクレーシス》ないし概念の濫用として非難するような、一部の専門的な美術史の立場と論争するつもりはない。少なくとも、この点に関して「ヒューモア」の概念が、かつて「マニエリスム」が被ったような、やや口うるさい人々による論難から自由であろうことはある程度まで確信できる。例えばクローチェが典拠とした一人、文学史家のフェルナン・バルダンスペルゲール（ホッケもたびたび言及するバルデンシュペルガー Fernand Baldensperger）は、「ユーモアなるものは存在しない、ただユモリストたちがいるだけだ」（"Il n'y a pas d'humour, il n'y a que des humoristes"）と達観しているが、毒にも薬にもならない真理 truism とはまさしくこうしたものだろう[17]。また「ウモリズモ」をめぐるクローチェとピランデッロの個別的論争については、かつてニコラ・キアロモンテが直截かつ手短に注釈して見せたように、ある概念に関する異なる思考どうしの理論的対決というよりは、まるで別々の方角を向いた二人の登場人物が繰り広げる「間違いの喜劇」といった気味がある[18]。ともあれ私は、以下でピランデッロの大いに「混乱した」――と、クローチェが大いに非難する――小著『ウモリズモ』*L'umorismo* の、哲学者やフィロロジストから見ればまさに概念の濫用や混乱と受け取られかねないものを絶対的に支持し、そのアナロジカルな広がりを有意なものとして解釈するだろう。一体なぜ、ヒューモアはこれまで論じてきた〈小説（的なもの）〉の概念と関わることになるのか？　またこのヒューモア（ウモーレ）の概念について集約的に論じたとされるピランデッロの議論は、これを論難したクローチェらの権威ある意見にもかかわらず、なぜ私たちの〈小説的なもの〉の探求に、きわめて重要な形で結びつくのだろうか？

II―1

まず私たちは、これまで〈**小説**〉と〈**散文**〉の名で大まかに示してきた精神の二つのタイプが、ある種の作家や哲学者たちがしばしばヒューモアとアイロニーという二つの概念に見出してきたものと、ほとんど同じ関係に置かれて在ることを確認しなければならない。とりわけピランデッロの言う「ウモリズモ」とは、単に超越的であるようなイロニーに徹底的に対峙するはずのある葛藤的な精神の形であって、文学的ウモーレを論じていたはずの彼の小さな書物『ウモリズモ』が、奇妙にもコペルニクスの科学的発見に関する話で結ばれている理由もおそらくここにある。

＊

ピランデッロの読者には良く知られた事実だが、先述のごとくベネデット・クローチェはこの荒削りな本をまるで受け入れられず、知的に未熟な作家の駄弁として大いに腐した。実際、この小著が理論的著作としてかなり混乱したものであるのは確かだが、そもそも美学者として明らかにヘーゲル的な諸教義のややプリギッシュな支持者であったこのナポリの哲人には、コペルニクスを「みずからそうとは気づかずにいた偉大なるウモリストの一人」[19]と呼ぶことに込められた、ピランデッロのいささかカント的なフモールなど到底感知し難いものであったかもしれない。書物の終盤近く、それまで論じ続けてきたセルバンテスやマンゾーニを差し置いて作家がやや唐突に持ち出してくるのは、既存の天動説というシステムを塗り替え、いわば世界そのものを新たに導入し直そうとする、人類史上もっとも決定的《クリティカル》な新理論にほかならなかった。一体ピランデッロはなぜ、地動説という二重の意味で新しいシステム——すなわち世界を構成すべき新たな系であるとともに、これを説明する理論体系でもあるようなそれ——が、人類にとっての大いなるヒューモアであると主張したのだろうか？

必ずしも論理的とは言えないピランデッロの論述は、私の解釈によれば、おおよそ次のようなことを示唆している。すなわち、観測事実に基づくプトレマイオス体系の破棄は、人が決してみずから信じてきたような存在ではないこと、つまり神の創りし世界の中心に据えられた何者かではなく、自分たちが数多ある彷徨う星々《プラネテス》のひとつに蒔かれた、偶然的で周縁的な存在に過ぎないことを知らしめただろう。だが、それは人がただ無意味で矮小な存在であることを証したのではない。というのも、この驚くべき発見を可能にした能力もまた、当の小さき人のものなのだから。彼はそこで失意に陥るのでも、目をそらして楽観的に振る舞うのでもない。ただ人はそこではじめて、この発見以前には決して知られなかったようなある臨界へと立ち至ったのだ——つまりは自分の認識が、自分を制限してあるものの中での認識であったという認識へと。彼はいまや、神を真似てみずからを一切の中心に据えつつ天体を観測しようとする者ではなく、むしろ天体を観測する自分自身（観察者）を観測するような何者かとなる。彼はすでに、自分が一切を見渡すような場所にはいないこと、そもそも自分がどこにいるのかも、未だ正確には知り得ていないことを、知っている。だが、いささか屈折したものになったこの新しい探求の答えを求めるには、彼はやはり同じ天体を観測し続けるほかない——

　ピランデッロは、どこか進退窮まったこの精神の状態こそがウモーレであり、また、それが他とは明確に区別される認識の形式であることを述べているのである。対するクローチェの学問的反論、特にそこで開示されたウモーレという語をめぐるフィロロジカルな博識や論証は、それ自体においてあまりに明らかな、したがってまた少々煩雑で退屈なものであり、いまここでそれを繰り返す必要があるとは思われない[20]。重要なことは、ピランデッロの議論を、彼自身がウモリズモと呼称したがっているなんらかの文学的ジャンルの同定ないし定義の試みと見なして読む限り、この書物には、学者が欠点や混乱と呼びたがるものばかりが見出されるだろうということだ。確かにピランデッロは、とりわけウモリズモなるジャンルを文学史的に位置づけようとした第一部の試みにおいて、「学問的」に失敗している。だが私たちにとって示唆的なのは、それでもなお、本書が著者の意図を越えて到達しているような、一層大きな含意においてなのである。むろん彼の粗暴なアナロジー（天動説＝ウモーレ）がなぜかくも示唆に富んだものでありうるかについては、やはりもう少しだけ注釈が必要であるに違いない。

II—2

別の機会（本書所載「倒壊する言語」）にも論じたことだが、かつて花田清輝はGalgenhumorというドイツ語に充てられた「牽かれ者の小唄」という独和辞典の訳語に不満を述べつつ、それがむしろある認識のスタイルと言うべきものであることを示唆した。ピランデッロと同じく、なかなか正体をつかみにくいこの文章家《スタイリスト》もまた、自身の理論的範疇を明らかにしているとは言い難い。だが筆者の見るところ、明らかにピランデッロに鼓舞されていると覚しき花田の「ユーモレスク」[21]なるエッセイが語っているのは、ガルゲンフモールとはすなわち決死の諧謔であること、つまりみずからが絞首台《ガルゲン》に赴く逃れがたい存在であることを本質的かつ絶対的な条件とした、特異な認識のトポスであるという一点につきる[22]。

まずは被刑者を見下ろす執行人の立場や、彼らを取り囲む物見高い群衆のもの言いを想像してみるとしよう――そこにあるのは高みから出来事を眺め、語ろうとする者たちのデタッチメントであり、超越性であるはずだ。彼らの語る言葉や、そこに秘められた認識は、彼らの言葉が向けられた対象である被刑者自身の認識からは、いかなる影響も受ける必要がない。このことは、例えば舞台上のリア王が娘たちとの真実の関係をまったく知らずにいるという現実と、観客である私たちがまさにそれを良く知っている、あるいは少なくとも、リアの激高にもかかわらず、コーディリアこそが善良な娘であることは疑い得ないと当初から認知されているような、もうひとつの（観客たちの）現実とが、同じ演劇的時間と空間の中で交差することなく存在し続けることに等しい（悲劇において、それはむしろ結末の間際まで存在し続けるべき断絶ないし非連続性、すなわち「ドラマティック・アイロニー」であり、この不連続がついに解消されるのが「カタルシス」ということになる）。これこそが、私たちがここで**アイロニー**と呼ぶものの一切の内容であり、かつ形式なのだ。それは本質的に分断であり、〈関わりのなさ〉によって成立している。

だが**ヒューモア**とは、このようなものではまったくない。それはいかなる意味でも分離や超越を本性とした認識の形とは異なっている。花田が大いにこだわった「ガルゲンフモール」というドイツ語は、その特異な性格をイロニーとの対比によってこそ明瞭にあらわすことになるだろう。絞首台にいま赴こうとする者の諧謔とは、彼以外の者には与えられていない、彼自身の絶対的に特殊な地位ないし立場から生ずるものであって、群衆の発揮しうる超越的でイローニッシュな諧謔からは画然と区別される。被刑者が出来事の渦中に置かれ、決して逃れることができないという絶対的な不自由こそが、彼の諧謔に、他の者たちがついに得ることのない別種の自由を逆説的に与えるだろう。彼を取り囲む群衆のいわゆる「被刑者」に関する認識が、被刑者自身の言葉や認識とはまるで無関係に存在しうるのとは対照的に、被刑者である彼の今際の言葉や認識は、むしろ彼自身に向けられる群衆の言葉や認識のあり方と、密かに関係し合う、あるいは対峙し合うことによってのみ、常に立ち現れようとする。彼のフモールは、例えば時に人々の言葉に対する反駁となってあらわれるであろうが、それは単に彼が前者の存在を必要としているということに留まらず、むしろその言葉が、おのずと彼自身と彼以外の人々（群衆や執行者）とを分け隔てている境界そのものへと向けられていること、あるいは刑を執行する側と執行される側という、彼が置かれている根本的関係そのものへと向けられることを示唆している。こうした構造の内側深くに、もっとも逃れがたい形で置かれた被刑者という彼自身の“status”こそが、その諧謔を、たまさか当の構造の「外」へと在らしめることだろう。

　ある意味で、これはキルケゴールの語ったあの謎めいた「自己」の概念、つまり自己とは「ひとつの関係、その関係それ自身に関係するような関係である」とされた自己の概念に似ると言っても良い（『死に至る病』冒頭、枡田啓三郎訳）。この謎かけをもっと当たり前の言葉で述べれば、セーレンの言う自己とは、自己についての私たちの認識が、認識そのものに関係するような臨界において生起する何ものかだ、といったことになる。このような捉え方すべてには、精神の形を、常にある種の地勢図として見ずにはおかない視点があるものだ（ピランデッロが、フロイトによる精神のトポロジーをおそらく未だ知らずにいたという点は考慮されてしかるべきである）。背後にあるこのようなニュアンスをまったく理解しなかったがゆえに、クローチェをはじめとするピランデッロの学問的批判者たちは当然のこと、彼に対して好意的な人々さえも、この本を支えているもっとも重要な言葉である「反対〔物〕の感覚《センチメント・デル・コントラリオ》」の真意をついに正しく捉えることはできなかった。反省の働きが、作り手の感覚という潜在的レベルに留まる通常の芸術作品に対して、「ウモーレを有した作品構造においては」と、若きピランデッロは注釈している――「反省《リフレッシオーネ》の働きは隠されてなどいない。それは不可視でもなければ、感覚がみずからを見つめる場所たる鏡のように、感覚という姿に留まっているのでもない。それどころか、リフレッシオーネは〔ウモリズモにおいては〕裁判官のように前面へと出でて、鏡に映ったイメージを乱してしまう。この分解、この乱れた鏡像から、もうひとつの鮮明なる感覚が生み出される。それこそが、私がここで反対〔物〕の感覚 *il sentimento del contrario* と呼ぶものなのである」（傍点＝イタリックは原文）[23]。

だが、ピランデッロ自身がこのような――それ自体、非常に感覚的なやり方で示された――センチメントの在処をいっそう分かりやすく、具体的に説明しようと、「若々しく着飾り、化粧をした老婆」という反対物（反発を招くもの）の例を挙げ、また彼女を冷笑し、しかるべき後により深い反省へといたるような観察者との関係において説明を試みたのは、やや不幸な不手際であった。なぜなら、非常にしばしば引用されるこの貧しい「実例」のおかげで、彼の言うウモリズモの概念は、老婆を見た瞬間に人々の口元に浮かぶであろうアイロニカルな笑い――相手を小馬鹿にした突き放した態度――と、その後にやがて訪れる、老婆のいわば人間＝死すべき存在としての足掻きに対する、いっそう普遍的な人間性への反省《リフレッシオーネ》という二つの異なるレベルの認識のあいだに生じる小さな振幅へと解消されてしまったのだから。だが、このような一種ヒューマニズム的な反省《リフレッシオーネ》の捉え方、あるいは「反対物」と「反省」の関係を弁証法的にたちまち止揚されるような対立として捉える見方は、ピランデッロの言うウモリズモの強力なダイナミズムをむしろ奪ってしまう。彼の言う「反対物」とは、若作りの老婆のような感覚的反発を生む皮相な性質に関わるよりは、むしろ『ウモリズモ』の末尾に示された、先述した天動説と地動説という二つの相反するシステム、ないし世界観の関係にこそ典型的に見出されるべきものだ。彼が述べる「センチメント・デル・コントラリオ」、またそこから生じる「リフレッシオーネ」とは、いわば両立し難い二つの世界の〈あいだ〉に際どく、危うく立ち続けようとする者の認識にほかならない。反省という自己回帰的構造が正しくヒューモアの概念の本質となりうるのは、ただこのような臨界においてなのである。

II—3

こうして私たちは、ふたたび先に《小説的》と（《 》をもって示差的に）表記したモーダルな小説概念へと立ち戻る。これと似た性質を有することを先に示唆したホッケ的な「マニエリスム」が、ここでもある程度、私たちの考察にとって親和的に働くのは偶然ではない。例えばある箇所でホッケはこう述べている――「ディオニュソス的無定形と、ダイダロス的輪郭づけの願望の間に引き裂かれていることの試練を通過する者はごく少数でしかない」と（強調引用者）(24)。この忘れがたい警句的フレーズは、私たちが最初に導入した〈小説〉と〈散文〉の対比にも似た、ふたつの相反するベクトルをふたたび表現するとともに、そのいずれでもない、いわば両者の狭間に危うく立とうとする者の特異な地位について語っているように見える。この「試練を通過」した稀なる者が辿り着くのは、予測不能な過剰なるものがもたらすディオニュソス的混沌でもなければ、ダイダロス的構築が実現へと至らせる明確な目的とも違った何かであるほかない。どうやらホッケの言う迷宮《ラビリュントス》こそは、両者を二つながら兼ね備えた究極の撞着語法、純然たるパラドックスであるかのようだ――ミノタウロスを封じるために構築されたラビリュントスとは、まさに設計者《ダイダロス》の目的論的な精緻がついに極限に至ったことでもたらされた合理的なカオス、ボルヘス言うところの「明晰なる錯綜」(25)にほかならないのだから。いずれにせよホッケの描く理想的マニエリストは、行方の知れないカオス的運動態でも、超越的かつ合目的な鳥瞰とも異なる新たな位相、そのいずれにもついに属さず、かつ同時に両者であるような存在として、常に想起されている。むろんある種の美術史家は、それでも依然として、ホッケの問題にしているものが（あるいは問題にすべきなのが）ある時代や主題と排他的に結びつくような、多かれ少なかれ技巧的なものに制限された手法《マニエール》の概念であるべきだ、と主張することだろう。だが、そうしたものに著者は関心がないし、私としてはただ、キアロモンテの言う「間違いの喜劇」をここで繰り返すつもりはない、と呟くほかない。繰り返すが、ホッケの関心はいわば人間の認識装置としてのマニエリスム、それも存在と分かちがたくあるような装置としてのそれだというのが本稿における理解であり、さらに言えば、このようなマニエリスム観は、ひとたび文学や美術をめぐる局所的議論から踏み出せば、ただちにマクルーハンが「メディア」と称したあの技術的環境の問題へと繋がり、逆に文学的現象の内側でアナロジーの光に照らすならば、花田の言う、不敵な笑みを浮かべて絞首台へと赴く被刑者のフモール、あるいはピランデッロの言う反省的ウモリズモの働きのように、みずからが置かれている限界のただなかに在ってこそ新たな認識へと達しようとする、危うくも鋭敏な精神の形を表現するものとなるだろう。

＊

だがすでに私たちは、現実の文学現象としての小説を離れた、あまりに観念的な議論に立ち入りすぎたようだ。ここでもう一度最初の〈散文的〉と〈小説的〉という素朴な対比に戻り、最後にこれまで論じてきた〈小説〉ないし《小説》という（権利問題としての）抽象的な小説概念と、一般に文学史において問題にされるような現実の歴史的ジャンルとしての「小説」の概念とが、どのように関わりを持ちうる

のかという点を簡潔に論じて結びとしよう。少々意外な観点から、両者のあいだにはある種の類比関係

が必ずや成立する、というのが以下の私の主張である。

Ⅲ―1

このことに関して重要かつ不可欠なアイデアを与えてくれるのは、一九世紀末における「消費社会」の到来と、いわゆる「自然主義」小説の関係を論じた好著、『ちょっと見るだけ』*Just Looking* でレイチェル・ボウルビーが示した**エピソディカルな構造としての小説**という捉え方である(26)。

ボウルビー自身が意識していようがいまいが、この表現は彼女の本の主張をもっとも適切かつ簡潔に要約しており、なおかつ、私たちの〈小説（的なもの）〉という概念と適合するような形で上手く働いてもくれる。一般に「消費社会」の到来と「自然主義」文学の関係といえば、前者のような新しい社会がもたらした新しい人間的現実と、そこにおける苦悩を、後者がありのままに――それまでの文学的因習に囚われず、自在かつ即物的に――表現したといった類の主張が容易に想像されるだろう。実際、ほとんどの文学史が提供する自然主義に関する見取り図とはそのようなものだが、ボウルビーの主張は、こうした捉え方を意外な角度から転倒させてしまう。これを要して言えば、⑴一九世紀末にあらわれた消費社会には、それ以前には決して存在しなかったような新たな構造ないし機制が存在しており、⑵その構造自体が当時の「小説」のマニエールに反映されている、という一点につきる。別様に言えば、通常文学史において重要と見なされるような、主人公が当時の社会に翻弄されている姿が描かれているといった小説の「内容」や、それが作品外との関係において持ちうる意味などは、副次的なものでしかないと

される。そうではなく、むしろルカーチが散漫で皮相な描写に始終するものとして大いに非難したような、この種の小説が物語を提示する際の特徴的な語りの手法《マニエール》や文体の特性——つまり物語の有機的統一性などよりは、人物や事物の列挙、多方向的ないし並列的な語りを重用する構成方法といった、ほとんど純粋に「形式」的な側面——こそが、自然主義小説の第一義的な性格と見なされているのである。

彼女の明察は、繰り返しになるが、このような小説の形式がまさしくそれ自体として当時の消費社会のあり方に照応しているという指摘にあり、ここにおいて自然主義小説は、社会の現実やそこにおける人間の存在を主題として描いた何かであるという以上に、むしろその記号論的構造そのものにおいて、同時代に生じた新たな社会的機制をみずからの姿と相同的に表現した形式と捉えられることになる。実際ボウルビーは、自然主義小説をそのような新たなパラダイムの顕れとして再発見することに始終しており、ゆえにまた、当時のこうした「小説」が、現代的意味における商品ないし消費物であることをみずからに任じた最初の文学ジャンルであったという点がとりわけ重視され、分析されているのも無理からぬところだ。だがいずれにせよ、こうした彼女の指摘の一切を肯んじるには、まず(1)の「消費社会」という新たな社会的機制がまさに何であったのかが、正しく理解されなければならない。以下、ごく手短にそれを示しておこう。

＊

ジェルジ・ルカーチ、少なくとも『小説の理論』*Die Theorie des Romans* をものした頃の若きルカーチが、いわゆる「歴史小説」、典型的にはトルストイの『戦争と平和』のような、どこか作者が一切を俯瞰した釣り鐘状の構造を持った作品――これはこれで、自分がなぜ三百人以上の人物が登場する物語を書かなければならなかったのかという、作家自身による一種の「弁明」が小説後半を占める、なかなか特異にして壮大なメタ=フィクション的構築物でもあるわけだが――を、小説というジャンルの極北と見なしたことは広く知られている。ボウルビーが件のユニークな研究書でこれに対して示した鋭い反論は、どこかピランデッロがクローチェに示した激烈な反論に似たところがあり、ある意味では彼女もまた、アイロニカルないし超越的な視座の有意性に対する徹底的な反論者としてあらわれると言って良い。彼女がそこで主張したのは、「〈表層的で(…)でたらめな連続体というにすぎ〉ないとルカーチが侮蔑の言辞を連ねた自然主義小説のエピソディカルな構造」(強調引用者)こそが、「都市消費社会の中での経験の構造」とパラレルなものとして見出されうるという点にほかならなかった[27]。彼女がみずからの小説概念の本質を、とりわけルカーチの小説観との対比において明示したこの箇所にこそ、「消費社会」という今や人口に膾炙した言葉をあらためて正確に理解し、これと言語芸術の一ジャンル(小説)の関係を知るための重要な指標が隠されている。

端的に言えば、その指標とは**目的性**(purposiveness)ないし**目的の有無**にほかならない。消費社会の登場を歴史現象の面で言えば、ボウルビー自身も真っ先に例示するロンドン万国博覧会(一八五一年)や、ボン・マルシェ百貨店(一八五二年)のようなデパートメント・ストアの登場が決定的な分水嶺であることは疑いを得ないだろう。だが同じ現象を理論的な言葉で切り取るなら、こうした現象の新しさは、商品の交換が目的的《テレオロジカル》に為されるか否か、というア・プリオリな指標との関わりにおいて説明することができる。当然ながら、目的の「有無」などという区別は常に選言的に働くわけではない。だが、ともかく話を分かり易くするために、例えば今ここに一人の飢えた男が、あるいは壊れた鍬を持った農夫がいると仮定しよう。彼がパンを求め、また新しい鍬を、あるいは鍛冶屋の腕前を求めてその対価を支払うとすれば、それは明らかに目的的な消費であり、ここでの売買のプロセスは、それ自体、ひとつの道具のような合目的性として存在している。すなわち人が小麦を求めるのはパンを焼くため、パンを焼くのは腹を満たすため、というわけだ。こうした場合、売り手と買い手の関係はある使用価値、すなわち小麦ないしパンが栄養になるといった、商品の内在的価値＝意味の譲渡に関わる個人と個人のやり取りと見なすことができる。

ところが、例えばボウルビーの言う一九世紀後半に登場したデパートメント・ストアのような消費空間、あるいはその標語となった「ご自由にお入り下さい《アントレ・リーブル》」という新たな社会的機制は、このような合目的な因果性の線を——すなわち、必要だから買うという因果律を、あるいは互いに対等に向かい合った〈売り手〉と〈買い手〉の直接的な関係を——寸断するような新たなパラダイムとして現れるだろう。いまやデパートの売り手は、買い手が何を望んでいるのかを一向に知ることなく売り手であることができるし、それどころか買い手自身、みずから欲していたことを知らなかったものを、まさしく買うことによって知ることになるのだから。このような転倒こそが消費社会という概念の本質であり、またボウルビーが述べているのは、この新たな社会的機制がまさにそれに相応しい、みずからの形を反復するかのような文学表現のスタイルを得るに至ったということなのである。

察しの良い読者ならお気づきのように、彼女が自然主義小説に見出した「エピソディカルな構造」とは、ほとんど文字通りにデパートの店舗を歩きつつある消費者の足どり、つまり自分が何を欲しているのか未だ知らず、だが何かを欲しているには違いない遊歩者がたどるはずの、偶因に常に左右される蛇行的軌跡と似たものだと言って良い。かくして「自然主義」という、一般には多かれ少なかれイデオロギー的な意味内容が定義として先行しがちなひとつの文学的現象は、ボウルビーのもたらした新たな視点において、私たちがこれまで〈小説（的なもの）〉と呼称してきたはるかに様相的な創造性に関わる概念に、奇妙にも近接することになる。別様に言えば、私たちがこれまである精神のスタイルに関わる権利問題であることを主張し続けてきた文学の抽象的位相は、ここにおいてはじめて、一見したところあまり関わりのない、資本主義がもたらしたはなはだ現実的な機制の問題へと急速に近づいて行くだろう。

Ⅲ―2

だがいずれにせよ、ボウルビー自身の説明で頻繁に用いられているマルクス的な（あるいは古典主義経済学の）**使用価値と交換価値**というバイナリー・コードは、あくまで便宜的な概念図に過ぎない。明らかにもっとも重要な点は、交換価値なるものが交換された後になってからはじめて見出されるような逆説的な価値であること、つまりモノに属した内在的意味とは性質を異にする新たな何ものかの到来を、それが意味しているという点にある。両者を同じ「価値」という名で呼ぶこと自体、私たちの理解に余計な混淆をもたらす罠のようなものかもしれない。例えば古い陶器は誰かがオークションで対価を支払ったがゆえにはじめてその価値として実現し、同様にかつてのパリの地下鉄《メトロ》は、人々が一等車両に二等とはあからさまに違った対価を支払ったがゆえに一等車となり得た――断じて、あらかじめ存在する何かに対価が支払われているのではない。ある陶器の使用価値、例えば湯飲み茶碗としての用途が見たままの物理的形態からおのずと明らかであるのと同じく、目の前に存在するメトロの一等車両は、せいぜい二等車両とほとんど同じか、時にはかつて良く揶揄されたように、二等よりもはるかに古びた車両であるに過ぎないだろう。しつこいようだが、ただ異なる支払いというア・ポステリオリな現実こそが、当の車両を一等車や二等車にするだけだ。消費構造におけるこうした恣意的差異の形成は、今日ではいかにもありふれた現象だが、一九世紀以前の人々にとっては、まだ日常的局面としては良く知られていないものであった。かくしてボウルビーの援用する使用価値と交換価値とは、実のところ、性質のやや異なる同一の現象（「価値」という）の呼称であるよりは、むしろ私たちが**あらかじめその意味を知る何か**と、**あらかじめその意味を知りようがない何か**という、世界の非常に異なる二位相を示したメタファーとなる（先の**〈散文的〉**と**〈小説的〉**の二位相を併せて想起して欲しい）。対価を支払い、モノを買うという日常的行為を、前者よりは後者に結びつけようとする社会史的な大転換こそがボウルビーの言う「消費社会」というパラダイムの成立なのであって、ここにはおそらく、ピランデッロが天動説に認めたような大転回《ケーレ》が、またそれがもたらす一種のウモリズモの可能性が隠されていると言うべきかもしれない。そしてボウルビーは、もっぱらトルストイの歴史小説を賞賛し、有象無象の自然主義作家たちを誹謗していたルカーチは、後者こそがこうしたパラダイム変換をほとんど意図せずして自らの形式のうちに鮮やかに表出していた、という事実を迂闊にも見逃している——そのように厳しく批判しているのである。

Ⅲ—3

ついでながら、いま仮に**使用価値**と**交換価値**と呼称された二つの似て非なる世界の様相が、単なる技術的道具、あるいは一般にテクノロジーと呼称されているものと、かつてマクルーハンがわざわざこれと弁別してメディアと呼称したもののあいだに生じるはずの差異と、ほとんど完全に同型的《アイソモーフィック》に理解できるという点も簡潔に付記しておきたい。例えば前者の例としての鉛筆が「書くため」に、マイクロフォンが「拡声するため」に、アポロ一三号の（今日から見れば）粗末な電子計算機が「鉄の塊を月に着陸させるため」に存在することは明瞭である。だが、今日私たちが用いるコンピュータやスマートフォンは、明らかにそのような一意的な目的においては存在していない。これらは純然たる道具としてのテクノロジー、つまりある目的から帰結した技術的到達点という以上の、なにか過剰なもの、時にはそれを作った者にも何でありうるのかを言いがたい潜在性として存在する——このような可能性において人間のあり方を左右する技術の側面こそが、「メディア」と呼ばれる位相にほかならない。実際いま私たちが用いる電子機器の大半は、それぞれ個別にパッケージ化された技術的単位（異なるメーカーが製造する「集積回路」や「高精細液晶」など）を組み合わせることで造られており、この現代的アルス・コンビナトリアの結果たる最終的プロダクトが何でありうるのかは、個々の部品の設計者にはしばしば知りようのない事柄である。むろん、結実したプロダクトの用途についても同様だ。つまり私が言いたいのは、こうした現代における名もなきダイダロスたちもまた、本稿が最初に想起したあの**自分が何を作っているのか知らない作り手**たちのように、みずからの造り出すラビリュントスの只中にいるということである。私たちは、ここでまたもや先のホッケ=マクルーハン流の大きな文化論へと繋がるチャンネルを手にするわけだが、これについてはまた稿を改めて論じるとしよう[28]。ともかく右に示した「エピソディカルな構造」とは、ごく雑ぱくに纏めれば、画然たるテロスに牽引されていない構造ならざる構造、あるいはツリーであることを拒絶し続けることを本性とした増殖態の謂となる。そしてそれは、目下の考察では「自然主義小説」という、およそ性質の違った小説ジャンルから想起されたものであるにもかかわらず、私たちのこれまでの〈小説〉概念にいっそう相応しい現代的作品、例えばコルタサル『石蹴り遊び』*Rayuela* のような大胆な形式ならざる形式——不案内な読者のために言えば、すなわち「全三部一五五章からなる断章の集積を、著者の指定する章番号に従って別様の読み方が可能になるほか、読者それぞれが著者となって独立の配列を創案することが示唆されているという、さながら組立てモデル・キットのような開かれた小説形式」[29]——にさえ、不思議なまでに適合するものとなるのである。

なるほど確かにコルタサルは、**あらかじめその意味を知る何か**のために書きはしなかった。実際これほど大胆なやり方で、みずからの作品を、**あらかじめその意味を知りようがない何か**として設計した投機的作家はいない。彼はまさしく、読者がもたらしてくれる途方もない交換価値（新しい意味）を当て込んでいるのだ！

IV—1

最後にもう一度だけ、冒頭のクンデラが固執した一八世紀という近代小説の黎明期に立ち戻って当座の結論を得るとしよう。この時代を席巻した文化表象のひとつといえば英国式の風景庭園《ランドスケープ・ガーデン》が真っ先に思い浮かぶが、当時その典型のひとつであったチズウィック・ハウスの庭園には、J・ロック（John Rocque）なる画家の手になる平面図のプランが残されているという[30]。このやっかいな庭園を実際に歩く遊歩者の眼差しと、件の「平面図」が与えてくれる鳥瞰ないし超越的眼差しの二つは、まずは単純なアナロジーのレベルにおいて、冒頭に導入した〈小説的〉と〈散文的〉というふたつの精神の運動のまたとない表現となる。ここで言う「英国式風景庭園」を念のために注釈しておけば、これはフランス式の幾何学的形態に対して「より自然」であることを（不自然にも）標榜し、『トリストラム・シャンディ』の筋書きならぬ筋書きや、頁に描かれたあの奇妙な曲線、あるいは愛すべき名脇役（?）たるトウビー伯父が飽かずに作り続ける戦争ジオラマさながら、敢えてうねうねと曲がりくねった道や、新築の廃墟——物理空間化したパラドックスの一極致——などを飽かずに寄せ集めた、ピクチャレスクな被造物を指す。つまり実際にこの風景を逐一体験する歩行者の視点からすれば、このような構築物は、フランス式庭園であれば当然人に抱かせるような規則性への期待を裏切ること、不定型であること、予測不能であること、等々を旨としたひとつの設えであったわけだ。ところが同じ庭園を上から、つまり件のロックの「平面図」において鳥瞰するのなら、私たちはたちまちこれとは正反対のベクトルへと向かう一種共時的な文化のカタログを目の当たりにすることになる。それは経験的な世界を超越した同時性、ないし非時間的な一覧性の獲得であり、その眼差しは、本稿でたびたび述べてきた〈散文家《プローズライター》〉にとっての先行するアイデアに等しい。同時にそれはまた、直前のセクションで触れた今日的な消費社会のパラダイムを形成したとされる「万博」や「デパートメント・ストア」の現象にも似た、むしろそれらの百年後の到来を鮮やかに予示するコンシューマブルな文化記号の総覧でもあることだろう。

＊

平面図を眺める鳥瞰者＝〈散文家〉と現地を逍遥する〈小説家〉という右に示した素朴な対比関係が、

ある場合には構文論とコミュニケーション論のような、二つの相異なる言語観に通ずるといった点はすでに述べたとおりだ。前者が多かれ少なかれ言語をスタティックな共時的構造として扱うのに対し、例えばバフチンが論じたドストエフスキーの人物たちの多声《ポリフォニック》的で対話的な関係は、常に非可逆な時間の中で生起する予測不能性としてのみ現れる。ナボコフが大いに嫌悪していたという、いささか偏執狂的なあの語り倦かぬロシア的人物たちは、相手の言おうとすることに先回りしようとして常に能わず、未来へのあらゆる見通しを他者と出会う度に破棄し、作り直し、また破棄し、作り直す——この終わりなき繰り返しこそがドストエフスキーの創作過程に他ならないというのが、初期バフチンのもっとも重要な主張のひとつであった。そしてこのような運動のイメージは、どこか先述のピランデッロ的ウモリズモにも似た、二つの相反する世界の位相が生み出す振幅といったものを想起させもする。

　だが他方で私たちは、ダイグレッシヴに歩む遊歩者と〈小説家〉とのこうしたアナロジーを受け入れる一方、当の風景庭園そのものが、まさしく現実には今日的な消費文化の発露でもあったという史実へと思いを致し、たちまち右のような捉え方に、ひとつのモーダルなねじれを加えなければならないと気づくだろう。この庭園が遊歩者たちに強いる蛇行《ダイグレッション》的軌跡とは、結局のところ、バフチンがドストエフスキーの正体不明の創造行為に認めたような真の偶然性や偶有性ではなく、どこまでも偶然性を演じたもの、真似たものであるほかない。そこにあるのは驚きや発見そのものではなくして、驚きや発見の消費的模倣であり、なおかつまた、そのような模倣を提供しようとする明確な意図（目的）がそこには遍在している。かつてマリオ・プラーツが要約してみせたように、ピクチャレスクなものの本質とは「絵に描きうるような観念」であること、極端に定式化されたファブリケーション（規範的な製造）の装置であるという事実に依拠しており、それらはまさに、然るべき効果や結果をもたらすことを目指した、どこまでもテレオロジカルな設えであるほかない。むろん「自然らしく」あろうとする設え自体が、この上なく不自然なものであることは言うを俟たないだろう。

件のチズウィック・ハウスの大元をたどれば、同じく人工的な「自然らしさ」の表出であるイタリアの風景画へと辿り着くが、高山宏の『庭の綺想学』によれば、伝統的絵画やそのモチーフである文学的トポスをミニチュア的に反復・再現してみせたこの風景庭園を、さらにもうひとたび絵画によって反復=模倣してみせたリスブラックなる画家の一幅、『チズウィック・ハウスのイオニア神殿』（一七三〇年頃）までもが存在するというのだから、まことに消費的循環には終わりがない(31)。私たちは単にこうした現象に驚くというより、むしろ現代では日常的なものへと成り代わったこの種の消費性――コピー文化とでも称すべきそれ――が、すでにそこに十全に存在している事実に驚く。なにしろロックによる先のプランでは、風景を眺めるべき場所すらあらかじめ指定され、番号とともに列挙されているというのだから、もはやこの経験が本当に散歩者当人のものであるかどうかも疑わしい。絵葉書の風景を確認しに出かける現代のパックツアーのようなもので、思えばツーリズムの発祥もまた、同じ一八世紀のことではある。

＊

小説ジャンルの勃興期に一方で生じていた、右のような「ピクチャレスク（ネス）」という消費文化の黎明は、やがて「革命と呼べるほどの勢いで一八世紀英国、さらにはそこを発信源として独仏露へと瀰漫していった」と高山は指摘する。「絵を自然そのものととりちがえている間は、まだご愛敬だった。やがて、自然そのものを、クロード・ロランやサルヴァトール・ローザといった売れっ子イタリア風景画家の「絵」の方に合わせて裁断していくほどの極端な現象が起こる。(…)われわれにはとても信じにくいことだが、クロード・ロランの風景画にそっくりの風景を自分の庭の中に現につくらせた人間がいくらもいたのである。いまも名苑として残るウィルトシャーはストウヘッドの風景庭園。一八世紀中葉、大銀行家ヘンリー・ホアが造営したものだが、人工湖の湖辺にあるパンテオンに人はなにやら懐しいデジャ・ヴュを感じるという。それもそのはずで、このパンテオンはクロード・ロランの〈アエネアスのいるデロス海岸風景〉(一六七二年)という名画中のパンテオンをそっくり三次元化してみせたものだった。こんな具合で風景庭園はあれこれの絵、さらにはあれこれの文学作品を偲《しの》ばせるきっかけになるようなよすがである小道具や小空間に充ち満ちた、つまり当世風に言えばきわめてテクスチュアルなものであったということができる。風景画のアルス・コンビナトリア。そしてそこに古代神話に関わる文学テクストが、いろいろな壺器や建物をよすがに遊歩者の脳裡に紡ぎだされていったのである」(32)。

もっぱら絵画的手法や素材の連続性に注目する視点においては、この時代の「ピクチャレスク」な絵画は時にロマンティシズムの前哨とも解説され、例えば暮色蒼然とした廃墟を描いたほとんど様式化されたその実例が、ロマン派的詠嘆を湛えたものとして詩歌を含んだロマンティシズム全体の流れに置かれる場合もある。美術史ではむしろこちらが教科書的な捉え方であり、なるほど主題や技法に限ってみる限り、そうした連続がある程度まで指摘できることは疑いを得ない。ところが右で高山が示しているようないっそう大きな文化史的展望に立つとき、私たちはその同じ「暮色蒼然」が、実のところ一般に「ロマン派」的とされるような態度とはおよそ不似合いな、いっそう消費的で取り替え可能な文化記号として先ず導入されていたということ——つまりロマン派が唱えた作品の一回的な創造《クリエーション》や、その理論的モデルである「シンボル」の概念とはまるで反対の、いわば複製的な製造《ファブリケーション》とでも言うべきものの発露であったという事実に気付かさざるを得ないのである。そこにあるのは、むしろメトニミックな——ロマン派の用語法で言えば（シンボリックに対する）アレゴリカルな[33]——恣意的ないし機械的パタンの連続であり、右のような美術史的視点が「ピクチャレスク」な諸現象の内に遡及的に見出しがちな、ロマン派の主観主義的美学の傾向とは著しく種類の違ったものである[34]。ここで大事なのは、いずれがより正しい文化的記述であるか、といった学問的方言で弁じられる論点ではなく、まさしくこのような二つの捉え方が同時に可能であるというアンビギュアスな事態そのものだ。当時の芸術家たちに倣って、右のような記号のサーキュレーションを「姉妹芸術《シスター・アーツ》」と呼び、庭園と詩のピクトリアル、かつポエティカルな類縁性や照合を言祝ぐことも、なるほど一興には違いない。だがここでは右のような概念上の両義性、つまり件の風景庭園やピクチャレスクの芸術が、一方の歴史記述ではある種の創造性の観念、あるいは主として技法的側面から見たロマン派との連続性を想起させうるとともに、他方ではこれとむしろ対立するような製造的（fabricative / manufactural）な性格をも大いに発揮しているという、二面的《ヤヌス》な事態ないし状況にこそ注意が向けられなければならない。というのも、おそらくはこのような〈つくること〉に関わる（創造ないし製造という）両義的性格こそは、同じ文化的風景を背にして当時勃興しつつあった、近代小説というジャンルがなによりも典型的に身につけたものであった、と考えられるからなのである。

Ⅳ—2

ボウルビーが自然主義文学に見出したのは、作品の実現形態そのもの、つまり「ありのままの現実における人間を描く」といった書き手側の信条や意図とはある程度分離して考察しうる作品の構造それ自体が、こうした作品の作り手たちが生きつつあった新しい世界の現実を、半ば意図せずして再現／表現《リプレゼント》していたという事実であった。なるほど彼女のユニークな観察と主張は、一九世紀半ばに生まれた「自然主義小説」という歴史的な一ジャンルの再定義に限定されてはいる。だが、いま私が加えて示唆したいのは、彼女が見出したような資本主義下における文学の様態――「エピソディカルな構造」として弁別できるそれ――は、本稿がこれまで考察してきたような〈小説（的なもの）〉という創造性に関わる概念の背後にあるモダニティーを、存外普遍的な形で言い当てているのではないか、ということだ。遊歩者《フラヌール》たるボードレールが街中に溢れる非芸術的イメージにモデルニテの発露を見たように、小説的逍遥はそれ自体、「小説」というジャンルのモダニティーを形作る外的形態であると同時に本質なのである。

文学もまた広義におけるテクノロジーのひとつだという観点に立つとき、そこで発揮されるいかなる創造性も、多かれ少なかれ外在的なものの導入として捉えられるほかない。小説にあらわれた「近代的自我」や「主観性」を云々する人々が、その自我や主観性がまさしく当の作品の原因であるかのように語るとき、彼らは、主観とはむしろ客観を見出した結果として構成されるものであること、あるいは「作者」とは作品の作り手である以上に、むしろ作品の作品、つまりは作品によって造り上げられた一個の人格の観念であることを忘れている。先の交換価値と使用価値の例に違わず、私たちは至るところで原因と結果を、あるいはア・プリオリなものとア・ポステリオリなものを安易に取り違えてしまうものだ。このような警句的命題は、芸術や文学の創造性に関して、過度に神秘的でエソテリックな主張をすることを避けるのには役立つ。私が最後に触れておきたいのはこの点だ。これまで論じてきた〈小説〉的創造性、すなわち常に作りつつあるような創造のスタイルや、そうした制作過程をみずからの業《わざ》とした作者の態度は、どれほど自家中毒的に閉じた宇宙に佇んでいるように見えるとしても、決して単に内在的で自己完結的なものではあり得ない。「心し給えパイドロスよ、世界の創造に取りかかったとき、デミウルゴスは混然たるカオスに挑戦したのだということを」と、『ユーパリノス』のピュタゴラスは朗々と弁じてみせる――「形を成さぬ一切が彼の前にあった。この深淵から彼が手にし得た物質といえば、途方もなく不純で、数限りない実体から成るもの以外、ただの一握りもありはしなかったのだ」（"Observe, Phèdre, que le Démiurge, quand il s'est mis à faire le monde, s'est attaqué à la confusion du Chaos. Tout l'informe était devant lui. Et il n'y avait pas une poignée de matière qu'il pût prendre de sa main dans cet abîme, qui ne fût infiniment impure et composée d'une infinité de substances"）と[35]。なるほど真の作りし者にとっては、「作る」とはこうしたことであるに違いない。だが作られし者、つまり神の被造物たる人間にとっては、「作る」とは断じてそのようなことではないだろう。それはむしろ常なる作り替えること、冒頭のメタファーを踏まえて言えば、壁の際で曲がるという一連の動作の一部分を、あたかも必然的なセグメントであるかのように都度取り出す行為に似ると言っても良い。ヴァレリーの『人と貝殻』*L'homme et la coquille* が言う〈人の作りしモノ〉と〈自然の作りしモノ〉のあいだには、やはり無限と言うべき隔たりがある。人間的創造とはせいぜいデミアージックな創造の模倣であり、先に見たように、例えば「自然らしく」あろうとする人の技術《わざ》は、しばしば自然そのものからもっとも遠い記号の地図を造り出すほかない。だがここでいっそう重要なのは、そもそもこの自然そのものというのが、人にとって決して存在したことのない代物だという点である。デミウルゴスが最初に目にしたはずの真の混沌など、私たちは決して知りはしない。もっと世俗的な先の「消費社会」の例に戻って言い換えれば、ボードリヤールがいみじくも指摘したように、私たちは「食パン」を当たり前に消費するような時代になってこそ、「田舎風パン《パン・ド・カンパーニュ》」という〈ネオ＝リアル〉を発見し、ただそれのみを通じて〈リアル〉なものを感知するのだ――決してありもしない、そしてかつても存在したことなどないはずの、〈それ〉を。

失った自然へのノスタルジーは、当の自然がかつて実在したこと、人間がそのセカンダリーな模倣物として自然らしいなにかを発明したという因果的継起を証していない。「自然という観念」（コリングウッド）が常にこの種の逆説であることは、人間的な作製の概念に関する大きなヒントのひとつとなる。人はむしろ、「はなから自然に背を向け、自然のシミュラークルにすぎない風景「画」を規範と仰ぐ」[36]ような美意識によって「自然」というオリジンを後から造り出したのであり、またこれを表出したと称するさまざまな人工物や文化記号こそが当の「自然」をいっそう確からしく、みずからの起源として存在させてきたと言うべきなのである。同様のパラドックスは、例えばマクルーハンの言う金銭メディア（monetary media）、すなわち通貨がたどったシステム上の変化にいっそう顕著な形で見出されるだろう。かつて紙幣（銀行券ないし政府紙幣）は実在物である貴金属、なかんずく金を参照することで存在し得たわけだが、人々が金本位制を完全に放棄したとき、それは実在する他の何ものにも帰着し得ない自己参照的記号へと変異した。以来、例えば一ドル札を一ドル札たらしめている根拠は、中央銀行や政府による信用創造を別とすれば、それがまさしく一ドル札であるというトートロジカルな命題よりほかにない。他方であらゆる通貨は、いまや変動為替相場制のシステムの〈内側〉に封じられ、互いに互いを参照ないし定義し続ける純然たるサーキュレーションを構成するだろう。そしてこの相互参照の円環を最終的に定義する外的根拠は、どこにも、おそらくは永遠に存在しない。思えば贋金作り《カウンターフェイター》というのもどこか奇妙な観念であって、そもそも信用通貨以降の世界にあっては、私たちが手にする「お金」(信用通貨)とはある意味ですべてが偽物《シミュラークル》なのだ。「純粋小説」という概念を主張した作家(ジイド)が、まさしく『贋金作り』*Les faux-monnayeurs* と題した小説をものすることでこの概念を「実践」したことは、実に興味深い文化史的事実と言わなければならない。

繰り返すが、「自然」とこれを模倣ないし表出したとされる「記号」(風景画や情景詩)の関係もまた、同様に本来の意味での参照的関係、つまり実在とその記号という主従関係、あるいは原因-結果の繋がりとはなり得ない。先のピクチャレスクネスのような文化現象は、実在からのそうした切断をいかにも典型的に表している。だがそれにも関わらず、私たちはちょうど信用貨幣に対してしばしば抱く錯覚と同じように、その記号の向こうになんらかの根拠が——すなわち自然そのものが、はたまた信用通貨の実在的対応物が——存在することを常に幻視するだろう。私たちは、自然を作りはしない。だが、だからといって自然を単に模倣するのでもない。模倣するはずの記号を生み出せば生み出すほど、私たちは再現すべきイデアールな対象(自然そのものと言われるような)から分離し、実のところ、この不完全な模倣=記号の横溢こそがやがて新たなる第一義的イデアを作り出す——決して存在したことのない、だがこれにまつわるすべての記号の「原因」であるかのように感じられる、〈それ〉を。

私がここまで取り上げてきた現象の数々は、すべて別物のように見えて、根本では同型《アイソモーフィック》的なある種の機制を表している。つまり、もはや必要や有用性によって一意的に求められることのない〈消費社会における商品〉や、実在的世界にその対応物を持たないような〈兌換されない信用通貨〉、リアルな外的自然を実際にはなんら参照していない〈(ピクチャレスクな)自然らしさの表象〉といったものは、いずれもが真の意味で**レファレンシャルな対応物を持たない記号**であり、なおかつまた、ボウルビーやボードリヤールが「消費社会」と呼んでこれを読み解くことになった、一九世紀以降の現代的パラダイムを共に構成する現象として捉えうるものである。

以上の考察で〈小説〉の名の下に問われた創造性の形は、どこか右に示したような、人間が世界に対して用いている記号の抱えている諸矛盾への「気付き」を孕んだ様式であるように思われる——これこそが、この小論が最後に示唆しようとした点であった。私たちは本稿の導入部において、創造性に関わる**〈小説(的なもの)〉**という概念を主張し、これが具体的作品としての小説以上に、ある精神のスタイルに関わる権利問題と言うべきものを表すと主張してきた。さらにまた、それが**ヒューモア**の概念、とりわけアイロニーとの対比において定義されるようなヒューモア概念の持つ自己回帰的、ないし自己言及的な性格と、強い関わりを持つこと——また、まったく同様の理由によって、〈小説(的なもの)〉の概念がホッケの言う**マニエリスム**のそれとも部分的な類縁性を持ちうることを指摘したのだった。

いまこれらの要旨に加えるべき仮説は、おそらく次のことになるだろう。すなわち言語芸術における〈小説〉的なものは、実際の作品が意味論的あるいは内容的にどれほど資本主義と無縁に見えるとしても、ただ資本主義というパラダイムのみが与えうるような、記号のモーダルな変化を常に暗示せずにはおかない、と。〈小説〉的創造性、すなわち本稿がこれまで論じてきた、常に造りつつ在るような作家たちの制作プロセスは、どれほど自足的な閉じた運動態に見えようとも、私たちが現実社会において次第に加速度的に経験を増しつつある、いかなる外在的根拠やレファレントにも帰着することなく延々と循環し続ける記号の戯れと、どこか深いところで共鳴している。ボウルビーが「自然主義」の主義主張をほとんど問題にせず、むしろそのスタイル、つまり意図や意味内容を超えた「形式」にこそ、当時生まれたばかりの消費社会との構造的アナロジーを認めたのは、このような観察の際だった一例であった。

　むろん現実の位相と創造行為のプロセスをこのようなアナロジーで結びつけるには、一層慎重で入念な根拠付けが必要であるには違いない。ただこの試論では、冒頭に引いた石川淳の言葉を、いかにも自称戯作者らしいその口吻ともども、次のような形で解釈することで当面の結びとしよう。すなわち彼の言う「壁」とは人間自身が不断に造り出す新たな現実の謂であり、また「壁のきわで曲がる」とは、その現実を絶えず作り替え、置き換えようとする〈小説〉家の不屈の試みにほかならない、と。石川の「序」が『地下室の手記』（ドストエフスキー）を念頭に置いていることはまず間違いないだろうが、目覚ましい新たな才能（安部公房）に出会ったばかりの四半世紀以上も年長の作家が、前者を媒《なかだち》として、みずから生業としてきた〈小説〉に、右のようななにか新しい意義を発見したのだと想像することは、私を興奮させる。このヒューマラスな文章に含まれた「解放とは運動の持続の属性である」という疑似哲学的なテーゼこそは、私たちがこれまで見てきた〈小説〉の精神に、いかにも相応しいものなのである。

壁というものがある。こいつ絶対に思想なんぞではない。堅固な物質でできている現実の壁です。何のために壁はあるのか。すくなくとも、空間を仕切るためのものであるわけがない。この狭い地上を、なにゆえにまたこまかく仕切って、光の通路をふさぐ必要があるのですか。それでも、壁がげんに空間を仕切っているという事実はどうにもならない。長いあいだ、壁は人間の運動にとってずいぶん不便な、不届きなものでした。というのは、位置の固定、すなわち精神の死であったからです。（…）

壁について最初の名案を示した人物は、ドストエフスキーでした。壁のきわまで駆けて来ても、やけにあたまをぶっつけて、あわてて目をまわすにはおよばない。そこで曲ればよい。じつに単純な著想《ちゃくそう》です。こういうことを革命といいますね。これほど単純なことに、どうして人間は長いあいだ気がつかずにいたのか。ともかく、ドストエフスキーの智慧《ちえ》に依って、壁は決して人間がそこにあたまをぶっつけるために立っているものではなく、人間の運動に曲り角を示唆するために配置されているものだということが見つかった。壁の謎《なぞ》が解けたわけです。おかげで、人間の運動はずいぶん柔軟になり、領域がぐっと広くなり、世界の次元が高くなって来たようです。ところで、人間の智慧がすすむと、壁のほうでもだまって引っこむやつではない。こいつ、やっぱり人間がそこにあたまをぶっつけてくれることを好む習性がある。しかも、馬鹿なことに、どうしてもそこにあたまをぶっつけなくては気がすまないという人間がいる。そこで、壁と壁派の人間とが共謀して、四方八方どこを向いても壁だらけ。敵はあくまでも人間の運動を妨害するために、圧倒的に逆襲して来る。部屋の中にいてさえも、壁は風雨をふせぐという著実《ちゃくじつ》な役目をわすれて、積乱雲よりもうっとうしく、時計の針も狂うほどに、人間を圧しつぶしにかかって来る。壁の復讐《ふくしゅう》、地上至るところ地下室です。これでは、いかなる智慧者でも当惑するでしょう。このとき、安部公房君が椅子から立ちあがって、チョークをとって、壁に画をかいたのです。(…)

精神の生活はここに安部君のチョーク的に必然の形式を取る。それが現実の生活と相似の形態に固定していないのは、安部君が精神の運動に表現をあたえているからです。この形式に於《おい》て、この仕事は現実の生活上に普遍的な意味をもつ。すなわち世界観ができあがる。こういうことを発明といいますね。あきらめるということを知らない精神でなくては、とても発明はできない。ひとはみちびかれて壁の世界にはいる。ここは人間の生活と宇宙の法則とが交渉する場であって、あ、壁は無い。そういっても、これは壁に於て絶望的に発見された世界です。もし諸君が欲するならば、これを生活の解放と呼んでもいいでしょう。しかし、解放とは運動の持続の属性であって、精神が特定の状態に入りこむこととはちがうのだから、こいつ、のべつに天気晴朗ということではないと、こころえておいていいでしょう。壁はあり、また壁は無い。いや、壁はやっぱりありますね。安部君のチョークがそこに絶望的に画をかくために、世の中には壁というものがあるのです。……(37)

注

(1) Kundera, Milan. *L'art du roman: essai*. Paris: Gallimard, 1987. なお「プローズライター」と「ノヴェリスト」という表記、ならびに本稿内での引証は以下の英訳に従う。Kundera, Milan. *The Art of the Novel*. 1st ed. New York: Grove Press, 1988.

(2) Lowry, Malcolm, Harvey Breit, and Margerie Bonner Lowry. *Selected Letters of Malcolm Lowry*. 1st ed. Philadelphia: Lippincott, 1965.

(3) Asals, Frederick. *The Making of Malcolm Lowry's Under the Volcano*. Athens: University of Georgia Press, 1997.

(4) Brook, Peter. *The Empty Space*. Pelican Books. Harmondsworth: Penguin, 1972. p. 13.

(5) *Ibid*., p.26.

(6) Kundera, *op.cit*., p.158.

(7) Proust, Marcel. *Du côté de chez Swann. A la recherche du temps perdu*. Paris: Éditions de la Nouvelle Revue française, 1919. p.113.

(8) Poe, Edgar Allan. *The Collected Writings of Edgar Allan Poe*, edited with introduction and notes by Burton R. Pollin. Vol. 2 (The Brevities: Pinakidia, Marginalia, Fifty Suggestions, and Other Works), 5 Vols. New York: Gordian Press, 1985. p.258.「マルジナリア」のこの部分についてはポール・ヴァレリーの興味深い注釈がある。以下を見よ。Valéry, Paul, Malcolm Cowley, and James R. Lawler. *Leonardo, Poe, Mallarme. The Collected Works of Paul Valéry*. London: Routledge and K. Paul, 1972. pp. 183-184.

(9) Deleuze, Gilles. *Différence et répétition*. Paris: Presses Universitaires de France, 1968. p.4. 傍点は原文イタ

リック。

(10) Faulkner, William. "An Introduction for *The Sound and the Fury*," *The Southern Review* 8 (N.S, 1972) 705.

(11) 確かにある場合には、小説家自身がこうした偶然性に好んである種の寓意を帯びさせているように見える。彼らはしばしば作品があたかもそれ自身の命を持ち、自在に変化することを主張せずにはおかない。実際フォークナーは自作の多くについてこうした過程を主張しており、冒頭のクンデラの分類は適切にもその名を〈小説家〉の代表格として挙げた。他にはフィールディングやカルヴィーノ、また実に正当にもローレンス・スターンの名がここに含まれ、他方〈散文家〉としてはルソー、ゲーテ、マルロー、カミュなどの名などが挙げられている。こうした分類の善し悪しや正誤はともかく、確かにある種の作家たち、とりわけ啓蒙期の書き手たちは、みずからの抱く思想を表現するためにしばしば小説という手段ないし形式を用いたし、時にそうした作品は、ロマンやノヴェルとははっきり弁別された哲学的コント（conte philosophique）のようなジャンル名を与えられている（もっともこの呼称はほとんどの場合ヴォルテールの「小説」のみを排他的に表す）。クンデラの分類はなんら学問的な意図を持ったものではないし、彼自身がここで言われる〈小説家〉としてどのような評価を受けるべきかも当面問題ではない。いま私たちが手にしている〈小説〉と〈散文〉という比喩的な対比は、繰り返すが、実際の文学ジャンルとしての小説が書かれたか否かという事実に関わりなく、精神のスタイルに関するある荒削りな、だが大きな問いを発してくれる一装置なのである。

いささか蛇足めくが、この粗雑な二項対立に従えば、先述の三島のような作家のヴィジョンはおよそ小説家らしからぬものとなり、彼が常々あらかじめ考え抜かれた物語の結末＝目的に向かって滞りのない筆致を見せたという事実は――結末のアイデアなしに書き始められた『豊穣の海』こそは、彼を真実苦しめた唯一の作品であったと聞き及ぶが――あのまったく書き損じのない楷書で書かれたニューロティックな原稿ともども、むしろ彼が私たちの言う〈小説家〉ではなかったことを示す証拠となる。対するフォークナーやドストエフスキーの創作ノートには、どんなに巨大な作品であっても、ほとんどの場合にはじまりのヴィジョンしか記されていないのは興味深い逆の実例だ。クンデラの比喩的分類を前にすぐにも気づかれるのは、そこに小説の世紀とも呼ばれる一九世紀が不作法なまでに欠けていること、あるいはむしろ一八世紀に直結するようなバイパス的系譜のみをクンデラが好んで真に小説的なものと見なしたがっていることである。ある意味でこの見識は、本邦の例で言えば井伏鱒二をローレンス・スターンに比して高く評価し、『ヨオロッパの世紀末』のような書物で一八世紀の「成熟」を繰り返し語った吉田健一のそれに案外近いものかもしれない（この成熟という表現に筆者は大いに違和を感じるし、まだ鷹揚とでも言うのが相応しかろうとは思うが）。いずれにせよ彼らにとって〈小説（的なもの）〉とは、理論的構築とは異なる新たな探求精神の謂にほかならなかった。それは収斂よりは逸脱を、必然よりは偶然を、根元的なものよりは偶因をより重要な経験と見なすような巨大な受容器、あるいは休みを知らぬ実験装置であるところの精神である。吉田の「成熟」という言葉をこの理解からごく好意的に解釈すれば、それは少なくとも、黄金の中庸といった取り澄ましたバランス感覚とはかなり違ったなにかであるに違いない。

(12) Valéry, Paul, and Jean Hytier. *Œuvres*. Bibliothèque de la Pléiade, vol. 2. 2 vols. Paris: Gallimard, 1957. p. 143.

(13) 一例としてガダマーの典型的な一節を以下に引用する。「芸術作品以外の制作物については、それが完成したかどうかはその目的を基準にして測られる。つまり、それは使用目的によって規定されており、それを規定している当の目的を満たせば、制作は終了し仕上がりとなるのである。しかし、芸術作品の完成の基準はどのように考えればよいのであろうか。芸術的な〈生産 Herstellung〉をいかに理性的に醒めた目で見たとしても、われわれが芸術作品と呼ぶものの多くは、やはり使用するために作られたのではまったくなく、仕上がりの基準としてそのような目的をもつものではない。しかしそうすると、作品の存在は絶えずその先がある形成過程の中断といったようなことでもたらされるものにすぎないのだろうか。芸術作品はそもそもおよそ完成しえないものなのであろうか」（ハンス＝ゲオルク・ガダマー『真理と方法Ⅰ』轡田収他訳、法政大学出版局、一九八六年、一三四―一三五頁）。

　ガダマーはこのような問いを立てた上で、以降ヴァレリーを「おそよ完成しえないもの」としての芸術の提唱者として批判している。結果的にガダマーは――ハイデガーとともに、と言って良いと思うが――明らかに創造やポイエーシスのような観念を重んじ、芸術をそうした観念によって密かに価値づけている。それはむろん、芸術家に超越的な設計図があらかじめ必要であるという主張と同じではない。だが彼は、まるで個々の悲劇が出来事そのものというエイドスを模倣するとされるアリストテレス流のミメーシス理論のように、芸術家の造り出す個別的現象としての作品が、それらが「流出」してきた根源であるはずのアイデアルな美や完成へと到達することを、本来的に目指すと考えているように見える。

だが本稿における〈小説〉家とは、まさしくそのような神秘的目的を抱くことのない、しかし同時に単なる道具の作り手とも明らかに違っているような制作者である。「進行中の作品」（ジョイス）とは、むしろこうした作り手がもたらすあらゆる作品の一般的定義であり、このような作品は少なくとも常に潜在的に、現に作られつつある、あるいは作られるかも知れなかったより大いなる何ものかの一部として経験することができる。人は時に『トリストラム・シャンディ』が、あるいは『特性のない男』が「未完の作品」であると言う。だが、それは完成させるべき何かが、例えば死によって中断されたということだろうか？　それらはむしろ、永遠に未完であることを目指してはいないだろうか？　『フィネガンズ・ウェイク』がマクルーハンにとって典型的にそうであったように、ひとつの作品をむしろ無際限な索引の一部分であるかのように読み、かつまた書く、ということ。同様の流儀によって、例えばキルケゴールはニコラウス・ノネベタなる偽名の下、『序文ばかり』と題された複数の序文ばかりから成るテクストを遺したのだった。一体全体、これはどのような作品であり、またどのように完成している、あるいは未完であると、ガダマーは応えうるのだろうか？

(14)　引用は後出のホッケ『文学におけるマニエリスム』邦訳に従う。なおジイドの原文は以下の通り。"Tu ne peux te faire idée de ce que c'est compliqué, le labyrinthe. Demain, je te présenterai à Dédale, qui te dira. C'est lui qui l'a construit ; mais même lui ne sait déjà plus s'y reconnaître." Gide, André. *Thésés*. Paris: Gallimard, 1946. VI.

(15)　ホッケ、グスタフ・ルネ『文学におけるマニエリスム――言語錬金術ならびに秘教的組み合わせ術』種村季弘訳、平凡社ライブラリー、二〇一二年、六〇〇頁。

(16) シューエル、エリザベス『ノンセンスの領域』高山宏訳（高山宏セレクション「異貌の人文学」）、白水社、二〇一二年。シューエルは結びの第一四章でトマスのこのテーマを引いている。実のところ、本書は全篇にわたって『神学大全』を繰り返し引用することで書かれており、ある意味ではトマスの諸命題に関する注釈めいた性格を持つとも言える。また、例えば「単一なるものの数は無限なり」のようなトマスの命題は、それ自体、しばしばナンセンシカルな矛盾律として言及される（第八章）。

(17) Baldensperge, F. "Les définitions de l'humour," in *Etudes d'histoire littéraire*, vol. I, Paris, Hachette, 1907, p. 17. なおクローチェによるこの引用をピランデッロがあげつらうのは一九二〇年の増補版においてである。

(18) Chiaromonte, Nicola. *The Worm of Consciousness and Other Essays*. New York: Harcourt Brace Jovanovich, 1976. p. 82.

(19) Pirandello, Luigi. *L'umorismo: saggio*. Lanciano: R. Carabba, editore, 1908. p. 182.

(20) とはいえピランデッロが学問的な論証手順をしばしば無視し、語源学的誤りも犯しているのはクローチェの指摘するとおりだ。*Come si fa una tesi di laurea* と題された学位論文執筆の指南書（谷口勇氏による邦訳『論文作法』〔而立書房、一九九一年〕あり）もあるウンベルト・エーコは、クローチェよりもさらに手厳しく、この本は「ウモリズモ」というより "Everything [but Nothing Else]" とでも題するのが相応しかろうと揶揄している。Eco, Umberto. "Pirandello Ridens," in *The Limits of Interpretation*. Bloomington: Indiana UP, 1990. pp. 163-73.

(21) 花田清輝『アヴァンギャルド芸術』未来社、一九五四年、筑摩叢書、一九七五年、講談社文芸文庫、一九九四年。

(22) 花田がピランデッロの本をモチーフとしていることはほとんど疑いを得ないが、彼はどこかでカント流の超越的ならざる超越論的なもの（当時の京都学派の訳語で言えば先験的なもの）の概念を想起しているように思う。京都帝国大学で花田の後輩だった久野収は、ある興味深い座談会の中で、当時花田がかなり熱心なカントの読者であったことを指摘している（久野収「特別インタヴュー　京都学派と三〇年代の思想:久野収氏に聞く」『批評空間』II-4、一九九五年一月）。留学時代にドイツ的なものに大いに親しんでいたはずの若きピランデッロは、もしカントの超越論的論争（Transcendental argument）の概念によって同じ事柄を述べていれば、ナポリの美学者の冷笑（イロニー）を良き対照例としておのれのウモーレについて語り得たかもしれない。

(23) Pirandello, *op. cit.*, p. 149.

(24) ホッケ『文学におけるマニエリスム』、三九一頁。

(25) 土岐恒二「明晰な錯綜――ボルヘスの虚構の構造」、『特集：土岐恒二の仕事』（*Metropolitan* 第Ⅱ期第2号）、メトロポリタン編集局、二〇一六年、七〇頁を見よ。

(26) Bowlby, Rachel. *Just Looking: Consumer Culture in Dreiser, Gissing, and Zola.* University Paperbacks. New York: Methuen, 1985. Print.（レイチェル・ボウルビー『ちょっと見るだけ――世紀末消費文化と文学テクスト』高山宏訳、ありな書房、一九八九年。「エピソディカルな構造」というキーフレーズも含め、以下の引用はすべてこの邦訳に従う。）

(27) ホッケ『文学におけるマニエリスム』、二三頁。

(28) 吉田朋正「ナルシスのプロテーゼ――『メディア論』再訪1」『思想』二〇一八年二月号、岩波書店。

(29) 土岐恒二「コルターサル『石蹴り遊び』について」、『特集：土岐恒二の仕事』（*Metropolitan* 第Ⅱ期第2号）、メトロポリタン編集局、二〇一六年、二四二–二四三頁、傍点引用者。

(30) 高山宏『庭の綺想学――近代西欧とピクチャレスク美学』ありな書房、一九九五年、一七一頁の図版を見よ。なお同じ図像（John Rocque, "A Plan of the Grounds from 1736"）は Chiswick House and Gardens Trust のホームページ上で閲覧可能となっている（http://www.chgt.org.uk/?PageID=253）。

(31) 高山宏『庭の綺想学』、二〇二–二〇三頁の図版を見よ。

(32) 同書、一三九–一四〇頁。

(33) 記号学的議論で用いられる「メタファー／メトニミー」の概念は、ロマン派における「シンボル／アレゴリー」のバイナリー・コードにほぼ完全に対応している。ポール・ド・マンの良く知られる論文 "Rhetoric of Temporality" (De Man, Paul. *Blindness and Insight: Essays in the Rhetoric of Contemporary Criticism*. New York: Oxford University Press, 1971; 2nd ed. Minneapolis: University of Minnesota Press, 1983.) と、これに言及した私自身の簡単な説明（本書所載「照応と総合――〈土岐恒二の仕事〉への一視点」文末註ii）をご覧頂きたい。

(34) 一八世紀的な諸観念に生じたこのような両義性については、本書所載の「倒壊する言語――一八世紀「崇高」観念と脱構築」を参考のこと。

(35) Valéry, *op. cit.*, p.143.

(36) 高山宏『庭の綺想学』、二一二頁。

(37) 石川淳「序」、安部公房『壁』新潮社、一九六九年、五-八頁。

内容と形式――新たなる「意味の意味」のために

内と外、内在的と外在的、内部と外部といった区別（…）をするときにはいつでも、本質〔という概念〕がもつパラドックスの数々に直面する可能性がある。

――ケネス・バーク『動機の文法』[1]

マクルーハンのメディアという概念をひもとくことからはじめよう[2]。彼の言うメディアとは、私たちの社会論・文化論がしばしば安易に立脚しがちな典型的なバイナリー・セット、つまり個人と社会、主観と客観、身体と外界、その他何でも良いが、こうした概念形式――その多くは「内側／外側」というベン図に似た二元的イメージで描きうる（図1）――に対する粗暴な転倒の企てとして理解できる。彼によれば、メディアとはすなわち衣服、活字、眼鏡、宇宙船、自動車、住居、コンピュータ、鉛筆、等々である。とりわけ身体から派生するイメージによって、それは容易に理解される。一般に身体とは、自己を自己ならざるものから区別することによって成立する有機的システム（典型的には免疫系）であり、物理的な限界として捉えられている。だが熟練した自動車のドライバー、例えば数センチの誤差で貨物船に次々と輸出車を積み込んで行くプロフェッショナルたちにとって、車体は単なる機械の外縁であるにもかかわらず、すでに彼自身の「身体」の外縁として知覚されるだろう。また衣服は、それ自体としては単に外在的なモノだが、実際には天候から身を守る実用品であるのみならず、それを身につけた人間の意識の表示、社会的自我のコノテーションでもありうる。そして人は、もはやそうしたものなしに存在することはできない。ヌーディストたちもまた、裸という戦略的衣装があらわす文化的メッセージを「身にまとって」いるというわけだ。

人間の延長（extension of man）と端的に定義されるこれらの要素――大抵の場合、テクノロジーと同義である――は、メディアという抽象概念へと変換されることで、いましがた適当に列挙した可能なバイナリー・セットの基本形、つまり、ただひとつの境界によって成立する「内側／外側」という二元構造に対する、根本的な異議申し立てを行う。私たちによって生きられている世界とは、もはや「内」でも「外」でもない。あるいは人とは、もはや「外部」に脅かされ、それと対峙する「内部」として成立しているような何かではない。むしろこの「／」（スラッシュ）こそが拡大され続ける人間的世界であり、結局は人間そのものなのだ――そのように、この荒削りな概念は主張したのである。

粗雑なアナロジーだが、ある意味でこれは、マクルーハン理論の登場と同時期に起こった環境保護主義の修正に似ている。今日の環境論では、自然は単に保護されるべき独立した神の領域ではなく、すでに人から分離しがたいものとなったテクノロジー（メディア）との関係において、適切に管理されるべき何かとみなされている。それは「自然／テクノロジー」（＝「神／人間」）という二分法を退け、「／」（スラッシュ）に示されるような関係それ自体を「自然」として内在的に見出すことを意味するだろう。

だが、私が以下で論じたいのは、環境問題のような差し迫った現実を前にいかにもアナクロニスティックに聞こえるだろうが、芸術と批評の問題である。私はメディアという素朴な概念の批判力を、芸術と批評のあいだにほとんど必然的な関係を作り出している――つまり、そのように私は主張したいわけだが――いくつかの基本概念へと向けてみたい。

勘の良い読者ならば、私がそうした概念のあれこれを、芸術をめぐる論争におけるメディアとおおむね見なして良いと考えているのではないか、と予期するかもしれない。実際、ほとんどそのとおりである。安直な抽象だが、ここで仮に〈芸術作品〉と呼ばれるひとつの閉じられた世界を仮定してみよう。またこの世界は、ベン図のような境界によって分離された「内容」と「形式」――他のどんな言葉でも良いということを以下で示すことになるだろうが――というふたつの要素を持つ、と考えよう。だが、より現実的な批判者は次のように述べる。あなたが優れた作品とみなし、「内容」や「形式」という基本概念によって批評を試みているものは、実際にはなんら「内容」や「形式」によってではなく、むしろその「／」によって作られたのではないか。なぜそのスラッシュ自体を適切に問うための、別の言語を求めてはならないのか、と。あるいはまた、彼はこうたずねる。「内容と形式」のような概念が、適切にであれ不適切にであれ、ある種の議論の枠組《フレームワーク》として成立するのだとするいかなる考えも、「内容と形式」といっ

図1

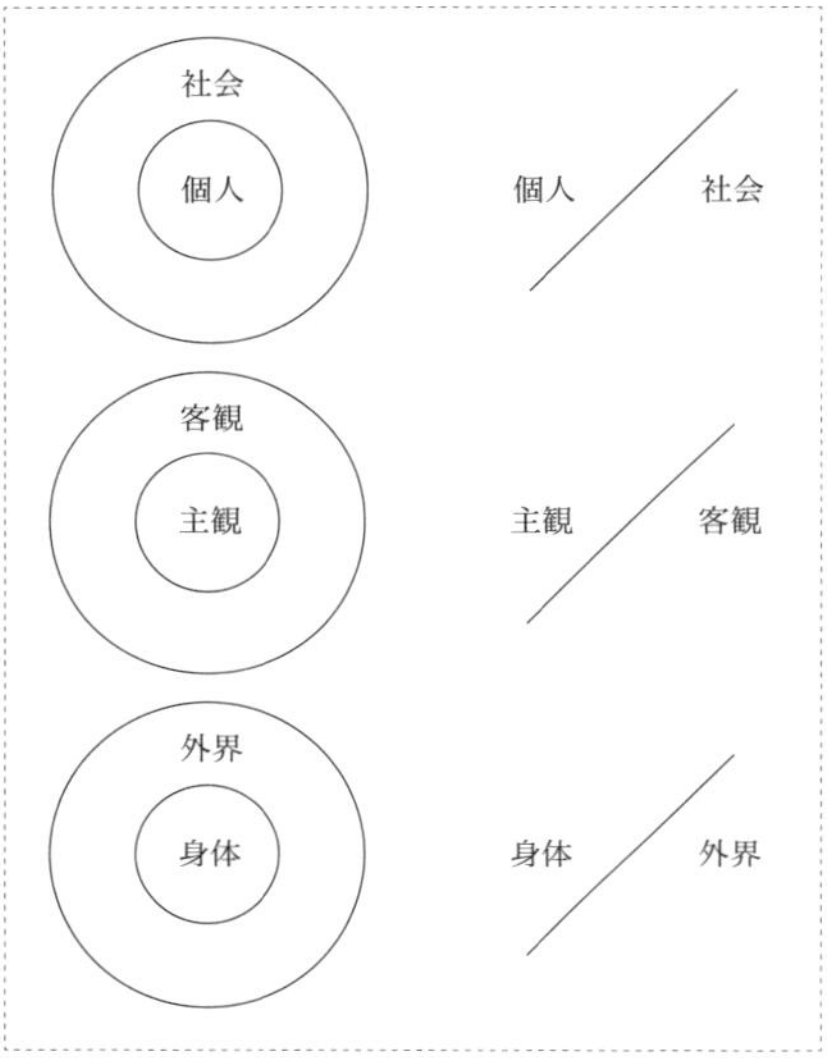

た表現自体が「内容／形式」という問題系を派生させる「／」（スラッシュ）だったのではないかという懐疑に、一度は置き換えられるべきではないか、と。

だが、勇み足はこのぐらいにしておこう。今のところこうした主張は、現存するどんな言葉についても言いうるような、唯名論的な揚げ足取りに過ぎない。私はここで取り上げる問題をただちに明確にするために、芸術と批評を共に成立させているもののうちでも、もっとも古く陳腐だが、もっとも手強くみえるもの、すなわち**内容**と**形式**という二項概念を批判することからはじめよう。両者が相互補完的であるといった抽象は、そのように言われるだけなら、単に気の利いた言い回しでしかない。私の目的はそれらの機制を具体的に示すことにある。

I―1

基本的なことから確認しよう。形式の概念は、芸術論においてであれ何であれ、一般に**一次的形式**と**二次的形式**に二分することができる。一次的形式とは、ひとことで言えば無意味《ナンセンス》だ。それはピュタゴラスの純粋三角形のようなものであり、それ以上遡行することも、意義を与えることもできない何ものかである。他方で二次的形式とは、逆に内容（意味）に対する皮相な互換性、または同じことだが、記号論におけるような意味での取り替え可能な範列である。伝統的美学で言われる「内容と形式」という組み合わせもまた、すでに、また常に意味（内容）を前提しており、そこにおいて形式は――見かけ上の等価性にもかかわらず――実際は常に付帯的なものとしてのみあらわれる。だから、私はこれを二次的形式と呼びたい。念のために言っておくが、これは「優れた作品において、内容と形式は〈ひとつ〉である」

といった哲学的美学のサブレーションとは、なんの関係もないひとつの事実である。

だが、この点はとても大事なことだから、もう少しだけ具体的な例によって繰り返しておこう。一般にある物語、例えば桃太郎の話について「さまざまな語り方が可能だ」と言う場合、物語〔内容〕は**一次的なもの**であり、それを伝達する劇、小説、紙芝居といった方法〔形式〕は**二次的なもの**と見なされている。素朴な芸術論において「内容と形式」という組み合わせが無批判に受け入れられている場合、あるいは哲学的美学において両者が「ひとつ」であるといった先述のような言い回しが持ち出される場合でさえも、この二項概念が本質的に前者〔内容＝意味〕の優位において成立することに変わりはない。「メディア〔形式〕こそはメッセージ〔意味〕である」（"The medium is the message"）いう気の利いた転倒においても、そのアフォリズムは現に実現されている意味以外のものには基づいていないのであって、才気に満ちた批評家が逆説的メッセージを世に残すことができたのは、それ自体、この世がすでに意味＝メッセージで満たされていたおかげである。ところが、真にラディカルに考えられた形式とは、繰り返すが、徹頭徹尾ナンセンシカルなものにほかならない。別様に言えば、後者のただの形式からは、「内容と形式」、あるいは他のどんな意味のある系も派生しない。身も蓋もないが、それはフラーレン（fullerene）がどこまでいってもフラーレンであるというのと同じことだ。分子構造としてそれがどんな物理化学的な意味を持とうと、またその名称がバックミンスター・フラー個人の名に由来するという歴史的事実があろうとなかろうと、フラーレンとはまさにあるがままの形、つまりはサッカーボール状の多面体である。

＊

この「である」という表現に、ナンセンシカルな一次的形式のすべてが集約されている。それはそれ自身によって完全に語られ、またそれ以外の形では絶対に語り得ないような何かである。

＊

美学のような哲学的分野が考え出されるずっと以前、例えばギリシアの模倣説においては、芸術はもう少しこの「身も蓋もない」形式に近かったように見える。基本的にそれは**内容**と**形式**ではなく、**質料**と**形式**（**形相**）という形而上学のバイナリー・セットに基づくだろう（図2）。両者は字句上はほとんど同じだが、確かにまるで違ったやり方で世界に言及している。（この両義性は英語の idea という語の用例に典型的であって、それは「内容／形式」という近代的な系においては**内容**を、古典哲学的な「質量／形式」の系では**形式**を表す。後者のプラトニズム的伝統では idea はしばしば eidos の訳語であり、これは日本で**形相**と訳されてきたものに等しい。）模倣説は、近代美学から遡行するタイプの説明ではしばしば曖昧にされているが、私の理解では、常に第一哲学＝形而上学の理論図式に沿ってしか理解できない。この図式を極端に卑俗化して言えば、〈「机」というもの〉というエイドスが唯一の実体だが、人がそれを現象的に知るには質料《ヒューレー》を付与された個別の机として立ち現れる必要がある、といったことになる。悲劇に関するアリストテレスの説明――通常彼は、プラトン的なアイデアリズムを批判したとされてはいるのだが――は、この図式から多少強引に、だが端的に要約することができるだろう。『詩学』における「悲劇（的なもの）」とは、それ自体ある種のエイドスにほかならないのであり、これが個々の作品の作成《ポイエーシス》によって肉（質量）を与えられ、実体的なものを模倣するとされる。あるいは模倣説は芸術を、形而上学的思弁とは違った形で――ミメーシス

図２

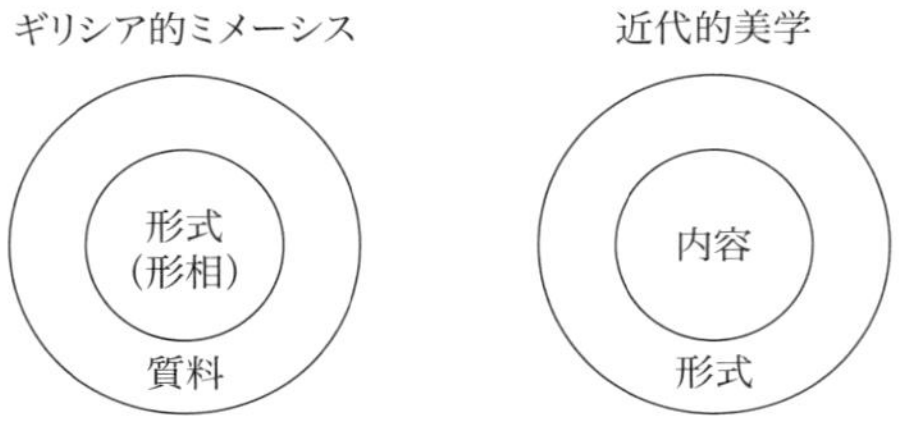

ギリシア的ミメーシスにおいては「形式＝形相」がプライマリーであるのに対し、近代美学においては「形式」は「内容＝意味」に付帯する二次性、つまり交換可能な要素と見なされている。だが両者の二元性という構造は同じなのだ。それぞれの要素に与えられた「本質的／皮相的」といった価値付けは、それ自体本質的なものではない——

を通じて——実体的なものに近づくと定義したと言っても良い。念のために付け加えれば、ギリシアのミメーシスは今日的用法から想起される外的現実の模倣（imitation）ではなく、より抽象的な本質への志向として理解される。そこで再現されるのは皮相なヒューレーとしての現実（real）ではなく、いわば実体（reality / entity）としての出来事そのものであるかのようだ。ピュタゴラスの純粋三角形がすべての幾何的事象の彼方にあるとされたように、あらゆる出来事の彼岸に見出される究極の〈出来事〉として、「悲劇」は理想化されている。「詩作〔悲劇を創ること〕はむしろ普遍的なことを語り、歴史は個別的なことを語る」（『詩学』）(3)。

I—2

一次的形式は、繰り返すが、皮相なものではなく根元的なもの、あるいは還元不能なものと見なされている。それは桃太郎を紙芝居でやるか、漫画で描くかといった、置き換え可能な諸形式を名指しているのではない。むろんギリシアの模倣説は一例であって、これらの区別が歴史的なものに基づく必然性は本来まったくないと言える。

だが、一応次のことは確認しておく必要があるだろう。これらの概念はそれ自体としてはなんら歴史的ではないが、たしかに歴史的な問題を導く。これらの異なった形式の概念は、しばしば芸術それ自体の歴史的変遷と結びつけて考えられているからだ。私はこの傾向を、通り過ぎる程度にだが、以下で簡単に検証しておきたい。

この点について分かりやすい一例は、スーザン・ソンタグがライオネル・エイベルの『メタシアター』を論じた短いエッセイ、「悲劇の死」である[4]。彼女はエイベルとともに、オイディプスのような王が単に王であるのに対し、シェイクスピアの主人公はもはや自分が何者かを考えていると述べた。つまり後者において、主人公はすでに自己反省的な主観としてあらわれる。これは前者が石が石であるようなナンセンシカルな自己同一的形式であるのに対し、後者はすでに意味が強迫的に遍在するような世界（キリスト教的世界）だと述べても同じことだ。ソフォクレスの王はいわば〈王〉という純然たるエイドスの再現《ミメーシス》であり、それ以外のどのような意味でもない。あるいはまた、彼は意味を伝達する媒介としての近代的シンボルではありえず、それ以上遡行することの能わぬ何ものかだと言っても良いだろう。

こうした議論は、悲劇とはまったく違った文学ジャンル、例えば一五世紀頃のモラリティー・プレイ（美徳や悪徳が擬人化された、多分に宗教的教えを含んだ寓意劇）と、消費芸術としての一八世紀的メロドラマ（音楽付きの勧善懲悪的な通俗劇）を比較した場合にも同様に可能だろう。ヘンリー・ジェイムズの『鳩の翼』を論じたユニークなエッセイの中で、ピーター・ブルックスは、主人公ミリー・シールがある種の神聖さ

(sacredness)の代表であるという折り目正しい伝統的解釈に一通り言及した後、彼女はたしかに神聖な存在ではあるが、むしろ彼女を貶めた人間たちが見出す神聖さの「幻想」と言われるべきだ、という趣旨のことを述べている(5)。ブルックスが近代の消費様式としてのメロドラマを"post-sacred"なものと規定した際、この定式化が意味しているのは、単に近代がもはや「神聖さ」を有し得ないということではなく、近代的様式はまさに随意にそれを獲得するが、望ましい形(真の神聖さという)においてでは決してない、ということだ。たぶんこのテーゼは、先述のモラリティー・プレイと近代的メロドラマの対比という形でいっそう明確に固定できる。勧善懲悪のような倫理的マニキーズムという点では、メロドラマのような傾向は確かに道徳劇の場合に似通う。だが問題は、宗教が倫理的インペラティヴでありえた(と想像される)世界において、道徳劇はまさにそれ自体がアイコニックに――マリア像が単に神聖さの表現ではなく、それ自体が神聖であったように――神聖なもの「である」が、近代の様式にあっては、神聖さは作品が目的として外在化＝理想化する対象であるほかないということだ。それは客観の成立、逆に言えば主観の成立にかかわっている。言うまでもなく、大衆芸術であるメロドラマにおいて、「神聖さ」や「悪徳」は紋切り型の記号にすぎない。そしてブルックスによれば、小説家ジェイムズはなかば形骸化したこのメロドラマという平俗な様式を意識的に引き受け、これを反復、複雑化することにより、近代性をめぐるこうしたポレミックそれ自体を物語に内在化することに成功した、というのである。

昔なら疎外という言葉で味気なく説明されたこの種の屈折は、ブルックスによって精神分析学的な課題となる。今日風の気の利いた理論的スローガンを真似て言えば、消費文化(メロドラマ)は精神分析のように理解できるし、他方フロイトの難解なテクストはメロドラマとして読むことができるというわけだ。

これはこれで興味深い論点だが、ここでは次のことを確認するにとどめよう。天井桟敷から眺められる善玉と悪玉の対決と、中世的な美徳と悪徳の抗争とが似て非なるものであるのは、単に前者が「世俗的」で、後者が「超越的」ということではない。アウエルバッハの言うような近代的リプレゼンテーションは、距離、つまり対象からのデタッチメントを前提としており、またこの分離は本質的に「信《ベルーフ》」の消失に関係している。とはいえ、ここで言う「信」は必ずしも宗教的信仰を意味しない。ソンタグやブルックスに共通した理解とは、近代は道徳劇やギリシア悲劇のような自己同一的世界、つまりほとんどリプレゼンテーション以前と言いうるような透明さや直接性を獲得することはできず、仮にこれを真似るとしても、せいぜいそうしたエイドスに回帰しようとする、過剰な、しかし常に失敗し続ける意識の自動的回路《オートマトン》としてそうであるだけだ、ということに尽きる。それは言うなれば、すでに距離を得てしまった者たちによる、距離への抵抗である。

＊

だが、問題はむしろ次のことだと言わなければならない。はたして、そのような「到達し得ぬ規範」（ルカーチ）[6]としての芸術の幼年期は、存在したのだろうか？　むろんギリシア芸術は実在した。だがそれ以上に存在しているように見えるのは、近代的人間、つまりシェイクスピアの主人公に親しんでいるような人々が遡及的に見出そうとする、より純然たる形式としてのギリシア芸術という理想（ないし幻想）である。

＊

ジョージ・スタイナーが『悲劇の死』で言及したトマス・ハーディの次の言葉は、この点で示唆的だ。おそらく一九世紀イギリスを代表すると言って良いこの作家は、ナポレオンをめぐる詩劇『覇者』の序としてこれを記した後、ふたたび「小説」という近代的形式に手を染めることはなかった——彼は「詩人」になってしまったのである。

> 現代の生活や些末的な生活を扱った劇以外のあらゆる劇が、窮極においては心の舞台で演じられるだけのものになる運命にあるのではないかという問題は、これまた興味浅からぬ問題である。「遥か非仮象の世界に」おかれた場面を示すに当たって、思いは当然ギリシアやエリザベス朝の演劇の栄光へと馳せ、そういうものがなぜもう一度現れないのかと問いかける。しかし瞑想の世界も、かつてよりは老い、かつてよりは不快で神経質で冷笑的なものになっている。そしてそれは不幸にも
>
> テーバイの知ることなかりし死の謎（シェリー『ヘラス』）
>
> に煩わされているので、執拗でしばしば怪奇な物質を通して、表示されたものを見る構えも能力も、ギリシアや昔のイギリスに比べると劣っている。(7)

ここで言われる「非仮象の世界」とは、むろん先のエイドスとまったく同じものだ。作家が夢見る「過去の芸術」は、王が単に王であるような遡行不能なギリシア的ミメーシスの別称に違いない。こうした回帰願望、あるいは負けを知った上での負け戦が、やがて近代芸術という段階へと好ましく、それとも不幸な形で止揚されたのだと述べるかどうかは、ここで答えうる問題ではない。だが芸術の基本概念を

めぐる非歴史的な私たちの考察は、逆にそれゆえにこそ、別種の歴史的な問いを発する。それは概念の作り出す抽象的な空間だけが、透視図法的に描き出すような「歴史」である。

I—3

ハーディの述懐では、ソンタグがすでに近代的なものと見なしているエリザベス朝もまた理想化されてしまっている。だがここでは、この種の歴史的議論に立ち入る必要があるとは思われない。結局作家が抱いているのは、一次的形式への憧憬——フラーレンのような、あるいは古くから芸術論で用いられてきた「ギリシア壷」の隠喩でも良いが、そうした不可能な純粋さへの憧れだ。この「不幸な精神」（ヘーゲル）を語るには、たぶん疎外論でも精神分析でも自由に利用できるだろうが、いずれにせよこの「幼年時代」を理想として見出すのは、自己疎外——と言うことしよう——によって形成された近代的主観である。

ところでこの主観というトピックは、ただちに先に論じた「内容と形式」という古びたバイナリズムへと私たちを突き戻す。なぜなら主観の発生を、こうした**二元性の発生**と切り離して考えることはできないからだ。まず「内容と形式」とは、単にそのように呼ばれるべき芸術の要素を表しているのではなく、それ自体ひとつの**〈形式〉**であること、つまり二項目から成るひとつの構造だという明白な事実を確認しよう。いささか性急だが、私が述べたいのは、この〈形式〉こそが芸術作品についての批評を可能にしている他の多くの条件や問題設定、基本図式といったものの原型にほかならないということである。「内容と形式」というバイナリズムは、ある場合には私たちが「作者と作品」と呼び、また他の場合には「作品と社会」、「メッセージとコード」、「テクストとコンテクスト」などと呼んでいる多様な概念図式の、もっとも古典的かつ典型的な姿と見なすことが可能なのだ。これらの二項概念に共通する〈形式〉は、究極的には西洋的ロゴスの二元性といった話に行き着くに決まっているが、今はただ、この〈形式〉と、「内容と形式」という二項関係における「形式」とを混同してはならない、と注記しておきさえすれば充分である。（私たちは前者の〈形式〉について、後により弁別的な名称を提案するかもしれない。とはいえ最初に導入した「メディア」というメタファーは、すでにこうした〈形式〉をも含むもっとも包括的な表現である。）

　では「内容と形式」という〈形式〉の本質とはいかなるものか。ここでふたたび、私は冒頭に触れたマクルーハンの批判対象、つまり「内側／外側」というスラッシュによって区切られた、二元的な概念の広がりを想起する。そしてその隣に、傷ひとつない美しい「ギリシア壷」を、あるいは未だ区切られた＝意味づけられたことのないモノリシックな灰色の塊を、無造作に置いてみることにしよう。

　最初に私は次のように述べた。一次的形式とは本来ナンセンスであり、それ以上遡行することの不可能な全体である、と。やや極端に定義づけられたギリシア悲劇の〈王〉とは、そうした即自的存在だった。そして「幼年期の芸術」の原理であるミメーシスとは、実体の模倣であり、個別の悲劇作品は、いわばヒューレーを付与されることで人知に対して与えられるその現象的な局面である。ここで模倣される実体とは、究極的には批評不能な対象であり、芸術作品としてはいかなる解釈も意味も受け入れない、ひとつの「ギリシア壷」である。

　こうした状態（一次的形式）を、私は「モノリシックな、灰色の風景」と呼んだつもりだ。だが批評という営為は、なんであれ「意味」を発生させる必要がある。喩えるなら、それは滑らかな平面に斜線《スラッシュ》を引く行為だと言っても良い（図3↓4）。分離されたそれぞれの部分がどう呼ばれるのであれ、意味の発生にとって根元的なのはこの分離そのものである。オブジェクトとしての芸術は、ここではじめて意味＝作品へと姿を変え、また同時に、**主客の分離**が可能となる――つまりア・プリオリな主観が作品（客観）を見出すのではなく、スラッシュ＝分離によってナンセンシカルな「モノ」を「意味」へと変換する行為そのものが、逆に私たちの「主観」を構成するのだ。

　確かにこうした主張には、やや時代がかった自己疎外論的な美学のテーマ（なかんずくルカーチ的な）が聴かれるに違いない。だが、古びてなお目につくほどの観念は、常に新しい何かとしてあらわれる。大事なことは次の点だ。人は「内容と形式」のような古典的観念を退け、他の多くの概念の組み合わせ、例えば「作品と社会」、「メッセージとコード」、「テクストとコンテクスト」等々といった批評のメディアを任意に選び取ることができる。それらは互いにまったく違った視点のように振る舞い、また実際大いに異なってもいるのだが――それらは時にはイデオロジカルに敵対し、争いさえするのだから――その背後には共通した非歴史的な〈形式〉がある。表面上の違いにもかかわらず、こうした諸概念が常に、芸術の無意味なモノリスにある種の二元性を導入することでこれを「作品＝意味」として機能させ、またみずからをも機能させてきたということ。表現してしまえば身も蓋もないこの非歴史的な〈形式〉こそが、芸術と批評の歴史的問題を、逆に明らかにする。

　私は次節でこの問題を、文学批評の実例を通じてさらに明確化してみよう。

図３

図４

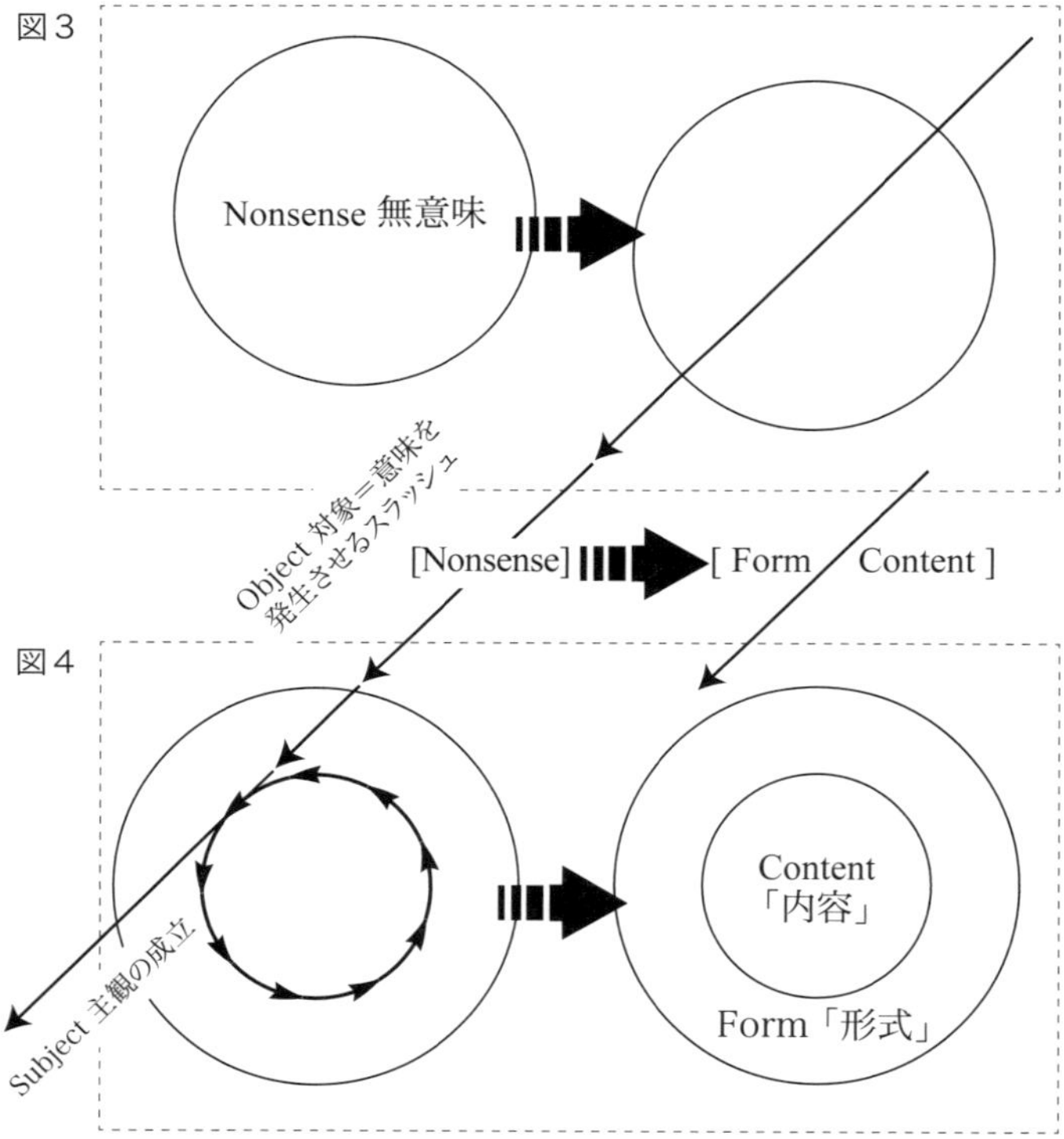

モノリシックな灰色の光景に「意味」を発生させるには、斜線（スラッシュ）が引かれなければならない。この二分された世界のそれぞれが何と呼ばれるか（「内容／形式」あるいは「作品／社会的コンテキスト」といった）は問題ではない。二次的形式とそれに準ずるバイナリズムの発生こそが、芸術の「意味の意味」（**〈形式〉**）であり、またそれを発見することは、ひとつの芸術作品を前にして「主観」を手に入れることと同義である。

私がここで取り上げたいのは、たぶん英語圏の批評史ではもっとも有名な「内容と形式」の結合の適切さをめぐる論争のひとつである、T・S・エリオットのハムレット論である。彼が依拠しているのは、客観的相関物（objective correlative ——単に「相関物」と訳すべきかもしれないが、ここでは一般的訳語に従う）という少々謎めいた言葉＝概念だ。私は手短に、『ハムレット』という作品を論難した彼の議論が、それ自身きわめてハムレット的であること、つまりエリオットがこの作品を評するに際して用いた「表現できないことの表現」という悩ましい範疇に、彼の議論自体が完全に含まれうることを、確認することから始めたい。

　議論の枠組みをまず示しておこう。エリオットは少なくとも表面上、作品『ハムレット』の形式的完成を第一に問題とし、それを「失敗した形式」と断じた。この評価は主に美的判断によるものとされているが、シェイクスピアについて書かれた彼の他のテクストを加えて見た場合、筆者の態度は多少とも反語的なものと言わざるを得ない。彼は前世紀のロマン主義的な批評に対してはもちろんのこと、同時代のミドルトン・マリーやウィンダム・ルイスのシェイクスピア批評に対しても超越的にふるまっており[8]、これを単なる技術的コメンタリーと見なすことはできないからだ。だが、問題は外的要素だけではない。顕在化をためらうアイロニーといった彼の煮えきらない態度には、むしろ批評言語それ自体の問題が隠されている。エリオットの議論とは、大体次のようなものだった。主人公ハムレットは、その感情の「客観的相関物」を与えられていない。言い換えれば、舞台上で決して表現できないような種類の感情に劇作家は表現を与えることを望んだのであり、それゆえ作品は「失敗作」であるほかないのだ、と。

ハムレットを支配している感情は表現することができないものなのであり、何故ならそれは、この作品で与えられている外的な条件を超えているからなのである。そしてハムレットはシェイクスピア自身なのだということがよく言われるが、それはこういう点で本当なので、自分の感情に相当する対象が無いためのハムレットの困惑は、彼が登場する作品を書くというひとつの芸術上の問題を前にしての、シェイクスピアの困惑を延長したものにほかならない。ハムレットの問題は、彼の嫌悪がその母親によって喚起されたものでありながら、その母親がそれに匹敵しなくて、彼の嫌悪は母親に向けられるだけではどうにもならないということにある。それ故にそれは、彼には理解できない感情であり、彼はそれを客観しえず、従ってそれが彼の存在を毒し、行動することを妨げる。どんな行動もこの感情を満足させるには至らず、そしてシェイクスピアにしても、どのように筋を仕組んでも、そういうハムレットを表現するわけには行かないのである。(…)ハムレットの悪ふざけや、同じ言葉を何回も繰り返す癖や、冗談は、狂気を装うためではなくて、不満のはけ口なのである。彼にとってはそれは行動で表すことができない感情に悩まされての道化であり、シェイクスピアにとっては、芸術によって表現することができない感情と取り組んでの道化だった。(…)われわれはただシェイクスピアが、彼の手に余る問題を扱おうとしたと結論するほかないのである。なぜ彼がそんなことをしたのかは、解きようのない謎であって、彼がどういう種類の経験をした結果、

表現することなどとうていできない恐ろしいことに表現を与えることを望んだのか、われわれには知る術がない。(9)

ここには、主人公と劇作家のあいだに明らかなアナロジーがある。しかしまた、何よりもそう論じているエリオット自身の議論について同じことが言えるだろう。客観的相関物とはいかにも謎めいた、「ぞっとするフレーズ」（T・S・マシューズ）(10)かもしれないが、もともと書評として書かれたエッセイに、この含蓄ある表現の「定義」を望むことはできない。だがいずれにせよ、彼が語っているのはただ『ハムレット』という作品にそれが欠けているということだけであり、少々意地悪なことをいえば、舞台上に「相関物」を持たない登場人物の「感情」とは、まさに存在しないものかも知れないのだ。

だがエリオットは、常にこうした陰画的レトリックで語るほかなかった。それはこの批評家が、彼自身が始終批判の対象としていた近代的な主観や内面性を、みずからの言語的韜晦によって再生産し続けたというパラドックスの、もっとも簡潔な表現である。

＊

エリオットの右の主張の趣旨を言えば、表現されるべき何か、つまり「内容」に適合するような形式が見出せなかったにもかかわらず、シェイクスピアは敢えてそれを「表現する」ことを望んだ、ということだ。ある意味でこうした議論は、私たちが日常的に試みる月並みな印象批評に通じている。誰もがこんな風に考えた経験があるだろう――「確かにこの小説は面白い、だがこの内容（意味）に対して、はたして最善の形式が与えられているだろうか」、と。しかしこうした立場に対しては、常に次のような疑問を投げかけることができる。例えば『キャスターブリッジの市長』（ハーディ）のような悲壮な物語を読むと、私たちはたちまち一切の出来事は主人公ヘンチャードの「激烈な性格」に起因するものだと結論したくなる。実際、彼は酔った勢いで妻子を売り飛ばし、その非人間的行為を通じて「王座」に就く、いわばオイディプスの近代的反復である。だが同時にまた、こんな風にも言うことができるだろう。登場人物の「性格」というのは、実際はなんら物語の原因ではなく、まさにそのようなテクストが書かれた結果として読者に（いや、おそらく作家自身に対してさえも）与えられるものなのだ、と。この反論の趣旨は、どんな「意味」や「内容」も作品が成立した〈後〉で見出されるものであるにも関わらず、私たちはそれを遡及的に再発見し、しばしば物語の「原因」であるかのように語ってしまうという点にある。

　こうした反論によれば、エリオットの説明（表現されるべき何か〔内容〕に適合する形式を、作者は見いだせなかった）は、まさしく遡及的なものだ。しかも彼は自分が依拠している、少なくとも見かけ上は規範的なデコーラム（客観的相関物）を充分に定義していないのだから、批判者がこれを非難するのはまったく容易なことだろう。では、エリオットのような議論の立て方、あるいは陰画的レトリックによる「曖昧さ」という彼の戦略は、私が述べたような原因と結果をめぐる反論によって完全に否定され、乗り越えられるものだろうか。

　そうではない、まったくない。ここで私は、冒頭で展開したより一般的な議論に、ただちに読者を引き戻す必要がある。

　繰り返しになるが、芸術が完全に内在的なカテゴリー、例えば極端に理想化されたギリシア芸術の直接性のようなものとしてあらわれるのならば（一次的形式）、それは単なるモノであり、本来どんな説明も必要としていない。このような芸術が実在したとすれば、あるいはマラルメが反語的に求めたように、私たちが芸術を本当にそのようなものとして経験できるなら、明らかにその任意の作品について、「作者」や「登場人物」の心理的問題、内的な過程などを問題にすることは不可能だろう。それどころか、それはまったくのナンセンスなのだから、どのような「批評」の対象でもありえないだろう。そうした問題の地平――つまり、登場人物や作者の「内面」であるとか、あるいは見かけ上まったく違った、「作品と社会的コンテクスト」といった外在的な批評の要素でも同じだが――が可能になるのは、これまで論じてきた二次的形式の概念（「内容‐形式」）に典型的に示されているような、**二元的な系**が導入された場合に限られる。モノリシックな灰色の平面には、かならず斜線（スラッシュ）が引かれなければならない。そしてまた、繰り返すが、この分離は批評する主体＝主観が発生するモメントと表裏一体のものだ。二次的形式やそれに準ずるバイナリズムの発生こそが、芸術のいわば意味の意味であり、それを発見することは、ひとつの芸術作品を前にして、**主客の分離**という最初のロゴスを手に入れることと同義である。

馬鹿げたほど当然のことと思われるかもしれないが、「内容／形式」、「作者／読者」、「作品内／作品外」のようなさまざまな分離（二元的な系）は、先のギリシア的作品、つまり極端に理想化ないし純化された芸術作品――ナンセンスなモノとしての作品――にとっては無縁のものだが、「批評」にとっては明らかに根源的である。それらが作り出す差分によって、批評にとっての芸術の〈意味〉が形成されるからだ。逆に言えば、「内容‐形式」系や、これと相同的な諸々の議論の基本構造をいかに導入し、またそれらをいかに呼び表すのであれ、私たちが芸術を素朴なフラーレンと見なし沈黙するのでもない限り、この枠組みはどこまでも私たちの帰属する風景そのものである。エリオットの小さな芸術論は、この風景、とりわけそこから出ることの難しさを、逆説的に示している。

II—2

ここでもう一度エリオットのテクストに戻ろう。これまで論じてきた批評の無意識の構造とでも言うべきもの対して、批評家の意識の側面、つまり彼の現実的な言動を並べ置き、比較検討するために。みずから「古典主義者」と称したこの詩人＝批評家が一方において主張したのは、『ハムレット』を、その主人公の内的な出来事によって説明するような批評が、適切ではないということだった。とりわけ彼が嫌っていたのは、ハムレットの内的葛藤を我がものとして語るようなタイプの批評家である。

もともと彼のハムレット論は、シェイクスピアがトマス・キッドの原作——不案内な読者のために一応注記しておくと、シェイクスピアには今日で言う「オリジナル」の劇はほぼ無く、多くはさまざまな文学的リソースの錬金術的結合である——をいかに書き換え、新しい配置の中に示したのかを詳細に調査したJ・M・ロバートソンの研究書への書評として書かれている[11]。エリオットはここで、作品にとっての外在的データ（他の文学作品との関連性）の累積を非常に重要なものと見なし、件の研究書のような新たな実証的批評のスタイルが、やがては文学に対する当時の支配的な見方、つまり個々の作品は常にある程度単独の生起と見なすことが可能であり、とりわけ作者の「精神」のあらわれとして、またそれが受け手とのあいだに実現する相互関係において享受しうるというタイプの芸術観——なかんずくロマン派的な——を、根本的に組み替える、あるいは少なくとも揺るがすであろうことを期待している。

こうした主張を「伝統主義」の名のもとで展開したエリオットの立場は、すぐ後で論じるが、若い時期の彼がF・H・ブラドリーの熱心な研究者であったという事実にもかかわらず[12]、時として明確に反ヘーゲル主義的＝反美学的と言いうるものだ。たぶん彼は「作者」と「読者」が等しく主体的であるなどとは夢にも思っていないし、両者のあいだに成立するどんな相互関係も、いかなる美的ないし弁証法的な関係も信じてはいない。筆者の印象では、彼は芸術作品の生起をほとんどライプニッツ的な表出(expression)とみなしており、それらが実現する歴史的配置については、はるかにマールブランシュのような視点を採ることを好んでいる。つまりエリオットにとって、個々の作品はモナドのように〈互いに独立してありながら、全体を映し出す〉ものであり、また、それらの時に必然とも見紛う影響関係や結びつきは、作者個人にとっては意図することも、知ることも能わぬような――お望みならば、マールブランシュの言うように「神のみぞ知る」――機会原因の結果としてのみもたらされる[13]。

歴史的反復を同じものの生起と見なす、やや素朴な理解に支えられたある種の批評史的理解に従えば、こうした態度によってこのモダニストが表現していたのは、後の批評家たちが「間テクスト性」のような言葉で表した概念とほとんど同じものである。だが他方で、批評における彼の言語表現がもっとも洗練された形であらわれた場合でさえも――あるいはむしろ、そのような時こそ――その奥深くに隠された骨子がこれとはかなり異なった主張を表しうることを、おそらくは指摘できる。

すでに述べたとおり、彼の議論は後に有名になった「客観的相関物」という美的基準にどんな具体的説明も与えてはおらず、このパズルを動作可能にしているのは、ただその欠如、つまり「『ハムレット』という作品にはそれが欠けている」という、ほとんど行為遂行的な宣言によって巧みに正当化された〈欠如〉である。そして彼がこのエアポケットの中に生み出しているのは――彼はそんな主張を認めないかもしれないが――私の理解によれば、エリオット自身が『ハムレット』という作品の解釈に際して用いることをみずからに禁じた、**主観**や**内面性**に似た何かにほかならない。少なくとも、シェイクスピアが主人公ハムレットとのあいだに得たとされる内的経験や葛藤という、いかにも近代批評的な主題をこれほどアイロニカルに達観しながら、まさしく同じ事柄、つまりハムレット流の葛藤や内的矛盾を鮮やかにみずから再=現（re-present）してしまった批評は、おそらく他にないと言って良い。

＊

ある場合には、この「見えざる詩人」（ヒュー・ケナー）[14]は、他の何人かの詩人たちと同様に、芸術作品を解釈する（interpret）という行為自体にはっきり反対している。「芸術作品は、芸術作品としては解釈することなど許さないものである。何も解釈するものがないからで、われわれはただそれをある基準（standards）に従って、また他の芸術作品と比較することによって、批評することしかできない」（「ハムレット」）。この「基準」は、すぐ後述するように両義的なものでありうるが、このような場合、彼は明らかに批評が差異性のゲームであるほかないことを指摘している。ある基準が存在すべきだ（「ある基準に従ってのみ……」）という前半の要請の見かけ上の堅固さは、作品の価値とは差異にほかならない（「他の芸術作品と比較することによってのみ……」）とする引き続くアイロニーによって、穏やかに相殺されるだろう。ここには、デコーラム（古典主義的な規範）の支持者であり、なおかつ反美学的モダニストであるという彼のパラドックスが一行で表現されている。もちろん筆者は「客観的相関物」という言葉について、重箱の隅をつつきたいわけではない。こうしたレトリカルな過程が明らかに存在し、かつ、批評家自身が「ある基準」をほとんど恣意的な差異の発生ユニットとして用いている時に、正当な美的基準を外的に要求することは奇妙である。とはいえ彼が、非常にしばしば実際の美的基準を要求しているように見えるのも本当のことだ。当時のエリオットの絶大な影響力（いま状況は同じではないが）を考えれば当然のことだが、この語は広範な分類系をなす文学表象のひとつとして、ある程度明確に再定義されたこともあり（ノースロップ・フライ）[15]、また、ウェレック＝ウォレンの包括的な見解においては、「客観的」批評が文学的価値を見出すもっとも類型的な形として、いわば権威とともに言及されてもいる。「現代の批評家に共通した見方によれば、美的経験とは本来的に楽しく、興味深い特性を知覚することだ（…）。それは感覚と、喜び、苦しみ、快楽といった感情に結びついているが、同時にまた、感情を客観化することではっきりさせるものでもある。さらに後者の感情は、芸術作品になんらかの〈客観的相関物〉を見出し、これによって作品に虚構としての枠組みを与えることで、感覚や心理的刺激とは区別されるものとなる」[16]。

こうした説明はいくら何でも一般的に過ぎるし、この態度はエリオットの議論と並べてエリゼオ・ヴィーヴァスの「客観的相対主義」――今では忘れられた、英文科のモダニズム研究者が本の片隅の注釈に時折見出すような「当時流行の」文芸思潮のひとつ――をも合わせ論じるというような自在さをウェレック＝ウォレンの議論に与えている[17]。だがいずれにせよ、彼らの粗雑なスケッチは、エリオットの批評態度の一面を次のようにきわめて的確に表現してはいる。「［だが］エリオットが言うように、文学の文学性を美的基準によって判断する必要があるのだろうか」[18]。この疑問は、たぶん正しい。しかし、例えば一八世紀イギリスのひどく実践的な美学者たちに見られるように、「美的基準」は時には哲学的観念であるどころか、外的に扱いうるような客観的事実や物理的形態として考察されたのだ。また、ここでは議論の煩雑をさけるため簡単に触れるが、「古典主義」を標榜したエリオットが、カステルヴェトロやシドニー、果てはアリストテレスにまでさかのぼる芸術の諸基準（典型的には三一致の法則）に、かなり真剣に取り組んでいたのは事実である。だから多くの場合、同じ批評家が次のような主張をするのを見て、人々は非常に分裂した印象を受け取ったのだ。以下は、美的デコーラムの支持者が書いた「反美学的」な主張として注目に値する。

詩が伝達の一形式であるとしても、伝達されるべきものは詩それ自体であって、そこに吹き込まれた経験や思想が伝達されるのはただ偶然に過ぎない。詩が存在するのは何か作者と読者のはざまといった地点である。詩は現実を有する。だがそれは、単に作者が「表現」しようとする現実ではなく、また書くという経験の現実でもなく、その読者の経験の現実でもなく、自作の読み手としての作者の経験の現実でもないのである。(19)

あるいはまた、フィリップ・メレ宛の手紙にある次の見解――

詩は無意味であると述べることは、意味を殊更に強調することよりも、大きな誤りだと私には思われるのです。ひとつの詩が異なった人々にとって異なったものを意味するという事実――これは、ポール・ヴァレリーと私が特に述べてきたことだと思われますが――この事実は、たとえ逆説的に聞こえるとしても、ひとつの詩は絶対的で変わることのない意味を持つべきだという主張と、和解しなければならないのです。（…）こういう問題は矛盾の中で語るほかありません。(20)

最初の引用で彼が否定しているのは、図式的に言えば、一般に三角形で示されるような「作者‐作品‐読者」の三項による相互作用のことだと言って良い。エリオットはここで、言語芸術（なかんずく詩）の働きに「伝達」というものが仮にあるとしても、そこで伝達される意味は単に偶然的ものに過ぎないと述べている。これは「作品」を媒《なかだち》として「作者」と「読者」という二つの主体が弁証法的関係を構築するような近代美学（なかんずくヘーゲル的な）の視点とは、まるで違った考え方だ。また「詩が存在するのは、何か作者と読者のはざまといった地点である」と言われる場合、「はざま」にある「詩」とは、「作者」と「読者」の両者を、二つのハイフンによって結びつける機能として見出されるのではない。詩が詩として成立するには、確かに「作者」と「読者」が必要だろう――しかしどんな形においてであれ、作品（詩）は両者の結びつきを要求したり、実現したりするものではないとエリオットは述べているのだ。

二番目の引用は、この点からより的確に理解できる。まず彼が、「詩は無意味である」と主張することは、「意味を殊更に強調する」こと以上に間違っている、と述べていることに注目しよう。エリオットは「ギリシア壷」としての芸術、つまり純粋でナンセンシカルな形式としての芸術が、意味を欲する人間にとって不可能なイデアであるほかないという前提から出発しており、この点で、彼の態度にある種の審美的立場、つまり作品になにかプラトニックな到達点や完成を求める傾向を見出すことは誤解でしかない。他方で彼は、すでに第一の引用で明らかなように、多様に実現される「意味」が常に偶然的であること

――つまり「ひとつの詩が、異なった人々にとって異なったものを意味するという事実」――を指摘する。しかしそれは、単に「作品–読者」という関係が多様であることを語っているのではない。「この事実」は、エリオットによれば、「ひとつの詩は絶対的で変わることのない意味を持つべきだという主張と、和解しなければならない」のである（強調引用者）。

＊

最後のメレ宛ての手紙にある少々謎めいた主張を、「絶対的で変わることのない意味」という表現の真意をも含めて解説するのは容易なことではない。ただここでは、二番目の引用でわざわざ名の挙がったポール・ヴァレリー（「これは、ポール・ヴァレリーと私が特に述べてきたことだと思われますが……」）の主張を取り上げ、エリオットのそれとの比較を試みてみよう。今しがた引用したエリオットの言葉は、はるかに曖昧で穏やかなものであるとはいえ、ヴァレリーがわざわざ哲学者たちの前で挑発的に語って見せた、次のような反美学的ラディカリズムに明らかに呼応している。

みなさま方は、作者、作品、観客あるいは聴き手という三つの項を登場させて命題をお立てになる。しかし、この三つの項を統合するような観察の機会は、決してみなさま方の前にあらわれないだろうという意味で、すべて無意味な命題なのです。（…）

私の辿りつく点はこうです。芸術という「価値」は（…）本質的に、いま申したふたつの領域（作者と作品、作品と観察者）の同一視不能、生産者と消費者のあいだに介在項を置かねばならぬというあの必然性に従属しているということです。重要なのは、生産者と消費者とのあいだに精神に還元できぬなにものかがあって、直接的交渉が存在しないということ、そして作品というこの介在体は、作者の人柄や思想についてのある概念に還元できるようななにごとも、その作品に感動する人間にもたらさぬということです。(21)

ここで言われている「価値」という視点は、エリオットが曖昧にしか述べていない反美学的観点をずっと明確に表している。それは作品の「意味」を、作者や読者の主観、あるいはその相互作用に求めるのではなく、単に「差異」の生起と見なすような立場だと言える。エリオットの言う「絶対的で変わることのない意味」は、少々逆説的だが、ここで指摘された根元的な差異＝価値に読み替えられることで議論の一貫性を獲得するだろう。つまり芸術において唯一「絶対的に変わることがない」ものとは、「作者-作品」と「作品-読者」という二つの異なった関係のあいだには、本来いかなる必然的関係も存在しない、という事実にほかならない。私たちがしばしば「作者-作品-読者」という弁証法的な三項関係を幻視する光景には、実際には、ただ**絶対的な差異**が横たわっている。この差異こそが、芸術のもっとも原初的な「価値＝意味」なのだ——ヴァレリーの本意はこの一点に在り、またそれはおそらくエリオットが、前者ほどあからさまに支持を表明したのではないにせよ、やはり完全に理解し、認めていた芸術観だと思われる。

＊

だがこの反美学的態度は、一体どのようにしてカステルヴェトロへの批評家の執着と融和するのだろうか。このようなアナーキーな原理を受け入れながら、いかにしてエリオットは、なおもデコーラムや伝統の支持者であり得たのか。

＊

いかにも「ハムレット的」という形容に相応しいこのパラドキシカルな身振りは、エリオットが意識していようといまいと、芸術をめぐる言説一般が有するアポリアの表現である。彼の「矛盾」は、私が繰り返してきた言葉を用いればこんな風になるだろう。エリオットがまず受け入れているのは、芸術とは理念的＝理想的にはフラーレンのごときもの（一次的形式）であり、それ自体としてはいかなる意味＝解釈も不可能だが、私たちは「ある基準」を導入することで、このモノリシックな灰色の風景を分裂させ、意味を発生させるということである。では、彼はいかなる基準を導入したのか。少なくともハムレット論において、彼は「内容と形式」という、もっとも月並みな「基準」を導入した。つまり表現されるべき内容と、それを表現する形式との関係が適切であるか否かという、ヴァーチャルには美学的かつ目的論的《テレオロジカル》であるような課題を、「客観的相関物」という語＝概念によっていくぶん性急な形で導入したのである。もしこのような語＝概念、あるいはそれによってもたらされる基準が単に差異化（有意化）の装置であるのならば――私は先に引用したような箇所から、彼が実際にはそのような事実を密かに受け入れていたと思うが――そこで実現された分裂＝意味の生じる空隙は、どんな必然性も主張することができない。というのは、その基準自体は、〈なぜ他の基準であっては駄目なのか〉という根拠を示すことができないからである。私見によれば、彼は芸術を論じるあらゆる批評の立脚する基準が、根本的に「ある基準」といった恣意性にとどまることを直感的に、かつ根本的に認めているように思われるし、またそのことは彼が常々述べていた、「批評は生理のように避けがたい」というジョンソン風の態度となんら矛盾しないように思われる。なるほど確かに、エリオットが既存の美学論争や、古典主義的なデコーラムについて論じたテクストのすべては、多くの批評家が認めるとおり、充分に網羅的でも説得的でもない。だがそのことは逆に、エリオットがそれを常に絶対的に必要としながら、同時に、それを任意の「ある基準」と見なすほかなかったことを、意味している[22]。

　だがいずれにせよ、こうした理解は非常に好意的なものだ。彼がこのような問題を分節化する理論的言語を持たなかった以上、これを矛盾として片づけることは容易なのだから。だが、エリオットの批評言語が示したこうした様相は、芸術にとって、あるいはむしろ芸術を論じる批評にとって、ひとつの根本的な問題——いかなる批評も、意味＝差異を生み出すスラッシュを無根拠に支持することによってしか、可能ではない——を、暗示している。私たちは、常にこの原理を参照しながら考察を進めよう。

Ⅱ-3

　芸術の価値＝意味は、原理的に差異に根ざすということ。そしてこの価値＝差異は、個々の作品の違い、あるいは読者の見出す異なった意味の違いであるという以上に、なによりも「作者-作品」という関係と、「作品-読者」という関係とを分かつ、埋めがたい亀裂に基づくということ。こうした視点から芸術を見ることは、繰り返すが、「作者-作品-読者」というトライアンギュラーな相互作用を求める美学を、根本から否定するものとしてあらわれるだろう。冒頭で取り上げたメタファーは、ここでも有効となる。ヴァレリーが示したものとは、〈「作者–作品」／「作品–読者」〉という二領域を分断する**原初的スラッシュ、すなわち〈／〉**にほかならない。

ところでこのアナーキーな原理は、あまりに身も蓋もないものであるがゆえに——というのはつまり、それは例えばシェイクスピアの作品の意義が、私たちがその真意を永遠に知り得ないという事実に存する、と言ってしまうこととほとんど同じであるから——私たちはしばしば異なった説明の可能性を求める。作品を、内容と形式の結合の必然性、あるいは適切さといった概念で評価しようとする傾向は、私たちが見出すそうした態度の一例だった。そして繰り返すが、「主観」は常にこのような二元化を通じて獲得される。芸術作品についてより精確に言えば、私たちは対象の内在的または外在的分離（二元的な系）を主張することによってはじめて、私たちと作品とのあいだの分離（主客の分離）を得るのだ。

ここで内在的というのは、例えば閉じられたひとつの作品の内に、「内容／形式」というスラッシュを見出すことであり、また外在的分離という場合には、作品をそれ自体とは異なる外的要素を加えたシステム、例えば「作品／社会」といった、見かけ上より大きなユニットへと変換することである。大事なことは、ここで導入される外的要素が何であろうと——つまり、この要素がそれ自体の含み持つ意味《コノテーション》においてどんなに「外側」を志向するように見えたとしても——この二元的な組み合わせそれ自体が原理的に閉じた系であることに変わりはない、ということだ。スラッシュの左右を占める二項をどんな風に呼び換える、あるいは入れ替えるにしても、根本にあるこの**〈形式〉**が変わるわけではない。確かに一般的には、文学作品を「テクストそのもの」として見るような立場——こうした表現は多かれ少なかれ観念的な遊びであり、完全に直示的な自然言語など存在しないという事実だけで反駁するに充分だが

——は、閉じられた、より内在的な視点に立つものと理解され、逆に作品を社会的コンテクストにおいて見るような方法は、より多元的に開かれた立場だと解されている。これは常識的、あるいは通念的には正しく見える。だが、批評史自体を批判するためには、あるいはすでに用いた表現で言えば、概念だけが透視図法的に描き出しうるような〈歴史〉を見出すには、このような回路を止める＝判断停止する必要がある。ヴァレリーがフランス哲学協会の権威ある人々の前で躊躇なく実行し、エリオットが最後までためらっていたのは、このような回路切断であったと言っても良いだろう。

＊

ところで蛇足めくが、私はここでスラッシュという、これまで用いてきたぞんざいなメタファーに若干の注釈を加えておきたい。注意深い読者なら気付いているように、これまでの議論にはすでに、ニーチェが非難した異なったものどもを同じメタファーを以て遇するという不都合が忍びこんでいる。先ほど私たちがヴァレリーの議論に見出した、芸術の「価値」の根源にある〈「作者‐作品」／「作品‐読者」〉という原初的スラッシュと、今しがた互換可能なものとして論じた「内容／形式」、「作品／社会」といった二値的装置に見られる無数の偶然的スラッシュは、似て非なるものであることが理解されなければならない。だが、むろん両者は無関係ではないし、それどころか、これら二つのスラッシュの多様な関係、とりわけ多くの場合隠されているような関係こそが、これまで私たちが批判の対象としてきたものなのである。先に私はエリオットのテクストを通して、ごく簡易な形においてではあるが、この関係をひとつのパラドックスとして示したつもりだ。つまり批評家が根本では容認している、芸術作品やそれを批評するという行為自体を破壊しかねないラディカルな「原理」と、それを覆い隠す、批評の実践が選び取る数知れぬ「ある基準」との対比として。私はそれぞれを、批評家の無意識と意識と呼んだ。エリオットが辛くも確保している洞察力は、この相反するベクトルの存在に決して無自覚ではなかったという点、つまり、彼自身さまざまな偶然的スラッシュによる意味の可能性を示しておきながら、常にそれを「ある基準」として相対化しつづけたという事実にあるかもしれない。批評家としての彼は、いくつかの点でわが国の小林秀雄にどこか似た存在だと私は思うのだが、彼らに共通しているのは、常に語られざるヴァレリーの原理的スラッシュを背にして語っていたこと、別様に言えば、このスラッシュの存在を明確に意識しながらも、それについて直接語ることを最後まで拒んだということである。

そこから「様々なる意匠」(小林)、あるいは「伝統と個人の才能」(エリオット)といったアイロニーが繰り返し生み出されるだろう。だが個々人の評価は本論の目的ではない。次節以下では、ヴァレリーの示した原理、つまり〈「作者―作品」/「作品―読者」〉という機制自体をいっそう理論的に検証してみよう。

Ⅲ―1

これまで論じたエリオット＝ヴァレリーの視点、つまり「作者―作品―読者」という三角形を否定する反美学は、非常に単純なものであるにもかかわらず、あるいはむしろそれゆえにこそ、さまざまな誤解の可能性がある。もっとも注意すべき点は、ヴァレリーのように「作者」と「受け手」の弁証法的関係を否定することは、両者のあいだのコミュニケーションを否定することではないということだ。むしろ逆である。私の知るかぎり、この問題を語る上で、ニーチェが語った次の想像的場面ほどに示唆的なものはない。

活発に談話を交わしている際、私はしばしば話し相手の顔を、その人が述べる考えや、私がその人に呼び起こしたと信じる考えによって、非常に明瞭に、精細に眼のあたりに見ることがあるが、この明瞭さの度合いは私の視覚の力を遠く越えている――してみると筋肉の動きや眼の表情の微妙なところは、私が虚構的に付け加えたものでなければならない。恐らくその人は全く別の顔つきをしていたか、または何の表情も示していなかったのである。(23)

これはデズデモーナの顔色を窺うオセローの眼差しだろうか？　ここに描かれた関係は、ヴァレリーが絶対的乖離（差異）として捉えた「作者」と「読者」の関係に似たものとみなすことができる。「表情」とは、いわば「作品」のことだ。だが、まずはこの節について語れるだけのことを語ってみよう。

ここで疑いなく示されているのは、誰も表情の真意を、あるいはその表情の「意味」を実際に生み出したのが誰であるのかさえをも、本当は知ることができないということである。表情とは、実のところ誰のものとも究極的には形容できない表徴であり、人々をさまざまな形で突き動かす無根拠な根拠、人が決して自分では存分に制御できず、なおかつ、明らかにそれによって生き、考えざるを得ないような何かのことだ。別の言い方をすれば、ニーチェは「表情」に付せられた「相手の〈表情〉」という形容辞を批判したと言っても良い。その表情を生み出したのが本当は誰なのかを、あなたも私も、決して判明には知ることができない。だがそれにも関わらず、私は常にそれを相手に見出すだろう――「ああ、私があんなことを言ってしまったので、彼はとても不機嫌な様子だ」というように。だが、実際は相手は何も感じてはおらず、ただ心配性の私が勝手にそうした意味を読み取っただけかもしれない。

エリオットの言い方を真似れば、このような表情とは「はざまにある」何かということになる。だがそうした言い方は、私たちになにかスタティックな鳥瞰が可能であるかのように錯覚させるのであり、むしろここではニーチェ自身が常にそうしたトポロジカルな説明を避けた、という事実こそを重んじなければならない。哲学者の想像的場面には、明らかに書かれざる続きがある。それは自分が見出した表情に(勝手に)応じて、私たちが何ごとかを〈言う〉、あるいは〈ふるまう〉というありふれた一連の行為のことだ。その行為はふたたび新たな表情を、あるいはむしろ、表情という意図を秘めた表徴が顕れたという新たな解釈を、生むだろう。そこからまた新たな行為や表情が、さらにまた別の解釈や表徴が生まれ……という具合に、以下、この作用は無際限につづく。

これは私たちがコミュニケーションと呼んでいる、ごくありふれた日常的行為にほかならない。そこには相互作用があり、人々のあいだには常になんらかの「関係」が認められる。だがこうした関係は、主体間の弁証法的作用などまるで保証しない。このやり取りで三角形の頂点を占める部分、つまり「表情」は、なんら確実なものとしては存在していないからだ。あなたにとって存在する(相手の)表情は、繰り返すが、当の相手や他の人々にとってはまるで存在しないものかも知れない。例えば渋滞中の車内で、特に苛立っているわけでもないあなたが、助手席の恋人に「不機嫌にならないで」と言われたとしよう。あなたはもともと憮然とした顔つきの男で、それを気にしているかも知れない。あなたはそのことで、今度は本当に顔を曇らせる。だが彼女が〈言う〉という行為に及んだことは、沈黙よりはまだしも好ましいと言えそうだ——少なくとも、あなたはそれで相手の誤解を知り、これを解く機会を与えられたのだから。いや、本当にそうだろうか？　あなたは、僕は不機嫌じゃないよとか、あるいはむこうの火災現場に目を凝らしていたんだ、云々と言うかも知れない。しかし、外形的事実についての命題（「現在東名高速は渋滞中である」のような）とは違って、何人たりとも——むろんあなた自身も——あなたの心理的内面を説明する言明の真偽を証すことはできない。彼女の表情は依然いぶかしげだ。こうした袋小路が耐え難いと感じ始めると、人は時折ドストエフスキーの登場人物のように叫び出す——でも、本当にそうなんだ！　そう、確かにその通りかもしれない。だが私は、むしろ次のことをここで問うているのである。あなたが本当に言いたかったことは、そもそも「あなたの表情」などはじめから決して存在しなかった、ということではなかったか。そしてまた、今やあなたが認めているらしい、彼女の「いぶかしげな」表情とは、一体どのようにしてこの世界に現れたのか、と。

　地獄とは他者のことだ、とはサルトル『出口なし《ユイ・クロ》』の名エピグラフだが、右のような日常的場面が示しているのは、他者にとっての「あなたの」言葉や表情が、すでにあなた自身のものではないといったことだ。むろん「表情」の起因点が不明だという、極端な論理的事実にこだわるような日常性は——重篤なスキゾフレニアの患者の場合などを除けば——普通存在しない。そしてあなたは、眉を顰めている目の前の他者が、結局はあなた自身と同じような習慣と、そのような見えない約束事に導かれもすれば制限されてもいるような自己を有した存在だと信じているのだから、結局その表情が、あなたに対するある好ましくない感情を示していることは、常にかなりの程度確かなことなのである。というより、そのような信念の中に居ることが、私たちが「まともに」生きているということだ。

だが、当面ここで考えるべきは、それが本当は確実ではない、という事実についてである。それは機制であり、要素をどんなに入れ替えても常に存在しているような、見えないが動的な構造である。この構造は生活の事実であり、またこの事実は、異なった人間にとって異なった形で成立すると予想される。つまり私たちの生活は、究極的な解釈が不可能であるような（「表情」のごとき）表徴を軸とした動的構造を常に反復的に経験しているが、その構造が生起する場面、つまり「（誰かの）表情」のような表徴が浮かび上がるモメントは、すべての人々にとって同じであるわけではない。〈「相手の表情」なるもの〉は実在的には無く、私たちはそれが実際に現象する起因点を知ることもないが、「相手の表情」と仮にも呼ばれるような、何らかの働きだけは常に私たち人間のものである。そこには、働きだけがある。だが、それにもかかわらず、私たちはそれを誰かの表情と呼び、そのようなものと見なしつづけるだろう。

私の理解では、ヴァレリーの反美学的態度のもっとも重要な側面は、作品の意味＝価値を、このような際限のない一連の運動の中で生起するものとみなすことにある。先にヴァレリーの芸術観が、「作者」と「読者」のあいだに成立するコミュニケーションを否定するものではないと私が述べたのは、こうした意味においてだ。だがコミュニケーションの成立は、繰り返すが、「作者‐作品（表情）」と、「作品（表情）‐読者」という二つの二項関係のあいだに、何らかの必然的関係があることをまるで意味しない。

Ⅲ―2

だが、ここには依然として解けない謎がある。どんな必然性も持たない無際限な解釈のゲームも、有限な存在である私たちには、真の無限ではあり得ないのだから。では、このゲームに決着をつけるものは何か。あるいはそもそも、その何かを私たちは問うべきなのか。

＊

ヴァレリーの主張には、提起されたまま答えられていない問題が隠されているように見える。私の考えでは、彼は件の何か（解釈のゲームを終わらせるもの）を問うことができる、とは考えていない。だが「問うことができない」という事実には、意義があると考えている。

ヴァレリーが抱いていた「内心の城砦」（ラッセル）、つまり哲学的饒舌に隠された単純なる信念は、ある場合には、反論者たちとの対比においてもっとも明らかになるだろう。ハンス＝ゲオルク・ガダマーは、とりわけても強力なヴァレリーに対する反論者の一人であったが、彼によれば、後者の立場は非常に巧妙に造られた、ラディカリズムを装った美的イロニーに過ぎないという。少し長いが『真理と方法』から引用しよう。

（…）芸術作品以外の制作物については、それが完成したかどうかはその目的を基準にして測られる。つまり、それは使用目的によって規定されており、それを規定している当の目的を満たせば、制作は終了し仕上がりとなるのである。しかし、芸術作品の完成の基準はどのように考えればよいのであろうか。芸術的な〈生産 Herstellung〉をいかに理性的に醒めた目で見たとしても、われわれが芸術作品と呼ぶものの多くは、やはり使用するために作られたのではまったくなく、仕上がりの基準としてそのような目的をもつものではない。しかしそうすると、作品の存在は絶えずその先がある形成過程の中断といったようなことでもたらされるものにすぎないのだろうか。芸術作品はそもそもおよそ完成しえないものなのであろうか。

> ポール・ヴァレリーは実際そのように考えていたし、また、芸術作品に向かい合って、理解しようとする場合、そのような考えからでてくる困難な問題をおそれなかった。彼の考え方はこうである。芸術作品がそもそも完成しえないものであるということを認めるならば、受容と理解の妥当性はなにによって測ればよいのであろうか。形成過程の偶然かつ任意の中断そのものには、いかなる必然性もないからである。したがって受容者が目の前にあるものからなにを見てとるかは当然受容者自身に委ねられることになり、その結果ある作品を理解する場合、ある理解がほかの理解よりも正当性において劣るということはなくなってしまう。つまり、妥当性の基準はなにひとつ存在しなくなってしまうのである。詩人自身がそのような基準を持たない（…）ということだけではない。むしろ作品とのそのつどの出会いがそれぞれ新たな創作ともいうべき地位と権利を有することになるわけである。——ヴァレリーのこうした考え方は、結局のところ解釈学的ニヒリズムに陥ってしまうように私には思われる。天才の無意識的創造という神話から逃れるために、ヴァレリーは自分の作品に関して折にふれてそのような結論を引き出したが、私の見るところ、実際にはむしろ彼はまさにこの神話のとりこになっていたのである。[24]（強調引用者）

道具と作品というハイデガー的対比を通じてここでガダマーが触れている「目的」の概念については、別途頁を割いて論じる必要があるだろう。だが当面ここでは、彼の用いている「解釈学的ニヒリズム」

という哲学的な言い回しが、ヴァレリーが述べている芸術の本来的に無根拠な性質を、ある種の近似的表現によって隠蔽してしまっている、という点を指摘するにとどめたい。

解釈学的なニヒリズムとは、一般には意味の決定不能性に関するある種の態度を表しており、この場合「決定不能性」というのは、一つの、あるいは一つと想定されたコード内における意味の非決定性を、別様には、一つの事柄について複数の解釈コードが存在すると考えざるを得ないといった事態を、表している。つまり「解釈学的ニヒリズム」とは、真意に到達する確固たる方法（正当なコード）が見出され得ないという右の事態を、甘んじて受け入れる態度と一般には理解できる。

だがヴァレリーが考えている問題は、このような意味での解釈学的カテゴリーには属していない。ここでの解釈（学）とは、まず言語的なものと考えられるが、そもそも言語におけるコードがどのように想定されうるのかを、先の〈表情〉との対比において簡単に考察することから始めよう。ある場合には、私たちは言語に「一つの、あるいは一つと想定されたコード」があると感じる。むろん厳密に言えば、素朴な日常的コミュニケーションですら決して「一つの」コードにしたがって為されるわけではなく、私たちはそうしたコードが実在的に「在る」と示すこともできない――例えば日本語という言語コードは、想像的に共時態として語られるが、そのような無時間的実態としては決して「把握」されないからである。だがここで何より重要なのは、人間のコトバは、少なくとも発せられたその瞬間に、みずからがまさにコトバであるという含意を発揮するということだ。ある発話はただちに発話として、つまり何らかの伝達意図を持った行為の顕れとして受け取られ、解釈され、さらなる発話を他者に促す。そしてこうした連続のすべてが、同じ一つのコードがすべての発話者＝言語ゲームの参加者によって共有されているという期待と前提に支えられているだろう。回りくどいようだが、要するに、コトバがコトバとして存在する限り、誰かがそのコトバを発した、発しようとしたという事実までをも疑う者は、まずいないだろうということだ。ところで他方、先のニーチェの〈表情〉の場合にははるかに厄介な問題が生じる。表情や顔つきについても、人々がある種の共通のコードを期待することは同じに違いない。だがこの場合、哲学者が彼らしいレトリック――「私の視覚能力を超えている」云々――で述べたように、コトバが当然のように持つ「誰かが……発した」というモメントを、表情に期待することは難しい。すでに述べたように、表情には、それが実際に記号として意図された表徴であると保証するものは、何もないのだから。私にとって存在する「あなたの不機嫌な表情」は、繰り返すが、あなた自身や他の人々にはまるで存在しないものかも知れない。表情に関して、私たちは言語と同じく何らかの共通のコードに自分が従い、他者もまた従うことを期待してはいるが、実際にはそのようなコードを見出すことは困難である。いや、正確には、表情に共通のコードがあるか否かが問題なのではなく、あなたが相手の「表情」を前にしているいまこの瞬間、その表情が、本当になんらかのコードに従おうという意図を有した記号として存在しつつあるのかを、決して知り得ないことが問題なのである。私は他者がいつ、いかなるコードに従って「表情」を作っているのかを言い当てることができないし、また私の表情が、他者にとっていつ、いかにして、あるコードに従って表された意思表示の記号として解釈されうるのかを、知ることができない。実のところ、私は私自身の「無表情」の所有者であることすらできないのである。

ガダマーの引用直後で述べたように、意味の決定不能性とは、一般にあるコード内において意味決定が不可能であること、あるいはまた、複数のコードが併存すると考えざるを得ないという事態を示すものと考えられる。だが表情においては、こうした解釈学的困難に併せて、そもそもそれが現れる契機を知りえないという困難が生じているわけだ。これら二つは断じて混同されてはならない。繰り返すが、言語的コミュニケーションにおいては、相手がどれほど分からないことを話しているからといって、その人物が「なんらかのメッセージを送ろうとしている」という状況的事実までをも疑うことは、一般に考えにくい。そしてまた、そのような発話者の背後に、なんらかのコードに従おうとしている意志を持った存在を想定することは、ごく自然なことなのである。

　こうした意味では、クワインの有名な理論的モデル（根本的翻訳 radical translation）における「ガヴァガイ！」という現地人の叫び声もまた、私たちがここでニーチェの〈表情〉に見出したような根本的問題に近接しているとは言いがたい。人類学者が耳にする「ウサギを目前にしての現地人の叫び声（ガヴァガイ！）」は、少なくとも、みずからがなんらかのコトバであること――つまり一定のコードに従って解釈されるべき記号の顕れであること――を告げているのだから。どんな外国語であろうとも、それが「解釈されるべき」記号、まさしくなんらかの自然言語であるという含意を、その言語に不案内な人にすら伝えるだろう。だがニーチェの言う〈表情〉は、このような「コードの存在」を前提とした場合における困難（必ずしも当のコードそのものを充分に知り得ない場合も含む）とは、明らかに違ったタイプの臨界としてあらわれる。繰り返すが、私たちは表情に関して、単にコードを知り得ないのではない。むしろ、それがそもそもなんらかのコードに従うこと、つまり他者への伝達という意図をもって作り出されたものであるのか否かを、知ることができないのである。私たちは表情を、むしろ自分勝手に「発見」する。そしてせいぜい、自分たちが表情の使用と解釈において、まるで違ったコードに従っているはずはない、という消極的信念を抱えて生きるほかないのだ。

先に私は、ヴァレリーが芸術作品を〈表情〉として捉えていると述べた。それはつまり、彼が芸術に見出した困難は、解釈学的困難、つまりコードを見出すことに伴う困難とは異なるということである。ヴァレリーの〈芸術〉概念は、むしろ解釈学的に捉えられた芸術を、常に脅かすようなクリティカル・ポイントとして導入されている。そこではあたかも、デュシャンが奇妙な具体物を通じて常々問いかけてみせたように、個々の芸術作品の解釈の難しさなどよりも、芸術という呼称そのものの地位（status）こそが、芸術におけるもっとも困難な謎であるとでも言わんばかりだ。ハイデガーの哲学的美学、あるいはむしろガダマーの解釈するそれが、芸術作品をある種の根源的なものの顕れと常に見なそうとしていたとすれば、ヴァレリーの〈芸術〉は、ほとんど唯名論的な契機、つまりただそのように呼ばれるものと見なされている。これは、いかなる形であれ芸術に美学的根拠を与えようとする立場を脅かすものであり、したがってガダマーがこれをみずからの芸術観とより正確に対峙させたいと望んだのなら、「解釈学的」ニヒリズムなどではなく、むしろまったくの「虚無主義」とでも断ずるべきだったろう。

だがそのように切り捨ててしまったら、それこそがニヒリズムだと私は考える。ヴァレリーが語っているのは、むしろある種の素朴な、しかしいっそう根源的な問いであり、いささか殺風景であるとはいえ、私たちが芸術論や文学論において常に立ち戻るべき思考の起点である。

注

(1) Burke, Kenneth. *A Grammar of Motives*. Berkeley: University of California Press, 1969. p. 47.

(2) McLuhan, Marshall, and Lewis H. Lapham. *Understanding Media: The Extensions of Man*. Cambridge, Mass.: MIT Press, 1994.

(3) アリストテレース、ホラーティウス『詩学・詩論』松本仁助・岡道男訳、岩波文庫、一九九七年、四三頁。

(4) Sontag, Susan. "The Death of Tragedy," in *Against Interpretation and Other Essays*. New York: Dell, 1966.

(5) Brooks, Peter. *The Melodramatic Imagination: Balzac, Henry James, Melodrama, and the Mode of Excess*. New Haven: Yale University Press, 1976.

(6) ルカーチは『美と弁証法』の結論部分でマルクスのギリシア芸術論にふれ、こう語っている。「しかし困難は、ギリシアの芸術と叙事詩とがある社会的発展形態と結合していることを理解することにあるのではない。困難は、それが依然としてわれわれの芸術的観賞にたえるものであり、ある点で規範であり、到達しえない規範といえるということである」（ジェルジ・ルカッチ『美と弁証法』良知力他訳、法政大学出版局、一九七〇年、三〇〇頁）。

(7) Steiner, George. *The Death of Tragedy*. 1st ed. New York: Alfred A. Knopf, 1961.（引用は以下による。ジョージ・スタイナー『悲劇の死』喜志哲雄他訳、筑摩書房、一九七九年、九三頁。）

(8) それぞれの立場は以下の二冊にまとめられている。Murry, John Middleton. *Keats and Shakespeare: A Study of Keats' Poetic Life from 1816 to 1820*. London: H. Milford, Oxford University Press, 1925; Lewis, Wyndham. *The Lion and the Fox: the Role of the Hero in the Plays of Shakespeare*. London: G. Richards ltd., 1927.

(9) Eliot, T. S. "Hamlet and His Problems [1919]" in *The Sacred Wood: Essays on Poetry and Criticism*. London:

Methuen & Co., ltd, 1920; New York: A. A. Knopf, 1921.（引用は以下の吉田健一訳による。吉田健一・平井正穂監修『エリオット選集』第2巻〔全4巻〕、彌生書房、一九五七年。）

(10) Matthews, Thomas Stanley. *Great Tom: Notes Towards the Definition of T. S. Elio*t. New York and London: Harper & Row, Publishers, 1973. p. 136.

(11) Robertson, J. M. *The Problem of "Hamlet."* London: George Allen and Unwin, 1919.

(12) 後年、エリオットはブラドリーに関する未提出の博士論文を以下の形で出版している。Eliot, T. S. *Knowledge and Experience in the Philosophy of F. H. Bradley*. [Originally submitted in 1916 as a doctoral dissertation, Harvard University, entitled, Experience and the objects of knowledge in the philosophy of F. H. Bradley.] London: Faber & Faber Ltd., 1963.

(13) エリオットは個人の発揮する創造性やオリジナリティーのような観念には常に反対している。例えば「詩は触媒である」という主張はよく知られているが、これは本文中でも示唆したように、偶然の生起が必然的なものを結果的に示すといった機会原因論のアイデアに通じていたように思う。また最近のエリオット研究を見る限り、彼の当時の読書傾向は――なかなか広範囲に渡っているとはいえ――大学時代に得たいくつかの哲学的潮流にはっきりと偏っており、"objective correlative" という表現にしても、若い彼が現象学の始祖とも言うべきブレンターノ（フッサールの師）のテクストに似た言葉を見出し、これを「借用」したと推測するのがいっそう現実的なようだ。詳細については、以下のサンフォード・シュワーツの秀逸なモダニズム論、またジョン・フェッツァーのブレンターノに関するモノグラフの該当箇所を参照せよ。Schwartz, Sanford. *The Matrix of Modernism: Pound, Eliot, and Early Twentieth-Century Thought*. Princeton: Princeton University Press, 1985. p. 167; Fetzer, John F. *Romantic Orpheus: Profiles of Clemens Brentano*. Berkeley: University of California Press, 1974. p. 9.

(14) Kenner, Hugh. *The Invisible Poet : T. S. Eliot*. New York: Citadel, 1964.

(15) Frye, Northrop. *Anatomy of Criticism: Four Essays*. New Jersey: Princeton University Press, 1957. p. 92.

(16) Wellek, René, and Austin Warren. *Theory of Literature*. New York: Harcourt, Brace & Co., 1956. p. 251.

(17) *Ibid*., p. 261.

(18) *Ibid*., pp. 251-52.

(19) Eliot, T. S. *The Use of Poetry and the Use of Criticism*. London: Faber & Faber, 1933. p. 21.（引用は以下の上田保訳による。『エリオット全集』３〈詩論・詩劇論〉、中央公論社、一九七一年。）

(20) "Letter to Philip Mairet, 31 October 1956," T. S. Eliot Collection, TLs G767, University of Texas at Austin; quoted in Jeffrey M. Perl, *Skepticism and Modern Enmity: Before and After Eliot* (Baltimore and London: Johns Hopkins University Press, 1989), p.60 [n82].

(21) ヴァレリー、ポール「芸術についての考察」（清水徹訳）、『ヴァレリー全集』第五巻、筑摩書房、一九六七年、二〇五-〇六頁。

(22) エリオットが選び取った「アングロ・カソリシズム」や「伝統」のような〈基準〉についても同じことが言えるように思うが、本論では彼の宗教的、政治的側面にはふれない。

(23) ニーチェ『善悪の彼岸』木場深定訳、岩波文庫、一九七〇年、一九二節。

(24) ガダマー、ハンス＝ゲオルク『真理と方法Ⅰ』轡田収他訳、法政大学出版局、一九八六年、一三四-三五頁。

倒壊する言語
――一八世紀「崇高」観念のアルケオロジーと脱構築

1

ピクチャレスクについてのマリオ・プラーツの規定は単純かつ明快である。「ピクチャレスクとは、ほとんど〈絵画として描くことのできる観念〉と定義することができよう」(1)。この観念の多様さ――ホガースのS字曲線やラギッドネスの即物性から、バークの崇高美に到るまでの多種多様――は、結局のところ「絵画として描くことのできる」という一点ほどに重大ではない。なぜなら、そうした観念の容認とは直ちに「表現されるべき何か」があらかじめ存在するという観念の容認なのであり、それは芸術それ自体が新しい何かを発見する「過程」であるとする後のロマン派的見解と、最初に分離されるべきものだからである。

だが、ロマンティシズムのような概念がなんら適切な外延を持たないという意味では(例えば美術史において、ピクチャレスクはまさにロマン派の萌芽と見なされる)、こうした便宜的区別もあまり用をなさないかも知れない。こうした曖昧さという点で、庭園術等における意匠としての「廃墟〔建築〕」は「崇高」の場合に似ている。筆者はこれらの概念が史的説明にあらわれる際の様態を述べているのであって、両者の内的関連を言っているのではない。英国における風景庭園はフランス的シメトリーに対して「自然らしさ」

を標榜するものではあったが、むろん「らしさ」とは人為の究極の形に過ぎず、そこにおいて廃墟のような表現の諸要素は、カタログ化された既成物としてあらわれるものに過ぎなかった。実際、風景庭園はしばしば露骨な文学的トポス（お決まりの説話や場面）の「陳列」だったのであり、アレゴリーとは「記号〔既成的意味ないし先行者〕に言及する記号」であるとするベンヤミンの見識にしたがうならば[2]、ストウヘッドの広い土地に実現された「冥府めぐり」の物語は、デュシャンの便器と同様、本質的にアレゴリカルな存在である[3]。ところがこうしたメトニミックな全体に対し、目の前の朽ち果てた建物がまさにロマン派的象徴であると主張することは、やはり依然として可能なのだ——時を封じ込めるそのノスタルジックな身ぶりという点では、廃墟のような要素は、確かに後のロマン派的感性の萌芽と呼ばれるに相応しい側面を持つのであるから。むろん、これを要素として含んだ全体が直ちに同じものを表現するというわけではないが、「前ロマン派」のような便宜的概念を携えた美術史家が、この広い庭に入り込む権利は相変わらず存在している。

崇高もまたこの種の説明の多面性を有する。つまり、それは一方においては一定の様式を有した知的なたくらみ＝ピクチャレスクネスとして理解され、他方においては広義におけるロマン派の傾向へと連なる、反知性的な要素として理解されている（カントの崇高については後に触れる）。エドマンド・バークはここでは両義的な存在であって、彼の唱えた「崇高」観念がロマン派の反理知的な傾性に加担したという文学史的説明が真実であるとしても、今日から見ればいささか散文的な彼の生理学的説明——大なるものを見て気分が高揚するのは「首筋が伸びて血行が良くなるからだ」、といった類の——は、それが即物的な実践主義に長けた一八世紀の芸術家たちによって応用された場合には、すでに従来考えられているようなロマン派的傾性とは大いに異なったものとなる。「なるほどそうであるならば、われわれは額縁を、より高いところに据え置くことにしよう」――そのように、この画家たちは言う。それはピクチャレスクネスであり、目的論的であり、まったく理知的な、あるいは理知的に狂った観念の横溢である。これは、ワーズワースの内的観照に隣り合った崇高と同じではない。ピクチャレスクネスの芸術家たちにとって、崇高はなんら自律した自然や人間の主観に属するものではなく、自然が彼らの作品において適合すべき、ほとんど技術的な範疇にほかならなかった。自然は彼らが模すべきモデルなのではなく、彼らの技術の中に実現される感性に一致するような自然のみが、いまや「自然」であり「美」であると言われるのである。

端的に言って崇高とは、人間の理解力を完全に凌駕する対象、われわれが「直観においても概念においても完結した全体へと総括できないような対象」(4)に直面したときに生じる、印象の一切にほかならない。だが、重要なことは崇高の定義ではなく、一八世紀においてこの言葉が用いられる際の、いくつかの基本的な言説のパターンを弁別することである。いま引用した定義――カントに関してエルンスト・カッシーラーが述べたものだが――は、この一節を見るかぎりでは、バークや画家たちにも等しく分け持たれていたある傾向を語ったものと思われるに違いない。だがカント自身の崇高は、自然科学上の論争に決着をつけることを目指した一連の「批判」の最終的な到達点であり、また、この小論の後半でやや詳しく述べることになるが、三批判書のそれぞれが示した人間の諸能力（論理的、倫理的、美学的）に、メタ＝クリティカルに関わろうとする特異な概念でもある。むろん彼の考察は一八世紀以外の時代には属さず、この時代に分配された「崇高」といういくぶん混乱した観念に一定の解決を与えたという意味で、先立つ崇高概念の総決算と見なされうるだろう。だが、いずれにせよわれわれは、この概念の使用に関するいくつかの実践的カテゴリーを、立てるべきなのである。

筆者は次のような単純な区別を最初に導入したい。まず、①〈目的論的＝技術的＝アレゴリカルな崇高〉が存在する。それは本質的に理知的であり、ア・プリオリな「表現されるべき観念」（プラーツ）であり、ロマン派的な生成に対するアンチテーゼでありうる。この最後の点は、とりわけ重要だと言えよう。端的に言って、それは新しいものの「創造」ではない。ストウヘッドの庭園を上空から眺めるならば——つまり、そこで反復されているウェルギリウスの物語、カタログ化された廃墟の列挙という有様を見るならば——われわれはシンボルよりは遥かにアレゴリーに近い約束事（トポス）や非創造性を見出すのであって、ここで崇高とはほとんどマニエールの問題にほかならないのである。他方、第二のタイプの崇高は、②〈非目的論的＝超越的＝メタフォリカルな崇高〉とでも呼ぶことができるだろう。ロマン派という言葉から一般に想起される「崇高」は、こちらに属する。それは反知性的であり、いかなる形においてもア・プリオリな様式や意味の存在を主張しない（それは、突然去来する忘我自失の状態にむしろ近しいものとされる）。両者の境界はむろん確然としたものではなく、われわれがストウヘッドのカタログ的光景を「俯瞰」することを止め、そこに存在する各々の廃墟に近代的なカメラを近づけるならば、たちまち個々の眺めはワーズワースの見たティンターン・アビィのそれに等しいものとなるかもしれない。だが、いずれにせよ、この単純な区別はいくつかの可能な論争を回避することに役立つと、筆者は考える。

容易に気付かれる点だが、右に示されたような廃墟の両義性は、「シンボル」と「アレゴリー」という伝統的対立によって先取られている。後のロマン派が標榜したシンボルの優位とは、シンボルと呼ばれる表象が、それなくしては決して知られることのなかったような新たな全体性を獲得しうる、という点にほかならなかった（あるいは少なくとも、そのように彼らは主張したのである）。これに対し、アレゴリーとはまったく既存の意味に帰属するものに過ぎない――それは、アレゴリーに与えられた時間性の刻印と見なされる[5]。筆者の理解する限り、この「シンボル／アレゴリー」というロマン派的バイナリズムは、現代の記号論における「メタファー／メトニミー」のそれに大まかに対応するものだが、いずれにせよこれらの二項対立における第一項（シンボル）は、小なるもの（部分）によって全体を開示しうるという点で確かに提喩《シネクドキー》（synecdoche――代喩と訳す場合も。「ボルドー」でワイン、「神宮」で球場を指すなど、部分で全体、あるいは全体で部分を指すこと。）の場合に似通うとはいえ、それらの継起の順序を転倒させたという点で、シネクドキーとは大いに異なるものとなっている。というのはつまり、ロマン派的シンボルは、何よりも船をマストで表すといった凡俗な因果性――「マストが見えた！」というのが例えば典型的なシネクドキーであり、表現されるべき全体〔船〕はあらかじめ存在している――に対する戦いだったのであり、まさに「われわれは新奇なマストをみずから作り出すことで、未だ誰も知らなかったような新たな船を獲得するのだ」と主張するからである。問題は何よりも、「表現するもの」と「されるもの」の連結それ自体が、何を表現しているかという点にある。一般にアレゴリーとシンボルの区別は、前者が「キリギリス」と「怠惰」のごとく恣意的に定められた組み合わせであるのに対し、後者の連結が「必然的、自然的」であり、マストと船のあいだにはいかなる乖離も存在しないといった点にあるとされる。だが重要なことは、ロマン派の理論がこの連結作用をめぐる論争を意識的に拡大したということであり、また結果として右記のシネクドキーの基本図式に、まったく別の方向性《ベクトル》――天才の創造した「部分」こそが先んじるという――を与えたということだ。例えばコールリッジの「想像力」

シネクドキーの場合

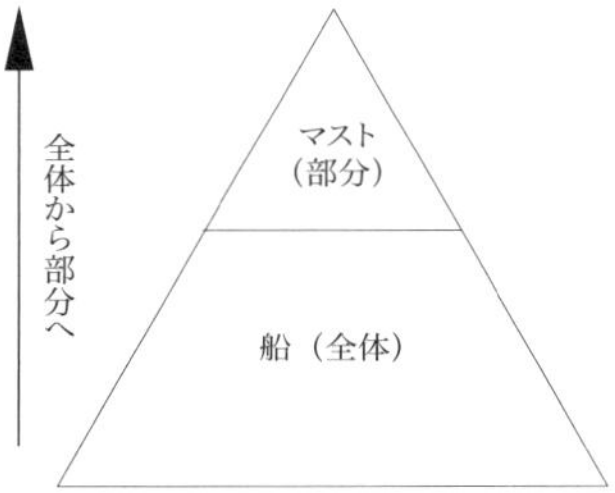

全体はア・プリオリに決定され、部分はその「必然的」な表現であるとされる。従来、この点でアレゴリーの恣意性と対比されるが、内在的には、個々の表現は常に前提となる「表現されるべきもの」を持ち、アレゴリーに似た継起の順序をもっている。つまり、いずれの場合も「新しい意味」を育もうとする傾向は見当たらない。

ロマン派的シンボル

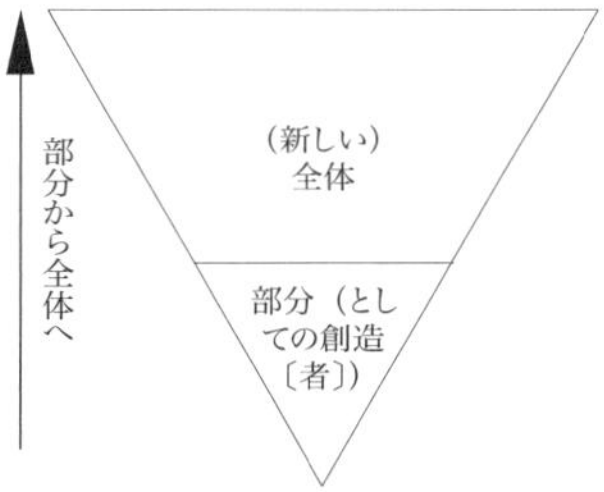

ロマン派的な天才概念は、左の図式の転倒した形として現れる。シネクドキー(部分による全体の表現)の「必然的連結」を依然として標榜しつつ、シンボルは部分の「創造」であり、新しい全体の開示であることを主張する。「一にして全、全にして一」といったロマン派的な思弁のスタイルは、ここでシネクドキカルに表現されていると言ってもよい。

とはこの転倒の実現であり、彼の言う "translucence" とは、一般的な文学の理論史が述べるのとは違って、単に「表すもの」と「表されるもの」の連結の必然性について語っているのでは決してない[6]。シネクドキーとロマン派的シンボルのこうした似て非なる関係は、上のような図で簡潔に示すことができるだろう。またこのように見た場合、シンボルと同じ構造を持ちながら、その生起する方向(順序)が逆向きのシネクドキーが、むしろアレゴリーに似てくることが分かる。つまり提喩と寓意表象という二つの比喩表現は、そのいずれもが時間的に先立つもの、あらかじめ存在する意味(提喩なら〈すでに実在する全体〉、アレゴリーなら〈予表的な定義〉)によって規定されたものなのである。

先に示唆された廃墟の歴史的両義性とは、いま大まかに要約したようなシンボルとアレゴリー(既述のごとく、記号論で言うメタファーとメトニミーにほぼ対応する)という異なった二つの傾性を、ノスタルジックな表象としての「廃墟」と、それをむしろ部品のように含んだ全体＝カタログとしての風景庭園のそれぞれに、歴史家たちが見出すことができるということであった。筆者としては、廃墟そのものの虚ろな佇まいが、それ自体アレゴリーの虚ろな記号に似るといった身も蓋もない連想から始めたいところだが、それでもこの形骸に向けられる感傷や畏怖が、シンボルのような全体性への共感と矛盾なく融和していたと考えられる限りでは、表象としての「廃墟」は確かにロマン派的傾向に属するものと言われうるだろう。だが他方でわれわれは、繰り返すが、全体として実現された廃墟庭園に、ほかならぬシンボリカルなものの対立物を見出す。それは意味を創出する記号の総合ではなく、記号に言及する記号の、壮大にして矮小な列挙と反復と呼ばれるだろう。実際われわれの考える概念上のカテゴリーにしたがうならば、記号としての一八世紀的廃墟を、ウォーホールの生産するマリリン・モンローの図像から区別する特別な理由はほとんど見当たらない。今日から見ればロマン派的詠嘆よりもはるかに「現代的」なものに見えるこのアレゴリカルな配置は、しかしながら、これとはまるで懸け離れたものに見える別種の傾性、すなわちロマン派的崇高によって代表される反知性的な合一と、同じ時代、同じ風景庭園という空間内に共存しているのである。

こうしてわれわれは、廃墟建築のような事象の両義性から、崇高概念の二つの使用の可能性を理解する。すなわち、それは一方ではロマン派的超越に容易に携わるような概念であり、他方においては「絵に描きうるような観念」の装置、理知的な美の企みなのである。崇高という語は一般にロマン派の反知性的な傾向に結びつけられているのだから、こうした言い方は奇妙に聞こえるかも知れない。だが、バークをロマン派と呼ぶことのできる人々が、絵画にあらわれた崇高に関してはこれを単にマニエールと見なしうるといった意味では、そうなのである。前ロマン派のような、それ自体ほとんど廃墟然とした言葉ばかりのカテゴリーを支持する美術史家は、現在ではほとんどいないかもしれない。だが、「ロマン主義」は依然として文学や美術を理解するに際しての大きな枠組みになっており、そこにはなんらかの排他的な時代枠《エポック》が想定されている。崇高概念のアルケオロジーは、こうした配置図を批判的に再構成することになるだろう。先に示された二つの三角形は、廃墟建築のような現象を「ロマンティックなもの」と呼ぶ際、あるいはむしろ「ピクチャレスク」や「消費的記号」などと呼ぶ際、われわれがどちらの側を向き、どのような理念を支持しようとしているのかを、正しく教えてくれる。三たび繰り返すことになるが、後者のような廃墟の捉え方は、「表現されるべき何か」（全体）がア・プリオリに存在することを認めているのであり、目の前の造形を「絵に描きうるような観念」が現象したものとみなす。筆者は、この理解にはおそらくほとんど異論の余地がないと思う。だがさらに一歩進んで、ロマンティシズムのような現象を、一八世紀におけるこうした表象の生産プロセス――われわれは廃墟画を、ウォーホールのモンローと比較したのだった――と連続的に理解しようとすることに反対する人々は、依然として存在するのである。だが筆者の考えでは、ロマン派の内面性や天才概念は、先の三角形に示されたような「転倒」に根本的に基づいており、この点で少なくとも、それがみずから対立しようとするものによっていかに強力に基礎付けられていたか、という論点を除外することはできない。ロマン主義が根本的に新しいエポックであるか否かにかかわらず、問題はこの「転倒」がどのように準備され、為されたかということであり、必要なのは「一にして全、全にして一」といったロマン派の神秘的思弁に、まったく散文的な説明を与えることなのである。

2

筆者はここで、より具体的なふたつの歴史的様相、すなわち一七五五年のリスボンの大震災がもたらした惨たらしい「現実の廃墟」と、ピクチャレスクな一様式としての「廃墟〔建築〕」との奇妙な組み合わせを取り上げてみたい。大陸の思想史と比較すると、英文学史において件の大地震は不問にふされるのが一般的であり、結果、以下で取り上げるジョン・ダイアーのような詩人――どういうわけか、この歴史的震災の前から「震災後の世界」の風景を歌っている人物であるが――の奇矯さについてはさしたる関心が払われていない。ゲーテが『詩と真実』の中で自らの真理探究の起点として述べたこの出来事は、しかし少なくとも「最善世界」をめぐるヴォルテールとルソーの大論争を引き起こしたことで知られており、また後にやや詳しく取り上げるように、カントの批判哲学の出発点であったとも目されている。この地震がもたらした問題の在り処を知るには、いずれにせよ哲学史や科学史をやや詳しくひもとく必要があるが、少々強引に要約すれば、この出来事がもたらしたのは、万物の本質＝第一原因としての「神」に対する信念の危機だったと言って良いだろう。それは現代でも語りうるような、いわゆる宗教的な信仰一般の問題とは少々規模が違っている。リスボン大震災は科学革命以前の、事物の「本質」を問うという知のあり方そのものに対して振り下ろされた重いハンマーであり、また、もはや本質を問わないとする新しい経験科学の方法的な「断念」を、ある程度決定付けるものだったと解することができる。

＊

例えば現代のわれわれにとって（大まかな理屈としてはデモクリトスでも同じだが）、物質の可視的性質はすべて原子の配置形態に基づいている。「色彩」のような質的要素は原子それ自体に帰着するのではなく、その組み合わせが結果的にもたらすものであり、原子そのものの質的様態にかんする議論は、常にある地点で「断念」されなければならない。あえて古くにさかのぼれば、こうした探求プロセスの始点のひとつは、ピュタゴラス派による階調音の研究をめぐるプラトンの註釈に典型的に見出されるだろう（というより、ピュタゴラスの名が知られているのはまさにこの「註釈」を通してである）。単純な有理数の比＝弦の長さに応じた音の調和は、ある数学的関係性として第一に問われるべきであって、音という事象それ自体は未だ問われざる「洞窟」の外部でしかない――プラトンがこの先人たちの研究に見出したのは、認識それ自体の問題、つまり後にエピステモロジーやメソドロジーの名で呼ばれることになる、認識の正当なプロセスをめぐる問いかけであった。われわれが**本質**（音そのもの）を問題化すべきであるか否かに関わらず、現象的に知りうる諸々の**関係**（弦の比）が、まず可能な限り明確に知られなければならない。科学（知）はここではじめて記述過程の問題としても提示されたと言うべきだが、いずれにせよプラトンの洞窟からシュレディンガーの猫にいたるまで、以降の科学的思考が、それ自身の手続きに関するこの種の内省的思考を含むものであり続けたという点をまず確認しておこう。一七五五年のリスボン大震災は、こうした科学の自己反省的側面を否応なしに強めるような厳然たる「現実」、言うなれば世界そのものが人間の認識の可能性に対して脅威となって立ちはだかったかのような、ひとつの圧倒的「出来事」にほかならなかった。

むろん古代の物理学者にとって、先述のような方法的「断念」は、理論的な反省の結果という以上に、単に実践的な不可能がもたらすものでもあった――彼らは、実際に原子を観測するいかなる術も持っていなかったのだから。一般の理解に従えば、はじめて本当の理論上の「断念」をもたらしたのは、一七世紀末におけるニュートン物理学の登場である。カントの処女作『活力測定考』(一七四七年)[7]を論じたカッシーラーの一節によれば――

一八世紀の最初の十年間に現れた、自然哲学や物理学の文献をわれわれが概観するならば、特にドイツで熱心に戦われていた力の測定をめぐる議論には、ある普遍的な問いが根底にあったことをわれわれは知ることができる。ライプニッツの力の測定を弁護するために、人は同時にライプニッツの力の概念を固持しようと勤めた。しかしこの力の概念はあらゆる方面から脅かされていると感じていた。というのも一方では、物質と運動とは単なる「延長」の諸様態にほかならない、とするデカルトの「幾何学的」把握がそれに対抗していたからであり、他方ではニュートン力学の根本見解がますます強力かつ独占的に主張されていたからである。後者の見解によれば、力一般の「本質」に関していかなる決定を下すことも拒否されて、現象の記述と計算とが経験科学の唯一の課題であるとされる。[8]

二十世紀の物理学者は、このような転換に更に次のような一般的説明を与える。すなわち「近代の記述は三つの特色によって、つまり質的な叙述に代えるに量的な叙述をもってすること、多種多様な現象を同じ起源に帰着させること、および「なぜか」という問いを断念することによって、昔の叙述からは区別される」[9]。この最後の「なぜか」（原因）という問いが、今では想像し難い大きな意義を一八世紀の人々に対して持っていたという点は繰り返し強調されなければならない。ライプニッツの関係概念は未だ本質的原因への志向をその奥深くに秘めていたのであり、その本質とは、右の引用に言われた「力の概念」（力なるもの）、または同じことだが、形而上学的な第一原因、すなわち“causa movens”や“causa efficiens”と呼ばれる神にほかならなかった。ニュートンやデカルトは、むろんこうした指向や、神という根拠そのものを排除しようとしたのではない。事実はまったく逆である。彼らはまさにそれを支持することを望んだのだが、彼らの方法的な発見は、もはやそれらを直接には取り上げ得ないような議論の配置図をもたらしたのである。この相克──本質に関する「信念」と経験的な「断念」──を本当に内面化したのは、しかしニュートン自身やデカルトではなかった。一八世紀初頭に生じた方法論的な分裂は、自然科学者として出発したカントによって、おそらくはじめて哲学的に内面化されたのである。

＊

この問題は、とりわけ『活力測定考』から八年後の『天界の一般自然史と理論』（一七五五年）[10]で意識化されたと言われるが、この背景にあるのが同年のリスボンの震災と、先に少し触れた、これに端を発するヴォルテールとルソーの論争である。この議論は、かなり禍々しい次の叫び声と共に幕をあけた。

無益な苦悩をめぐる果てしなき談話《おしゃべり》！
「すべてよし」と叫ぶ誤てる哲学者どもよ、

走り寄り、見よ、この恐るべき廃墟を、
幸なきこの残骸《かけら》を、襤褸《ぼろ》を、灰を、
重なり倒るる女を、子らを、
崩れし大理石の下に散らばる手足を、
（…）
そは、自由で善良なる神の選択を必要とする
永遠の法則の結果なり、と宣《のたま》うか？　（原好男訳）(11)

われわれは後ほど、このヴォルテールの叫びをジョン・ダイアーの「廃墟詩」と並べ置いてみたいのだが、ここでのヴォルテールの攻撃対象は、第一にはこの世が「あらゆる可能世界における最上の世界」であるとするライプニッツの哲学的オプティミズム（「神」の正しさを標榜するもの）であり、さらにまた、この理念を世俗的に広めたポープの『人間論』における「存在するものはすべてよし」なる金言であった。カントは、しかしルソーのようなやり方で——つまり哲学的思弁によっては論証できないが、それなくしては成立し得ない信念（「魂の不滅」）を擁護するという形で——神の存在を支持したのではない。彼は弁神論に関わるこの葛藤、一八世紀にあって誰もが依然として避けることのできなかった撞着を、ある議、い、い、い、論のスタイルを造り上げることで克服しようとしたのだ、と私は考えてみたい。

科学史的に言えば、この『天界の一般自然史と理論』の内容は、後に「カント＝ラプラスの仮説」と呼ばれることになった一学説へと縮約できる。別名「星雲説」とも言われるこの説は、詰まるところ、太

陽系とはもともと高温ガスから成る巨大星雲であったのが、重力によって中心部にガス塊（太陽）ができ、その周辺に冷え固まった惑星が次々生まれたとするものだ。今日特にこの説が言及されるのは、いわゆる宇宙発生論の最初の試みとしてというのが一般的である。しかしとりわけ右のような、神の存在を脅かす現実の出来事（リスボン大震災）と、これに対してキリスト教世界が当然ながら要請することになった弁神論――このthéodicéeという語がライプニッツの造語である点にも注意――という文脈でみると、こんな風に宇宙創世を純然たる力学的関係、すなわち一個の機械仕掛け《マシーナリー》として説明しきるという議論の仕方そのものが、然るべき意図を有した第一原因＝神の存在を、いわば外堀から証明しようとする最初の試みであったことがおのずと判る。彼のこのような論証スタイルは、同じく明確にtheodiceanな意図をもって書かれた後のより広く知られた論文、『神の現存在論証の唯一可能な証明根拠』（一七六三年）でふたたび用いられるだけでなく、論じる対象を「純粋理性」に限定した、こちらは誰もが知るあの第一批判書（『純粋理性批判』）の論証でも姿を変えて用いられ、いっそうの洗練と徹底を得ることになった。つまり初期カントが弁神論で試みたいわば「搦め手」による論証は、理性の働きを捉えようとする後の超越論的論証（transcendental argument）とどこまでも連続しており、しかもその連続は観念的ないし意味論的なものであるよりは、語用やスタイル、あるいはオグデン＝リチャーズが「意味の意味」という言葉で表現しようとした、語用と分かちがたい概念形成のプロセスにおいて理解されなければならない。

　若いカントが右の「仮説」――あるいはむしろ、科学的仮説という姿をした弁神論的論証――を得るに至った場所は、先の近代科学の記述的性格（本質を問うことへの諦念）という視点に立ち返りつつ述べれば、〈「信念（主として宗教的な）」と「断念（主として科学的な）」の相克〉それ自体に向かい合おうとする自己省察的な立場と捉えることができるだろう。むろん彼はいきなりそこに至ったのではなく、例えば処女作『活力測定考』(一七四七年)執筆当時の二十二歳のカントは、ニュートン科学の影響下で自然科学(天文学)を志す一学生であり、そこには後の哲学的弁神論に見られるような、議論そのものの絵とゲシュタルトを同時に問題化するとでも言うべきメタ=レベル的視点はまだ認められない。だが、このように彼があくまで一人の天文学者(今日で言う宇宙物理学者)として出発し、当初の関心を(これも今日で言う)科学記述の整合性にもっぱら向けていたという点は重要だろう。後年、件の『天界の一般自然史と理論』でカントが先述のごとく純然たる力学的な宇宙発生説を唱え、それによっていわば陰画的にそれを造り出した何者か(第一原因=神)の存在を証明する手管へと至ったのは、リスボン大震災の衝撃が大きな偶因として働いたことはもちろんだが、先達であるニュートンが、生前ついに惑星軌道の一部の不規則性の理由を「記述」できず、後のライプニッツ的オプティミズムにも通じるような宗教的「信念」——不規則の累積によるエラーは、正しき神が然るべく補正してくれるはずだ——を述べるに留まったという事実こそが、やはり大きな動因として働いている。つまりこれは、当時はまだ極めてリアルな問題であったはずの宗教的〈信念〉と、複数の科学的記述の可能性——事柄の**本質**ではなく、**関係**を探求するという近代科学の〈断念〉の諸形式——にまたがっており、後の批判哲学者としての彼にいっそう近い眼差しをもって検証されている。ここで表題に言われている「理論」とは、したがって見かけ上そうであるような、単に「自然史」〈と〉並置されるべき何かではない。この論題自体が「「経験」と「思弁」の間の汎通的な相互関係」(カッシーラー)[12]を主張し、後の「経験的なもの」と「合理的なもの」の統一を予示しているというのは、なるほどもっともな見解ではある。だが、カント自身にとっての〈理論〉は、このときすでに「自然史〈と〉理論」という関係それ自体に関わるものとして内面化されつつあったと言うべきであり、それは例えばわれわれが通常「ニュートンの理論」などと言う場合のそれとは異なっている。先の大震災後の弁神論を、後に「カント=ラプラスの仮説」と呼ばれるに至った科学史上の一学説として見た場合、あるいは観念史的にごく一般化して捉えた場合には、これは「経験的」に知りうるデカルト=ニュートン的な法則性に、ライプニッツ的な万物の神的起源を認めようとするものであったと極言できる――するとこの理論は、たちまち一種妥協的な、至るべくして至った和解案にも見えることだろう。だが、カントが既述のような歴史的文脈内で試みたのは、むしろ論理実証主義以降の二十世紀の思想が方法的徹底の末にたどり着いたある種の懐疑、すなわち〈理想的な整合性を持つ理論が、なぜそれと共に、実在に対応する理論であるとも主張されなければならないのか〉という問いと、はるかに似通ったものに見える。二十世紀初頭の分析哲学の課題が〈命題の実在への対応〉、つまりある言明が事実に一致しているか否かという真理条件(truth condition)の一点にあったとすれば、若いカントがこの論文において見出した問題とは、いわば真理条件の問いそのものの妥当性をめぐる言明可能性条件(assertability condition)の問い[13]に、むしろ似ると言うべきだろう。それはつまり、真理条件の問いがいかなる場合、どのような条件下で妥当となるかという問いであり、これをカントの文脈に置き換えれば、〈経験的に知りうるある整合的関係(デカルト=ニュートン的な)は、いかなる場合に、どのような条件でそれらの実在的根拠(ライプニッツ的な神)と対応させられうるのか〉という問いとなる。こうしたアナロジーにおいて、多少のカテゴリーの混同が生じていることは重々承知の上だ。重要なのは、先に述べたように、カントが右の問題を「ある議論のスタイルを造り上げる」ことで解決しようとしたこと、つまり、まさしく学問上の概念的カテゴリーを超えて、あるいは横断して存在するような根本的方法と言うべきものが、語用やスタイル、時にはレトリックなどと呼ぶしかない形で確かに存在したということだ（後述するtranszendentとtranszendentalの区別はその典型である）。後の批判哲学における哲学的言語の洗練は、若い頃のカントが見出した科学的諸問題の解決というよりは、むしろその徹底した提示をもたらしたようにも見える。いまや「なぜ然々の理論が正当なのか」という問いそれ自体が〈理論〉の名で再帰的に名指され、問題化されるのであり、カントはこの〈理論〉を「批判」の名においてもたらした、おそらくは最初の哲学者であった。メタ＝クリティックという表現ほどここで冗長に聞こえるものはない。"critique"とは本質的に常に同時に"metacritique"であり、それ以外のいかなる批判も批判ではあり得ないというのが、批判哲学なるものの本意なのである。

3

内包されながらかつ高次にあるこの〈理論〉という地位こそが、一般にカントの超越論的論証（議論）と呼ばれるものだと私は理解する。こうした短絡的な一般化を危ぶむ専門的哲学者の意見も当然あろうが、とりわけストローソンやブープナーの「自己関係性としての超越論的論証」[14]というモデルによって、この概念が（特に筆者のような門外漢にとって）理解しやすいものとなったとき、彼らの説明が、いくつかの非常に単純なアイデアに還元しうるものであったということは事実である。木村敏が好んだキルケゴールの言葉（「自己とは、関係が関係それ自体に関係するような関係のことである」）[15]をもじって言えば、超越論的な認識とは、「認識が認識それ自体に関係しようとする認識である」という一点に縮約できる。それは今日的な哲学の文脈では、例えば次のような消極的選択、あるいはむしろ〈選択肢の無さ〉とでも呼ばれるべき姿で見出されるだろう。「現実の認識〔という試み〕が、それ自身の領域を放棄することなく認識自身の一般的構造に関する情報を獲得する（…）。認識の一般的構造に関するそうした情報は、われわれの認識の固有の領域を放棄すると考えられる別の認識形式が維持できないとわかったとき、少なくとも消極的に入手可能となる。われわれの認識形式とは構造的に異なる別の認識形式が不可能であるということから、われわれが現に持っている認識の一般的構造が明らかになるのである」[16]。こうした議論は、ブープナーによれば、カントとは非常に異なったタイプの哲学者の考え方、例えばクワインの「存在論的相対性」のようなアイデアと連続性を有しているという。すなわち存在論的問いはそれ自体が言語的な営為であり、言語体系に対するこの相対性（「存在論的相対性」）が意識されたとき、この意識はおそらくカントの場合と同様に「超越論的」と呼ばれるべきものとなる、と。

だが、われわれはここで哲学や科学そのものに分け入ろうとしているのではないから、文学や美学の理論史に移行しやすい言葉で、この「超越論的」という議論の様態をパラフレーズしておいても良いだろう。この言い換えはあまり概念的ではない、ひとつのフィクショナルな風景に基づいており、当の風景は専門的哲学者によってではなく、ある批評家のウィットに富んだ文学的断章によってもたらされている。花田清輝は、目下われわれの突然の脱線を引き起こしているそのエッセイを、短く「ユーモレスク」と題した。それはガルゲンフモール（“Galgenhumor”）というドイツ語と、その訳語として辞書に示された「曳かれ者の小唄」という日本語の乖離した印象を語ることから始まるのだが、哲学者たちの右のような言葉に比べれば、はるかに簡潔に――だが、むろんはるかにレトリカルに――事柄を伝えている。すなわち花田によれば、ガルゲンフモール、あるいは単にフモール（ユーモア）とは、日

transcendent, ironical.　　transcendental, humorous.

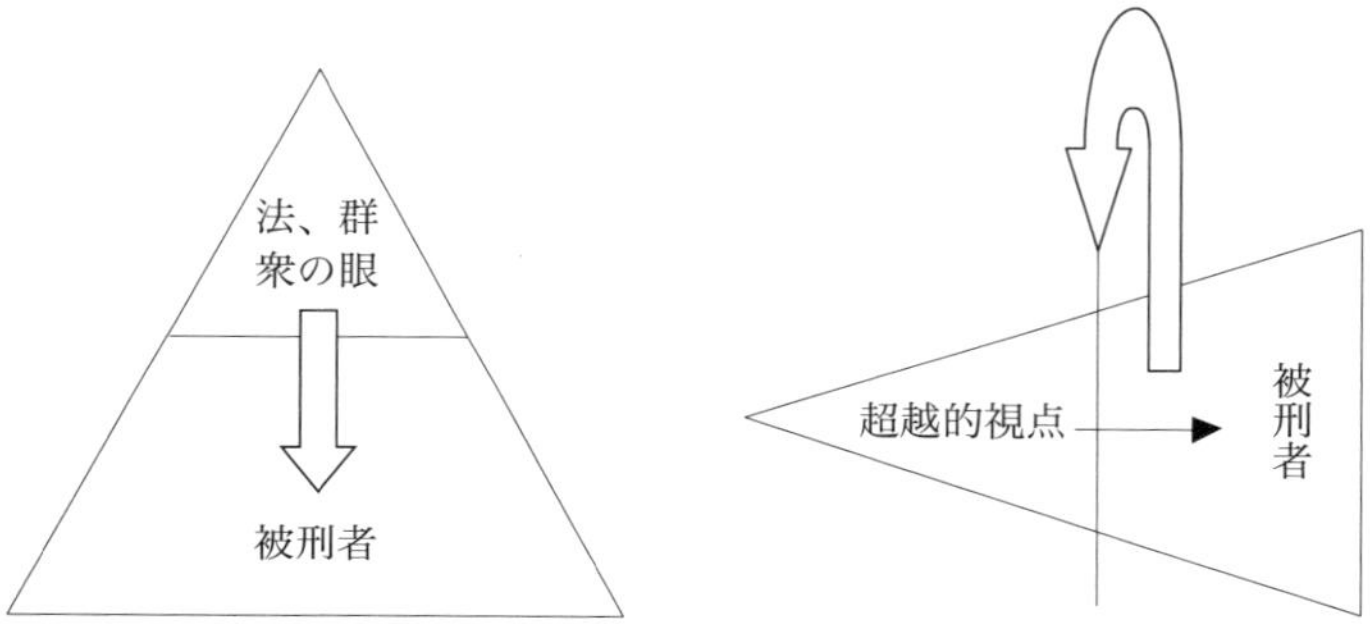

本語（「曳かれ者の小唄」）が意味するような反射的な負け惜しみなどではなく、ひとつの認識の形でなければならない(17)。

なぜそうなのだろうか。花田が描く想像的な絞首台《ガルゲン》を中心として、筆者はある明瞭なトポロジーを思い描く。この寓話の構成要素には、もっとも単純には「被刑者」、「執行者」、「刑を眺める人々」が含まれる。被刑者は観衆のアイロニーの下に、または執行者によって代表される法の下位に置かれるのであり、これらの立場から被刑者に関して発せられるいかなる言葉も、被刑者に対して――カントの超越的／超越論的(transzendent / transzendental) の別に従うならば――単に超越的(transzendent [transcendent])、あるいはアイロニカルである。だが彼の諧《ガルゲン》謔《フモール》は、こうした（ア）イロニーとは違った様相を持つと言わなければならない。というのは、彼のフモールは直ちにこれらの人々に対して反射的に向けられるのではなく――単なる負け惜しみ、「曳かれ者の小唄」ではなく――むしろ彼自身と彼以外の人間とを分け隔てている境界そのものへと向けられるのであり、この局面において、彼は単に超越された者ではなく、彼を見下ろしている人々が持っていないある認識の眼差しを、みずからの制限された立場ゆえに手に入れる者となるからだ。

　この人物こそが、筆者が花田のテクストの中に見出す超越論的（transcendental）――超越的（transcendent）とは区別される――な論争者のモデルにほかならない(18)。被刑者の立場もまた、右のような説明が可能になるやいなや同様にアイロニカルなものになるのではないかという反論に対しては、何よりも彼の認識が、彼自身の置かれている逃れがたい立場や条件によって、そしてただそれのみによって契機を与えられているという点を指摘しさえすれば充分だろう。これは先のブープナーの指摘する消極的選択、ないし〈選択肢の無さ〉という条件や、クワインの言う存在論の言語に対する相対性といった状況と類比しうる。また少々余計な注釈だが、先述の『天界の一般自然史と理論』以降のカントの立場をこの図式に合わせて演劇的にモデライズすれば、いまやガルゲンにあげられ、死に瀕したライプニッツ的「神」をヴォルテールのような「死刑執行人」からは擁護する必要があるが、だからといって「小唄」で応じるわけにはいかない、といったことになるかもしれない。

　ともあれ、ではこの論争者が「みずからの制限された立場ゆえにこそ」手に入れるという認識のスタイルとは、一体どのようなものなのか。批評史的立場にとって示唆的と思われる展望は、第一に、ここで前提とされている〈「信念」と「断念」〉の対立というスキーマは、文学研究のような知的「辺境」で二十世紀半ば以降に生じた出来事とかなり構造的に似通っており、多かれ少なかれ、常に前者を後者の祖型として見出すことができるということだ。例えば伝統的な**「作者」**の観念をライプニッツ的な**「力」**の概念に、また外的レファレントを持たない**構造**としての作品（テクスト）といった捉え方を、「本質」論に対するニュートン的な経験科学、つまり**諸関係**の計量的観察という具合に置き換えてみれば良い。近年、人文科学において生じた多くの論争の地図が、一七、一八世紀の認識論的な議論とまったく相似的に描かれうることが容易に分かるはずだ。芸術作品の中に創造者の精神性が隠されてあるといった見解は、一般に「ロマンティック」なものとされるが、その主張の中核には、むしろ古典主義時代に属する「第一原因としての神」――まさしく"The Author"だが――の観念にも似た本質論的傾向が隠されている。（この点からも、先に示唆したようなロマン派的シンボルのアルケオロジーへと向かうことが可能だが、この議論はまた別の機会に譲りたい。）他方、計量的な経験科学の衝撃は、いわゆる「形式主義」的な傾向が、伝統的な人文科学、とりわけ作品をある精神性（作者＝原因）の結果と見なすような立場にもたらした衝撃に似ている。念のために確認すれば、ここで言われている形式主義とは、言語形態を主たる問題にしながらも、実際にはある種の論理的含意やモティベーションをあらかじめ容認することから出発する一部の新批評《ニュー・クリティシズム》の傾向、あるいは異化作用による表現の効果といったテレオロジーに、しばしば積極的に携わるロシア・フォルマリスムのような立場とは違っている。むしろここで想起されるべきは、例えば親族の基本構造の説明や、物語のシークェンス分析といった、ある種の代数構造、あるいはそれに相当するものを使用した構造主義以降の文化現象の「記述」である。例えば近親相姦の禁止は、生物学的説明であれ、精神分析学的説明であれ、一般にはある内在的な目的、つまりは理由や原因――遺伝的異常を避けるため、家族内でのアイデンティティを守るため、等々――において語られる（本質論）。しかし、例えばレヴィ＝ストロースが交叉イトコ婚のような現象について語る際、彼が行なっているのは、ある意味では単に「これはこうだから、こういうものなのだ」というトートロジカルな提示であり、そこにおいて近親婚の禁止は、ある婚姻規則の〈構造〉――むろんこれ自体は、結果的にリネッジの拡大を目指すものに見える――が必然的にもたらすような一結果として確認されているに過ぎない。要するに、それ自体の内在的理由が第一義的に問われるわけでは決してないのだ。読者には、ここで先に例示した「色彩」に関する記述、つまり近代以降の物理学が物質の可視的性質を原子そのものに帰着させず、あくまでその組み合わせとして記述しているという事実を改めて想起してもらいたい。このような純然たる形式偏重の態度——カントの「星雲論」の場合なら、その天体力学的なマシーナリーとしての側面——は、文学研究という限定された学問的コンテクストに置き換えれば、外的レファレントの締め出し、「言葉と物」（フーコー）の結合の消失、意味の排除、本質論の破棄などと多様に呼びうるだろう。だが、いずれにせよ本当に大事なことは、こうしたラディカリズム（と見えるもの）に対して伝統的な人文主義者たちが金切り声を上げたとき、彼らは自分たちが敵対していると信じていたものよりも、はるかに大きな歴史的光景と実際には対峙していた、ということなのである。

＊

こうした傾向にたいする現代のカント的な態度（ガルゲンフモール）は、筆者の理解では一部のディコンストラクション、とりわけポール・ド・マンのような人物が試みた、記号論の趨勢とその反動に関するメタ批評に典型的に見られるだろう。「この〔作品という〕箱の内側〔inside〕を内容と呼ぼうが形式と呼ぼうが、その外側〔outside〕を意味と呼ぼうが外見と呼ぼうが、それは大した問題ではない。テクスト内的〔intrinsic〕な批評と、テクスト外的〔extrinsic〕な批評を対置する論争が繰り返されているが、これは〈内側／外側〉というメタファーのおかげで成立しており、このメタファー自体が真剣に問われることは決してない」[19]。よく引用されるこのような事態を指して、例えばハロルド・ブルームのような批評家なら、われわれの生きる文化的世界は（構造主義やディコンストラクションも含めて）すべて依然ロマン主義の只中にある、と一蹴するかもしれない。事実、ド・マンの分析的筆致が伝えているのも、ロマン派以来の作品観に抵抗するある種の形式主義的傾向それ自体が、作品の「内部／外部」というメタファーを用いることで、実際にはまさしくロマン派的な「シンボル／アレゴリー」と同種の二値的装置《バイナリー・コード》にどこまでも潜在的に依拠せざるを得ない、という話なのだから。「〔純粋に〕直示的《デノータティヴ》な言語」や「外的レファレントを持たない作品」といった観念は、言うまでもなく単なるメタファーであり、究極的に言えば、そもそもヤコブソンの言う記号論的な意味での「メタファー」はそれ自体がメタファーである（むろんヤコブソン本人は、『記号学の原理』の著者〔ロラン・バルト〕のような半端な理論的追従者と違って、こうした点について完全に自覚的である）。だがそれにもかかわらず、人はこうした二値的道具立てによって語るほかない。この文脈でのディコンストラクションとは、一般的な文学批評史に一通り解説されているような、作品構造に「自己言及的パラドックスを見出す」知的ゲームといったものとは佇まいが違っている。それはむしろ、単に自己言及的パラドックスである。前に触れたキルケゴールの言葉に立ち返っても良いが、それは自己省察の運動が不断であるべきだ、といったある種の倫理的衝動に支えられており、その意味ではフランク・レントリッキアが指摘するように、ド・マンの態度はむしろサルトル的な実存に深く関わっていると見なされるべきかもしれない[20]。いずれにせよこのような現代的批評家が、旧来の本質論的世界観とニュートン以降の経験科学のあいだに身を置きながら、次のような一種立場ならざる立場を選び取るに至った一八世紀の批判哲学者（カント）のテクストの検証へと晩年向かうことになったのは[21]、むしろまったくの必然と言うべきだろう。「対象にではなく、むしろ対象についてのわれわれの認識の仕方——これがア・プリオリに可能であるべきかぎりにおいて——に一般に関与する一切の認識を、私は超越論的と名づける」[22]。批評史におけるディコンストラクションとは、ほぼ完全にこの反復として定義できる。

4

ここでそろそろ先に予告した文学的現象（ジョン・ダイアー）の説明に移りたいのだが、脱線ついでに言い添えれば、文学史においてカント哲学の美学的側面に少なからぬ影響を被ったとされるドイツ・ロマン派の傾向が、むしろ右のガルゲンを中心とした花田の想像的光景における騒然たる群衆、または執行者に対して与えられたアイロニーの名でしばしば規定されていることは注意されて良いかも知れない（ロマン派的イロニー）。また、ガルゲン上でいわば劇化された「超越論的」の自己言及的スキーマが、一七世紀から一八世紀にいたる芸術・美学上の現象と、ある程度照応している点にも注意を払っておくべきだろう。例えば詩の研究おいては、「科学革命」期における世界観の根本的変化と、当時の詩法の変化との相互関係といった現象が主張されうる（プラーツの一部のテキストや、高橋康也）[23]。これを多少強引に縮約すれば、地動説の登場によって固定的かつ求心的（centripetal）な世界観が失われれば、文学においても約束事によって成り立っていた古い修辞法（アレゴリーやエンブレム）における記号と意味の予表的繋がりは分解・拡散し、むしろ詩の修辞法そのものに関する強い意識や反省それ自体が「詩」の動機や題材となる、といったことになる（形而上詩やマニエリスム）。この議論には、かなりの説得力がある。例えばプラーツはある箇所で、現代人にとってペトラルカのマニエールは読み替えようがなく、人はそれが固定的に表している意味を単に受け入れるか、受け入れないかのどちらかだが、シェイクスピアや形而上派が同じ「ペトラルカ的詩法」を（いわば括弧付きで）用いた際には、その使用にはすでにさまざまな含意の可能性が共存しており、意味は決定され得ないか、あるいは様相的に理解されるほかないと述べている[24]。T・S・エリオットの流儀で言えば、それは近代の「詩」が同時に「批評」である、あるいは一種のメタ＝ポエトリーであるほかないといったことになるだろう。かつてジョン・ダンの詩が「パラドックスの言語」（クリアンス・ブルックス）と呼ばれたとき、その呼称は、今から考えればかなり素朴な意味――撞着語法のそれ、つまりはロザリー・コリーの三分類における修辞的パラドックス――で用いられていたが[25]、前節で検討したような近代的エピステーメーをめぐる論争は、まさしく認識論的、もしくは存在論的パラドックス（コリー）と呼ばれるに相応しいものであった[26]。自意識が詩において「自己劇化」の屈折したレトリックとなるとすれば、哲学においては、同じ意識（主観性）が「超越論的論証」という自己省察的スタイルになったのだと、なぜ言ってはならないのだろうか？　批評言語の洗練によってジョン・ダンの作品をあらためて脱構築することなどよりは、こうした歴史的アナロジーにこそ、文学（史的）研究の豊かな可能性が残されているかも知れない――なにしろ、そもそもダン自身の作品が、すでにディコンストラクティヴな逸脱的構築として始まったと（そのような表現を用いなかったとしても、実質的には）プラーツは述べているのだから。また、ルネサンス以降の自己言及的様態の際だった例である、ルネ・ホッケ的な意味における「マニエリスム」は、今日風に言えば量から質への転換にも似た臨界的現象であって、この点は明らかに、脱構築における意味の境界性の概念と近似的である。他方で、それは既存のシステムの自己増幅であるという点ではどこまでもシステムに内在もしくは従属するものであり、ここからやがて、もはや求心的でもなければ遠心的でもないような言語、すなわちダイグレッシヴかつ多中心的な――あるいはさらにバフチンの言う多声的な――「小説」の文学的言語が現れた、と考えることもできるかも知れない。実際、機知に富んだある現代の小説家によれば、一八世紀小説の蛇行運動こそは人間的現実の真のミメーシスであり、このようなミメーシスを我が物とした〈小説〉こそは、人類の真に偉大な発明なのである[27]。

＊

だが、本稿の議論をこれ以上蛇行させるわけにはいかないから、ここでようやく予告していたダイアーの作品へと向かうとしよう。歴史的震災によって倒壊したヨーロッパの光景に、ヴォルテールが人間的能力に対する自然の嘲りを、あるいはライプニッツ的オプティミズム（神への信頼）の根本的危うさを見出したことについてはすでに述べた。また若いカントがこうした理神論の声と向き合い、やがて『神の現存在論証の唯一可能な証明根拠』（一七六二年）[28]へと至る弁神論的根拠を示そうと必死になった経緯についても、既述の通りである。だがこうした思想史の枠組みをいったん離れ、一八世紀の具体的な文学テクストへと目を向けた途端、このような現実の廃墟のすぐそばには、「ピクチャレスクネス」の一極地とも言うべきフィクショナルな廃墟詩(ruin poetry)が存在していた、という事実がわれわれを慄然とさせる。ジョン・ダイアーこそはこうした廃墟詩、つまり自然の驚異どころか、すでに人為的な芸術的意匠と化しきった「倒壊したヨーロッパ」の風景を厭くことなく描き続けた詩人であり、筆者はここでふたたび、冒頭で論じた「崇高」観念と同様の謎めいた撞着に出会うのである。一体、現実の大震災の〈前〉にすでに描かれていた大震災とは、何であるのか？

時にロマン派の先駆者ともされるダイアーだが、「ロマン派的詠嘆」とも呼ばれる主観性や感受性の発露が、実際にはもともと高度にパタン化されたスタイルの発見であり、作品の創造《クリエーション》というよりは、いっそ製造《ファブリケーション》とでも呼ぶのが相応しい意匠の「反復」から生じている、という経緯についてはすでに述べたとおりだ。ダイアーこそは、まさしくそのような「パタン」を当時流行のグランド・ツアー（ヨーロッパ大陸旅行）で身につけた詩人の一人であり、ロマン派の代表たる後世のワーズワースが彼をみずからの祖先として遡及的に発見しているとしても、それでダイアー本人の詩の予表的性格（反ロマン派的なリプロダクションの傾向）が失われるわけではまったくない。

ここで非常に興味深いのは、亡くなる直前、ごく短い作品ながら、ジョン・ダイアーもまたヴォルテールと同じく、現実の「リスボンの破壊について」（"On the Destruction of Lisbon"［1756］）歌っているということだ。しかしこれをひもといてみれば、ヴォルテールの詩が「〈すべてよし〉と叫ぶ過てる哲学者ども」に対するあからさまな誹謗や、無謬であるはずの神への疑念と怒りで煮え立つようなのに比べて、こちらはどこか空虚で、傍観者的でさえある。

One moment overturns the toils of man,
And humbles greatness: Lisbon sinks in dust.
Earthquakes, and floods, and fires, and falling towers,
Thunder among the scatter'd crowds! Rich, poor,
Young, old, slave, peasant, prince, unheeded, fly,

From the swift rage of death, and strive to grasp
At wretchedness! When I consider these;
When I consider scenes of ancient times,
Ruins on ruins, thrones on buried thrones;
And walk on earth as on a globe of graves;
When the high heavens I view, and there behold
Planets, stars, comets, worlds innumerous,
To splendour rising, and from splendour fall'n;
My spirits shrink within me: what is man!
How poor a worm!—but, when I meditate
His boundless cogitations, high desires;
And th'infinite Creator, all in all,
Gracious and wise;—each gloomy fear retires,
And heaven's eternal light revives my soul.

予定調和とは元々ライプニッツの概念だが、この詩の結びなどはまさしく日常で言われるそれである。ダイアーをはじめとする廃墟詩を論じ抜いた名著、『廃墟と帝国』の著者ローレンス・ゴールドスタインは、この詩を引いてリスボン大震災という「現実」が詩人の言葉を大きく変化させたと註釈するのだが、表面的な詩法の変化はともかく、筆者にはどうもそのようには感じられない[29]。"When I consider these; When I consider *scenes of ancient times* . . ."（イタリック引用者）——こんな風に性懲りも無く歌っているところを見ると、どうやら詩人は依然として、ロマン派的な懐古趣味の源流ともされる「ローマの廃墟」（"The Ruins of Rome"［1740］）でかつて描いたピクチャレスクな様式、ないし意匠としての「廃墟」をすっかり忘れ去ったわけではないようだ。実を言えばダイアーは、倒壊したヨーロッパの風景の中、むしろそれまで見たことのないはずの眼前の現実を、ある種の既視感《デジャヴュ》とともに眺めていたかも知れないのである。

彼がそのとき、パラドキシカルにも既に知っていた廃墟——それはヴォルテールとルソーの論争を引き起こし、カントに認識論的難問を突きつけた現実の荒涼たる風景とはまるで違った、いわば「荒涼たる風景」という記号、空疎な様式の反復と横溢（まさにホッケや高山宏の言うマニエリスム）にほかならなかった。付け加えて言われるべきは、この詩が単に廃墟を題材＝外在的対象として歌っているのではなく、むしろそれ自体が「廃墟」めいた形において在ろうとしていたという点だろう。ブランク・ヴァースと言ってしまえばそれまでだが、そこにおいて英語のシンタクスはむしろ asyntactic であることを目指し、言葉の周密さは意味の凝固や深まりよりは、連想に基づいた皮相的で終わりのない連鎖を目指すように見える。これはいわば廃墟の無秩序を演じる言語的無秩序とでも言うべきもので、あるいはわれわれはここに、英国式庭園が幾何学的美に対して標榜した「ラギッドネス」に似たものを見出すべきかもしれない[30]。無骨に積み上げられ、語り手の眼差しが飛び回る事物の乱脈を模倣した溢れる言葉たちは、描き出されるローマの廃墟それ自体の様相にどこか似るのであり、またこうした設えられた乱脈や荒廃とは、すなわち「絵に描きうるような」と定義されるピクチャレスク観念の、もっとも典型的な実現形態でもあった。

題材となったイタリアはまさしく「ピトレスク」の発祥の地であり、ダイアーの歌うローマの光景は、「トラヤヌス帝の円柱、ハドリアヌス帝の廟、カイウス・ケスティスのピラミッド（…）の有り得ない併立」[31]を難なく我がものとした、ジョバンニ・パオロ・パニーニの「奇想画《カプリッチョ》」の、いわば韻文版である。
こちらは試みに日本語訳を添えよう。

　　Deep lies in dust the Theban obelisc,
Immense along the waste; minuter art,
Glycunian forms, or Phidian, subtly fair,
O'erwhelming; as th' immense Leviathan
The finny brood, when near Ierne's shore
Out-stretch'd, unwieldy, his island length appears,
Above the foamy flood. Globose and huge,
Grey-mould'ring temples swell, and wide o'ercast
The solitary landakape, hills and woods,
And boundless wilds; while the vine-mantled brows
The pendant goats unveil, regardless they
Of hourly peril, though the clefted domes
Tremble to ev'ry wind. The pilgrim oft

At dead of night, 'mid his oraison hears
Aghast the voice of Time, disparting tow'rs,
Tumbling all precipitate down dash'd,
Rattling around, loud thund'ring to the moon:
While murmurs sooth each awful interval
Of ever-falling waters; shrouded Nile,
Eridanus, and Tiber with his twins,
And palmy Euphrates; they with dropping locks,
Hang o'er their urns, and mournfully among
The plaintive-ecchoing ruins pour their streams.[32]

　塵深く、荒野にそって大仰に
横たわるはテーベのオベリスク
これより小さき人の業、グリコンの、またフェイディアスの彫像の
精緻なる美を圧するその様は、あの鰭持てる属の一
巨大なるリヴァイアサンが、イェルネの
海縁にその島めいた、異な様を
乱舞せる波間に囂《どう》と見せるにも似たり。

灰色に朽ちた神殿は、丸くうねった大洋か
広がる孤独の風景は、丘や森そして果て無き荒野
蔦のおおう崖縁には、続く危険も省みぬのか
山羊どもが身を乗り出す——風の吹くたび円蓋は
そのひび割れた身を震わすというのに。
幾たびとなく、死の如き夜の巡礼びとは、
祈りの最中、怯えながらも耳にするのだ
時の怒声、あの壊れ行く塔の
まっ逆さまに倒れ砕け散り
辺りを転がっては月にまで、聞かせる地よりの雷鳴を。
ただこの恐ろしい音の間に
途絶えぬ水音が許されし慰撫
それは光る死装束の如きナイル、双児を率いたエーリダノス
また意気揚々と流れ行く、ユーフラテスの水音だ。
濡れそぼったその髪で、遺骸の壷に身をかがめ
寂しくこだませるこの廃墟に、悲愁の流れを注ぐ。

荒れ地に現れた怪物の荒唐無稽、畳み掛ける事物の列挙を、メタファーのような言葉で遇するだけで

は充分ではないだろう。テーベのオベリスクからリヴァイアサンへと難なくたどり着く想像力は、むしろ飛び火するメトニミックな発想の横溢とでも呼ばれるべきものだ。つまるところ、ダイアーの描く「ローマの廃墟」は、風景庭園と同様の文化記号の「陳列」だったのであり、不規則で逸脱的な、しかし実は約束された道＝詩行を辿るうちに出来合いの文化カタログを一覧することになる読者の心持ちは、歩くうちにおのずと「イタリア名画の旅」へと誘われる、チズウィックやストウヘッドの散歩者のそれに等しい。そしてここで実現されているものを簡単に要約するには、半世紀後のワーズワースがティンターン・アビィの荒涼をあらためて「内面的に見出した」のに対し、ダイアーの詩句が、意匠としての廃墟の製造にいっそう熱心に勤しんだ、と言いさえすれば充分である。

いくぶん機械的なこの区別は、一方にはアレゴリカルでありかつメトニミックな廃墟の様相が、他方にはシンボリカルかつメタフォリカルなそれが存在するという、最初に立てた二項対立的見取り図の繰り返しである。だがここでむしろ確認したいのは、一七八〇年代以降に書かれたカントのテキストでは、ダイアー流の過剰さの美学（記号の終わりなきファブリケーション）はいまやある程度客観的な説明を与えられ、芸術におけるひとつのモーダルな顕れとして定義されているということだ。第三批判のある箇所で、カントは自然の美的〈描写〉の芸術が本来の「絵画」であるとすれば、自然の美的〈配置〉の芸術と呼ばれるべきは「造園術」であると述べ、さらにこんな風に続けている。「前者は立体的延長の仮象を与えるに過ぎないし、また後者はなるほど立体的延長を実物通りに表示するにせよ、しかし対象の形式の観照における構想力の遊びだけを目的とするのではなくて、それとは別の目的のための利用と用途との仮象を与えるに過ぎない。自然は我々の前に多種多様なものを繰り広げている、そこで造園術は、結局これと同じ多種多様なもので大地を飾ることに他ならない、ただ自然におけると異なり、これらのものをある種の理念に適合するように配置するだけである」（傍点引用者）[33]。ある種の理念に適合するように――ダイアーの詩が適合するのはまさにこの「造園術」の流儀であって、哲学者が別の箇所で展開した、純粋な直観によってありのままの世界を受け入れる享受者としての「詩人」のモデル――力学的崇高の説明に現れる――は、このような人物とは似ても似つかぬ誰かである。すなわちカントによれば、われわれが「崇高」を経験する対象として仮に煌めく夜空や大海原を持ち出すとしても、この経験に理知的な説明が、つまり目的論の混入の影がただちに認められるような場合には、これを「崇高」と見なすべきではない。少なくともカント的な意味における「崇高」が、元来が理知的な企みである「ピクチャレスク」の一変異としての崇高様式（廃墟建築など）と相容れないことは、以下の引用にいかにも明らかである。何しろ人を驚かせ、畏怖させるという明確な「目的」と企みこそが後者のスタイルと態度を支えているのだから。

例えば〔夜空が〕ある理性的存在者の居住する世界の概念であるとか、あるいは（…）明るく輝く光点はいずれも一個の天体として、それぞれの星に極めて合目的的に定められている軌道を運行しているのだなどという見方を、判定の根底に置いてはならない。むしろわれわれはこの星空を、現に見るがままに、一切を包括するひとつの巨大なキャノピーとして眺めねばならない。そして純粋な美学的判断が対象に帰するところの崇高性は、ただこうした表象に配されるだけのものなのである。大洋の光景もまた同様であり、〔崇高を経験する〕われわれは諸般の知識（…）でもって大洋を考えるのではない。（…）水棲動物の広大な棲処であるとか、陸地に雨を降らすために、大気で雲をはらませるところの蒸発に備えるための大貯水池である（…）などと考えるのではない。こういう見方はまったく目的論的判断を与えるだけだからである。むしろわれわれは詩人に倣って、大洋をわれわれの眼に映るままに崇高と見なさねばならない、すなわち静穏な海洋は見渡す限り大空を果てとする明澄な鏡として崇高である、荒天で波浪の天に沖する海洋は、あらゆるものを呑み尽くさんばかりの深淵として、崇高なのである。[34]

ここで「詩人に倣って」とカントの言う崇高の経験において、空は単に空「であり」、海は海「である」。だが実際には――ここが第三批判の少々込み入った、人の躓く点だが――カントがこの前後で本当に言おうとしているのは、崇高の経験が目的性や理知的理解をまったく排除した純然たる出来事である、ということではない。それどころかまったく逆に、彼の主張の本意は、それでもなお、常に統制的な理性が遥かな後景で働いているということであり、またそれぞれが三批判書に対応した、競合し合う人間の三能力――理性的（正誤の判断）、道徳的（善悪の判断）、美学的（快不快の判断）――が、人間の主観によってあるバランスを保とうとするとき、はじめて「快」が生まれる、ということだからである。例えば天体に関する自然科学の知識は第一の能力に関わるが、右引用のように「単なるキャノピー」として夜空を観ることは、このような能力を一時的に保留した新たなバランスを意図的に作り出すことを意味し（ドゥルーズはこれを順列システム［“a complete system of permutations”］と呼ぶ）[35]、主観のこの努力が成功を収めたとき、一般に「快」が生じるとされる。古典美学が美を**対象**の特質に存するものと見なしたのに対して、カントが美を**主観性**の問題に置き換えたと言われるのはこの点であり、また第三批判が前の二批判書に比して一般に総括的であり、かつもっとも難解だとされるのは、こうした主観性の発揮する能力としての美的経験が、それぞれの批判書で論じられた諸能力のバランスに、右の如くメタ＝レヴェルで――あるいは諸能力全体として見れば、むしろ自己言及的に――関わっているからだと考えられる。これは言い換えれば、カントにとっての「崇高」の経験が、先に示した「超越論的」の理論的ジェスチャーに対応しているということだ。人間の能力を完全に圧倒するような対象に対して、人がなおかつ美を見出すことができるということ（崇高）を、カントは「理性の無限性」と呼んでいる。だが繰り返すが、恐るべき対象が喜びに変わるためには――つまり彼の言う「理性の無限性」が発揮されるには――少なくとも、その対象が科学的知識として理解され、また競合する諸能力が、後景に退きながらも常に密かに存在している必要があるのだから、これは単なる「忘我自失」のような状態とはやはりまったく違っている。改めて簡単に要約を試みれば、次のようになるだろう。カントの言う「崇高」とは、ドゥルーズが「順列」という数学的イメージ（abc, bac, cab といった）で説明した理性の諸能力の生起の仕方を、理性それ自身が快をもって眺める、という自己反省的ループと深く関わっている。そしてこのループこそが「理性の無限性」としての崇高経験、とカントが呼ぶものなのだと筆者は理解したい。このような主観は、言うなれば先の「死刑囚」のモデルのように、自己を外部化（自己疎外）しつつ存在しているのだ。カント的崇高が一八世紀美学に一般的な形では関わりにくいと最初に述べたのは、以上のような事情による。

だが、いずれにせよ、美的判断が一種の無関心な眼差しであるべきだとする、先に引用したような説明を部分的に見る限りでは、「何の利害関係もない天上の星こそが最高の美である」とするゲーテの見解、あるいは「日常からより遠い夜の庭のほうが、昼間の庭より美しい」とするショーペンハウアーの見解などと[36]、カントの論述を並べ置くことは容易なのであり、従来の文学史は現にそうすることをためらってはいない。これは、ウォルター・ジャクソン・ベイトやM・H・エイブラムズといった人々による定評のある歴史研究に認められる傾向である[37]。また、引用されたようなカントの説明は、物理的運動としてあらわれる外界を感情の動きと結びつける、「ティンターン・アビィ」の世界観とただちに結びつくわけではないが、想像力によるそうした結合が始まる前の世界の鏡面を、あるいは意味を欠いた「単なるキャノピー」のような像を、確かに「無関心の眺め」としてロマン派の詩人たちと共有したと言えるかもしれない。ワーズワースによれば、詩とは、「静けさの中で思い起こされた感動」の帰結である。「感動がじっと観照されるうちに、ついには一種の反作用によってその静けさは徐々に消え去る。そして先に観照の主題となったものと同類の感動が次第に生じてきて、やがて現に心に実在するようになる」、と[38]。「〔自分の〕感動を〔自分で〕観照する」というのは、むろん単に内省的なことであって、カントの崇高の経験における主観の自己疎外とは違っているかも知れない。だが、少なくともこうした観照の主体は、初期の美学理論が考えた「大いなるもの＝崇高な対象」の単なる生理学的受容器としてのそれとは著しく異なっており、またカントのような説明に対しては、観照のプロセスがある無関心な態度（「…ついには一種の反作用によって…」）でなければならないという点で——そして、ただその点のみにおいて——近似的と言いうるだろう。ここで仮に〈これが最初に布告されたロマン派的共感だ〉などと言うとすれば（ベイトのような文学史家は、明らかにそう言っているように見えるわけだが）、われわれは崇高と呼ばれる世界の顕れとその経験において、哲学者カントと詩人ワーズワースが、触れるようにであれ手を結んでいたという理解をひとまず受け入れることになる。だが、それでも依然として、既述のような理解の中では、その手がジョン・ダイアーのような人物にまでおもむろに差し延べられていたと考えることは難しい。やはり彼の奇異な想像力が発見した「大震災」は、カントの見ていたそれとは似て非なるものだ。

だが、それでもなお、ワーズワースがカントの批判的テクストに対して持ちうる関係について、さらにいくつかの点を指摘しておかなければならない。例えばワーズワースの次のような「崇高」的経験で話者が立つ場所は、先に示したシンボルの三角形における全体へと開かれ行く姿を想起させる。全体は主観によって獲得されるが、獲得されるやいなや、それは主観と「合一」したひとつの世界となるだろう。自然界の諸々のイメージは、"the mind of man" へと収斂することで大きな輪を閉じる。

　　. . . . And I have felt
A presence that disturbs me with the joy
Of elevated thoughts; a sense sublime
Of something far more deeply interfused,
Whose dwelling is the light of setting suns,
And the round ocean and the living air,
And the blue sky, and in the mind of man;
A motion and a spirit, that impels
All thinking things, all objects of all thought,
And rolls through all things.

("Lines Composed a Few Miles above Tintern Abbey")

先に描かれた**シンボル、またはシネクドキーの三角形**（107頁）と、ヒューモアと対置された**アイロニーの三角形**（120頁）——カント的な「超越論的」("transcendental") の様態に対する——が、実は同じ形であったことをここで想起してもらいたい。これまでの議論を踏まえて最後に指摘しておきたいのは、右のような詩人の構想力（imagination）が、先に定義された「アイロニー」と本質的には同じ認識の構造を備えているということだ。対象が目前に広がる大海原なのであれ、今まさに首を斬られようとしているブーシェなのであれ、そこでは主観は超越的（"transcendent"）であり——三角形の頂点に在り——世界（全体）は常に主観（部分）へと回収される。実のところ「全にして一、一にして全」のようなロマン派の典型的（非）ロジックは、単に主観性としての個に全体が回収ないし包摂されるということを表しているに過ぎない。だが、文学史がカントの「美学」を同時代の文学テキストと並置しようとする際、暗黙の合意のもとに除外しているように見えるのは、まさしく第三批判が、こうした主観の単なる超越性を示唆するヴィジョンに対して徹底的に抗っているような側面なのだ！　繰り返しになるが、カントの「崇高」の経験はあくまで主観の自己疎外として定義されており、単なる全体性や包摂、つまり一切を見渡すような統覚的な主観——観照する主観でも良いが——とは似て非なるものである。結局、伝統的な修辞概念や近代的「内面性」といった言葉に親しむ批評史家にとって、ダイアーのような人物とワーズワースを分け隔てることはいかにも容易だが、同時代の哲学者の議論をロマン派のそれと比較する場合には、細かな同一性や差異が、曖昧なアナロジーの中で掻き消されてしまうように私には思われる。

ここでは充分に論じる余裕がないが、カントの「超越論的」の様態や自己疎外としての「崇高」といったトピックは、むしろロマン派よりも後代の、例えばボードレールのような世紀末デカダンスの理論家たちの視点に準えることができるだろう。ケネス・バークの次のような指摘は、ここまでのわれわれの議論にとって示唆的である。

いくつかの点においては、彼ら〔一九世紀末における「芸術のための芸術」の主張者たち〕は、科学や機械技術によって引き起こされた変革と歩みを合わせて道徳的コードを変更しようとしたのである（…）。ブルジョワ的公衆は彼らを受け入れなかったが、この点では、彼らはブルジョワの利益のために実際に働いたのだ。しかし別の点から見ると、彼らは先駆者（devanciers）などでは全然なく、今日のT・S・エリオットのように、ブルジョワ自身が不信をあらわしている古い諸基準の擁護者であった。ボードレールは古い道徳的規範の破戒者として非難されたが、実際のところ、新しい社会規範には反対している（…）。こうした芸術家たちは、次第に強まって行く経済的混乱の中で忘れられた、昔ながらの人文主義的な教養の擁護者に過ぎなかったのであり、ほとんどの場合、右のような区別は大した意味を持っていなかった。一般に彼らは、倫理学は美学の下位区分であるべきだというウォルター・ペイターの信条に同調している。芸術家は革新派であると同時に保守派だったのであり、倫理性について多くの変更すべき側面を指摘する一方では、過去の文化的諸価値の多くを擁護することに努め、それが同じぐらい必要であることを示した。こうしてエリオットのような革新派が、次のように述べることも見受けられることになる。「われわれが戦うのは、これから勝利を収めるであろう何かのためにであるよりは、現に生きて在るものを維持するためである」。[39]

これは一九三一年に刊行された、ケネス・バークの最初の批評集『カウンター・ステイトメント』からの引用である。彼の議論は、実は「目的なき目的性」（"Zweckmässigkeit ohne Zweck"）というカントによる「芸術」の定義に端を発しているが、この部分だけを見ると、エリオットへの言及などから単に〈保守派のラディカリズム〉、あるいは〈急進モダニストの保守主義〉のような文化的矛盾律を語っているだけと思われるかもしれない。だがバークは続けて、審美主義や芸術至上主義の立場は本来、非‐道徳的（*a*-moral）を理念とするものであるが、実際には不‐道徳（*im*-moral）なものとして現象し、一九世紀末の社会的現実に関与するほかなかったというレミ・ド・グールモンの意見を引用している。これは言い換えれば、世紀末の審美主義が道徳／倫理に関して自ら標榜するような超越的イロニーに座することができず、屈折した搦め手の立場、つまりは実際には社会悪（と見なされる存在）として現象しながら、危うい形でみずからのトポスを確保するほかなかったということだ。要するに、ボードレールの言葉がどんなに「イロニーク」に聞こえようと、それは実際には「ユムール」（超越論的）だとバークは語っているのである[40]。（バークがアイロニーを見出すのは、むしろシュペングラーのような人物の「歴史主義」である。）

5

本稿では、世紀末以降の理論家たちが問題としたシンボル、アレゴリー、アイロニーといった概念の詳細や、それらの含意について、これ以上の議論を展開する余裕はない。だが右のケネス・バークの引用に示されたような展望は、単なる時代的な隣接関係や文学史的通念に基づいて「カント〈と〉ワーズワース」を並置するよりは、はるかに同質的なパラダイムを表現しているように見える。また他方では、われわれはジョン・ダイアーのような、ロマン派の起源とも時に目される「ピクチャレスクネス」の詩人の内に、従来「ロマン派」的傾向とされているものとはまるで反対の、アレゴリカルないしメトニミックな反復的記号の横溢を見出したのだった。ロマン派的な想像力《イマジネーション》／構想力の真の起源は、まさしくこの過剰な言語的韜晦にこそ在るのであって、ワーズワース流の観照する主観に在るのではない——と、断言するには至らずとも、少なくともわれわれは、そのように目線を変えて見る必要性をこれまでの議論で充分に示してきたはずである。実際、主観が客観を発見するのではなく、客観こそが主観を構成するという哲学的テーゼをわれわれが受け入れるのなら、ワーズワース流の「観照的」主観といったものは、なんらロマン派的想像力の原因ではなく、むしろダイアー的表象がもたらした重層的結果のひとつ、高度に文化的な複合的観念と見なされるべきものかも知れないのである。

　最後にここまでの話を簡単に振り返ることで、今後展開されるべき議論へのステップとしておこう。本論ではカントを主にとりあげたが、崇高概念に関わる当時のもうひとつの重要なテキスト、若きエドマンド・バークの崇高論（一七五六年）は、ダイアーのような作品に対してはるかに親和的に働きうるものであった。すでに述べたように、崇高の経験をめぐる彼の説明は多分に生理学的なもので、まさしくダイアー風の効果をもたらす具体的指針でさえありうる[41]。また逆に言えば、ダイアー流の廃墟は詰まるところ「過剰さ」の表象であり、その過剰さは絵に描かれうるような観念としての崇高、つまり当時まだ産声をあげたばかりの美学理論が最初に示そうとしていたそれと、十全に一致するものであった。こうした廃墟詩が、造園術における廃墟（のレプリカ）の流行のような、当時の消費文化と明らかに連続的であること、またその詩において実現されている運動が、言語芸術に特有のものではなく、むしろ絵画その他の領域における表象のあり方と同じひとつのサーキュレーション内に在ることについてはすでに述べた。理論家ないし批判者としてのカントは、こうしたやや皮相な諸芸術の様相を（例えば造園術やダイアー的詩学におけるピクチャレスクな廃墟表象を）、彼自身が「崇高」と呼ぶことを欲した一種の認識論的臨界から完全に分離したのであり、第三批判（『判断力批判』）を一八世紀美学の総決算と銘打つのは、こうした意味において正しい。彼は生理学的ですらあるような芸術《アート》／技の実践的問題を、哲学的な新しいトピックへと置き換えてみせたのだから。また、われわれが文学史で第三批判を「ロマン派に影響を与えた」テクストとして学ぶとき、それはこの切断の後に成立した緩やかな連続性を――「カント〈と〉ワーズワース」などと表記することの妥当性を――曖昧なまま受け入れている、ということなのである。

しかし同時代の哲学的テキストに深く踏み込むならば、こうした文学史観を脅かすパースペクティブも容易に可能となることを、本稿は確認したのだった。最初に「崇高」という多様な概念について私が述べたのは、次の点である――つまり、①技術的に表現されるべき「観念」としての崇高（アレゴリカル）と、②こうしたテレオロジーをむしろ積極的に排除しようとする、反知性的な「合一」としてのそれ（ロマン派的シンボル）とを、区別するべきである、と。こうした理解においては、ダイアーのような人物は一般にロマン派の傾向とされているものからは分離されることになるだろう。だが、議論の後半部でわれわれは、同時代的にロマン派と並び置かれているカントの「崇高」に、③ガルゲンフモールや自己疎外といった言葉でモデル化されるような、非常に異なった傾向を見出した。これらのモデルにおいては、ロマン派のシンボリックな構造は、全体を主観性（個）へと包摂するアイロニーの構造にも準えられ、また、アイロニーの超越性は、アレゴリーやシネクドキーが持つ時間的因果性を「転倒」したものとして見いだされうる。言い換えるなら、③のような「崇高」の定義付け（自己疎外）からすれば、②は①のヴァリエーションにとどまるのであり、実際われわれは、カント的な「崇高」の概念が、むしろ世紀末の美学的議論における主体（芸術家）の立場として再現する可能性を示唆したのだった。

いずれにせよ、これらの問題、特に後半のトピックを論じるには稿をあらためる必要があるだろう。

注

(1)　"The Picturesque might almost be defined as the 'paintable idea,' and cannot, generally speaking, be called true painting, any more than so-called poetical ideas, or ideas which suggest poetry, can be called true poetry." Mario Praz, *The Romantic Agony*, 2nd ed., translated by Angus Davidson from the Italian *La carne, la morte e il diavolo nelle letteratura romantica*, 1930 (London: Oxford University Press, 1970), p. 22n.

(2)　ヴァルター・ベンヤミン『ドイツ悲劇の根源』、川村二郎・三城満禧訳、法政大学出版局、一九七五年。

(3)　ストウヘッドその他の風景庭園については次を参照せよ。高山宏「庭の畸型学——凸面鏡の中の「近代」の自画像」、『庭の綺想学』ありな書房、一九九五年、一四四–二一六頁。

(4)　エルンスト・カッシーラー『カントの生涯と学説』門脇卓爾・高橋昭二・浜田義文監訳、みすず書房、一九八六年、三四七頁。

(5)　Paul de Man, "The Rhetoric of Temporality," *Blindness and Insight: Essays in the Rhetoric of Contemporary*

Criticism (Minneapolis: University of Minnesota Press, 1971; 2nd ed., 1983).

(6) S. T. Coleridge, *The Statesman's Manual*, W. G. T. Shedd, ed. (New York: Harper and Brothers, 1875), pp. 437-38. なお "translucence" に関してはアンガス・フレッチャー、およびポール・ド・マンによる次の記述を見よ。Angus Fletcher, *Allegory: The Theory of A Symbolic Mode* (Ithaca: Cornell University Press, 1964), p. 16, n. 29; Paul de Man, *Blindness and Insight*, pp. 191-93.

(7) この論文についてはカッシーラーの記述に従った。現時点で英語版は存在しない。

(8) カッシーラー『カントの生涯と学説』、二九頁。

(9) ヴェルナー・ハイゼンベルク「自然の物理学的説明の歴史について」『自然科学的世界像』田村松平訳、みすず書房、一九七九年、三六頁。

(10) *Universal Natural History and Theory of the Heavens*, translated by W. Hastie from the German *Allgemeine Naturgeschichte und Theorie des Himmels*, 1755; introduction by Milton K. Munitz (Ann Arbor: University of Michigan Press, 1969). 邦訳：カント『宇宙論：天界の一般自然誌と理論』、荒木俊馬訳註、恒星社厚生閣、一九五二年。このテキストの歴史的な意味については、カッシーラー『カントの生涯と学説』、六〇-八一頁の記述が参考になる。なお、このあと一七五六年にはいわゆる『地震論』が書かれているが、これには一八世紀末になされた次の英訳本が存在する。*Four Neglected Essays by Immanuel Kant: John Richardson's 1798-99 translations, with "A Sketch of Kant's Life and Writings,"* edited and introduced by Stephen Palmquist, with an "Exhaustive Bibliography of English Translations" (Hong Kong: Philopsychy Press, 1994). 収録された四論文のうち最初のものがリスボンの震災を扱ったものだが、各論文タイトルは次の通り。I. History and Physiography of the Most Remarkable Cases of the Earthquake which towards the End of the year 1755 Shook a Great Part of the Earth (1756); II. On the Volcanos in the Moon (1785); III. Of the Injustice of Counterfeiting Books (1785); IV.

Something on the Influence of the Moon on the Weather Condition (1794). なおこの論集は編者である Stephen Palmquist によって Web 上で公開されている：http://www.hkbu.edu.hk/~ppp/ fne/toc.html)。

(11)　エルンスト・カッシーラー『一八世紀の精神』原好男訳、思索社、六八頁。

(12)　カッシーラー『カントの生涯と学説』、五一頁。

(13)　この表現はウィトゲンシュタインの後期哲学に関する以下の注釈に重要な形で現れたものである。ソール・A・クリプキ『ウィトゲンシュタインのパラドックス』黒崎宏訳、産業図書、一九八三年、一四三-四四頁。

(14)　Peter Frederick Strawson, *The Bounds of Sense: An Essay on Kant's Critique of Pure Reason* (London and New York: Routledge, 1989); Rüdiger Bubner, *Essays in Hermeneutics and Critical Theory*, translated by Eric Matthews (New York: Columbia University Press, 1988).

(15)　木村敏『時間と自己』中央公論社、一九八二年。

(16)　リューディガー・ブープナー「カント・超越論的論証・演繹の問題」（冨田恭彦、望月俊孝訳）（Rüdiger Bubner, "Kant, Transcendental Arguments and the Problem of Deduction," *The Review of Metaphysics* 28, 1974/5.）、ヘンリッヒ、アーペル、ローティ、他『超越論哲学と分析哲学――ドイツ哲学と英米哲学の対決と対話』竹市明弘篇、産業図書、一四一-一五頁。

(17)　花田清輝『アヴァンギャルド芸術』未来社、一九五四年。

(18)　いっそう簡潔な自己言及のメタファーとして、例えばかつて浅田彰が用いた「クラインの壷」を想起しても良い（『構造と力』勁草書房、一九八三年）。われわれの劇化された図式の利点は、キャンダス・ラングの瞠目すべきキルケゴール論『アイロニー／ヒューモア』（Candace D. Lang, *Irony/Humor: Critical Paradigms*. Baltimore and London: Johns Hopkins University Press, 1988）、また内容的にラングの本と大いに響き合う、フロイトのフモール観をめぐる柄谷行人のエッセイ（「ヒューモアとしての唯物論」、『ヒューモアとしての唯物論』筑摩書房、一九九三年）が示した「アイロニー／ヒューモア」という視点を、カント的な「超越的／超越論的」の概念装置といっそう容易にアナロジーで繋げうる点にある。

(19) Paul de Man, "Semiology and Rhetoric," *Allegories of Reading: Figurative Language in Rousseau, Nietzsche, Rilke, and Proust* (New Haven: Yale University Press, 1979), p.5.

(20) Frank Lentricchia, *After the New Criticism* (Chicago: University of Chicago Press, 1980), pp. 282-317.

(21) Paul de Man, *Aesthetic Ideology* (Minneapolis: University of Minnesota Press, 1996).

(22) 『純粋理性批判』B25 また『プロレゴメナ』A71では次のように言われる。「私の場合、〈超越論的〉という言葉は、われわれの認識が物に対して持っている関係を意味しているわけではなく、われわれの認識が認識能力に対して持っている関係を意味している」。なお、本論での引用はすべて岩波文庫版に基づいているが、James Creed Meredith その他の英訳をもとに小さな変更を加えたところもある。頁数の表記は慣例に従い、原著の頁数——場合によっては、初版〔A〕第二版〔B〕の別と共に——を表記することにとどめた。邦訳、英訳の別を問わず、カントのテキストは必ずこうした表記だけで参照できるようになっているからである。

(23) 高橋康也『エクスタシーの系譜』アポロン社、一九六六年。

(24) Mario Praz, "Petrarch in England," *The Flaming Heart: Essays on Crashow, Machiavelli, and Other Studies of the Relations between Italian and English Literature from Chaucer to T. S. Eliot* (New York: W. W. Norton and Company, Inc., 1958). もっともプラーツの主眼は、ジョン・ダンのような詩人と自然科学上の転換のあいだに積極的関連を認めることにあるわけではなく、関連性の示唆に留まっている。この点については、同書中の別のエッセイ（"Donne's Relation to the Poetry of His Time"）、特にpp. 194-95. の説明を参照のこと。

(25) Cleanth Brooks, *The Well Wrought Urn: Studies in the Structure of Poetry* (London: Dennis Dobson Ltd, 1947).

(26) Rosalie Littell Colie, *Paradoxia Epidemica: the Renaissance Tradition of Paradox* (Princeton: Princeton

University Press, 1966).（邦訳：ロザリー・コリー『パラドクシア・エピデミカ――ルネサンスにおけるパラドックスの伝統』〔高山宏セレクション〈異貌の人文学〉〕、高山宏訳、白水社、二〇一一年。）

(27) Milan Kundera, *The Art of the Novel*, translated by Linda Asher (New York: Harper and Row, 1988).

(28) *The One Possible Basis for a Demonstration of the Existence of God*, translated by John T. Goldthwait from the German *Der einzig mögliche Beweisgrund zu einer Demonstration des Daseins* Gottes, 1763 (Berkeley: University of California Press, 1960).『神の存在の証明根拠、其他』〔カント著作集一四巻〕、松尾義和・他訳、岩波書店、一九三五年。

(29) Laurence Goldstein, *Ruins and Empire: The Evolution of a Theme in Augustan and Romantic Literature* (Pittsburgh: University of Pittsburgh Press, 1977), pp. 34-35.

(30) 高山宏『カステロフィリア』作品社、一九九六年、一七三頁。

(31) 高山宏『庭の綺想学』ありな書房、一九九五年、一五八頁（図版キャプションより引用）。

(32) Wylie Sypher (ed.), *Enlightened England: An Anthology of English Literature from Dryden to Blake* (New York: W. W. Norton and Company, 1947; revised 1962), pp. 522-23.

(33) 『判断力批判』二〇八-〇九頁。

(34) 『判断力批判』一一八頁。

(35) Gilles Deleuze, *Kant's Critical Philosophy: The Doctrine of the Faculties*, translated by Hugh Tomlinson and Barbara Habberjam from the French *La Philosophie Critique de Kant*, 1963 (Minneapolis: University of Minnesota Press, 1983), p.68.

(36) 西田幾太郎『哲学概論』岩波書店、一九五三年、三〇頁。

(37) Walter Jackson Bate, *From Classic to Romantic: Premises of Taste in Eighteenth-Century England* (Cambridge: Harvard University Press, 1946); Meyer Howard Abrams, *The Mirror and the Lamp: Romantic Theory and the Critical Tradition* (New York: Oxford University Press, 1953).

(38) W. J. B. Owen and Jane Worthington Smyser (ed.), *The Prose Works of William Wordsworth* (Oxford: Clarendon Press, 1974), vol. 1, p.148.

(39) Kenneth Burke, “The Status of Art,” *Counter-Statement* (Berkeley: University of California Press, 1931; 2nd ed., 1953), pp. 67-68.

(40) ケネス・バークに関する最近のまとまった研究がこの問題を論じている。Robert Wess, *Kenneth Burke: Rhetoric, Subjectivity, Postmodernism* (New York: Cambridge University Press, 1996), pp. 39-54.

(41) また本稿ではまったく触れなかったが、ダイアーお好みの題材である「ローマの廃墟」が、一八世紀フランスにおいて典型的な革命の表象——すなわち倒されるべき旧体制——のアレゴリーであったことは想起されて良い。エドマンド・バークの初期テクストである崇高論のこうした含みと、後の反革命的な政治理論家としてのバークのテクストがどう関わるべきかというのは、大変興味深いテーマではあるが、本稿が扱いうる問題ではない。

II

フラグメンタ・リテラリア

サミュエル・ベケットと二人のデカルト

オーデンはあるエッセイの中で、人は実生活で希にディケンズやシェイクスピアから出てきたような人物に遭遇するが、カフカの小説のような人物に会うことはない――だが逆にカフカ的な経験をすることはあっても、自分の経験をシェイクスピア的、ディケンズ的と形容する機会はまずなかろうと述べている（"The I Without a Self"）[1]。ぞんざいなようでどこか文学の相異なる様相を明察しているように思えるこの比較は、同時にまた、そこに含まれた固有名が他の作家たちのそれとは多少異なることをも示唆せずにはおかない。われわれが「シェイクスピア的」人物と言おうが「カフカ的」体験と言おうが、彼らの名はそれぞれがすでに一個の強力な文学的メタファーであり、自然言語の歴史という多かれ少なかれ一様な海原に、蒼然と浮かび上がる島のような存在だ。

サミュエル・ベケット、あるいは単に「ベケット」という固有名もまた、そうした島のひとつだと言って良い（どちらかと言えば取りつく島のない、洋上に突如現れたモノリシックな物体めいているとしても）。先頃出版されたユニークな論集『ベケットを見る八つの方法――批評のボーダレス』[2]の冒頭を飾るクッツェーの講演もまた、この点、つまりわれわれが「ベケット的」とでも称するほかない一種 effanineffable な文学史上の特異なトポスを語ることからひもとかれている。理路整然とは言い難い、だが謎めいた示唆に富むこのもう一人の作家の逡巡は、次のような問いと共に開かれたままの扉を読者／聴衆に残してあっさりと幕を閉じる（とはいえこの半端な幕切れは、ベケットにまつわる本論集にいかにも相応しい始まりでもあるのだが）。「フランツ・カフカ、博士、プラハ、カレル大学創作科教授」という肩書きに、なぜ私たちはニヤリとするのだろう。「ソール・ベロウ、学士、シカゴ大学社会思想科教授」という肩書きなら普通に受け止めるのに」(34)。これはベケットがクッツェー自身と同じ、ケープタウン大学での教職に就き損ねたという逸話に触れつつ発せられた問いだ。ベロウとしてはとんだとばっちりだが、クッツェーが挙げた「カフカは“fit”しないから」という当面の答えにもかかわらず、事実はむしろ冒頭でも触れた、作家たちの占めるいわく言い難い場所の違いにこそあると言えそうである。「ベケットはどうだろう。サミュエル・バークレイ・ベケット、学士、修士、ケープタウン大学ロマンス諸語教授を思い浮かべて、ニヤリとすべきだろうか」(35)。多分、そうすべきだというのがクッツェー自身の答えなのだろう。だが、それを「ニヤリ」というフィギュールで表現しようがしまいが、ここで大事なことは、ベロウがいわばわれわれの知性の範囲内にある作家の一例と密かに目されているのに対し、カフカやベケットはどこかその彼岸、知性のむこう側に潜む作家であることを仄めかされているという点である。

　彼岸にあるということ。あるいはむしろベケットの作品が、われわれの悟性や知性をしばしばある種の限界ないし臨界へと追い立てる、圧倒的な出来事であるほかないということ。読み進めるにつれて読者は、この点こそがかなり多方向を向いたこの論叢を密かに貫く低音部だと気づかされることになる。いまさら実存主義の名の下でベケットを語ろうとする論者が本書中たとえ皆無であるとしても、この作家がわれわれの経験にもたらすモメントは、やはり依然として一種「実存的」なものだ。ベケットは、文学の歴史に豊穣な意味の横溢をもたらしはしない。だが彼は時に圧倒的な笑いを、また常なる新しい驚きをもたらす。彼が作品として差し出す具体的なコトバの集まりは、なんらかの物語であるよりはひとつの出来事であり、ロカンタンの見たマロニエやあの機械的動作の純然たる可笑しみ（ベルクソン）にも似た存在の亀裂であるとともに、時にはそうしたものの顕れを、ほとんど厳密な手続きを通じて純化させたものにすら見える。このような作品とは、ピーター・ブルックがしばしば好んで用いた表現で言えば、単なるもの（thing）であって、いかなる意味でもない（*The Empty Space*）(3)。だがそれゆえにこそ、このものはわれわれを意味の彼岸、悟性の限界へと否応なく追い立て、その束の間に読者や観客自身もまた絶対に当事者であるほかないような経験を与えてくれる。

作品とはまさにそれを経験する過程であるということが、ベケットほど完璧に当てはまる作家は少ないに違いない。興味深いことは、この作家にとっての書くことが、右のような読者ないし観客の側の体験と、多かれ少なかれ相同的なものとして常に想像され、かつ探求されうるということ――むしろそのように捉えることを欲する読者を、この作家が常に強く惹きつけてきたということだ。彼らが見るベケットは、混沌から世界を創り出すデミウルゴス的作者であるよりは、自らが産み出した世界を驚きをもって見つめる最初の読者ないし観客であり、またその世界の常なる改変を欲しているような何者かである。おそらく同じことは、この作家にとっては用いる自然言語のすべてが「外国語」であったと述べてもほぼ充分に表現されることになろう。ブリュノ・クレマンが引く、優れた文学作品はしばしば外国語めいているという主旨のプルーストの発言（119）は、同時にこの作家が自分のフランス語をまさにそのように捉えていたことを意味する。ベケットにとってもまた、「書く」とは自らが生み出したものを他から到来したもののように経験することであった。ベケット自身の書く営みと、彼の作品に魅入られた者たちの読む試み――クッツェーのパフォーマティヴな試みに始まる、この論叢を満たす互いに共鳴し合ういくつもの思考がまさにこれに当たる――は、こうした臨界においてこそ鮮烈な形で出遭うことになるだろう。そこではひとつの完結した、固定化されたコトバの集積体としての作品以上に、現に書かれつつある／読まれつつあるコトバへの絶え間のないアンガージュマンとしての（書き手ないし読み手自身の）経験が暗黙のうちに優先されている。例えばそれは、われわれが慣れない外国語の詩を鑑賞しようと必死になったり、言語的ゲシュタルトが怪しくなるまで自身の母語表現を吟味したりするときにふと体験する、あの奇妙な内的出来事に近いものかも知れない。クッツェーが自作の人物に語らせる英語への違和感(119)や、ベケットが『すべて倒れんとする者』のルーニー夫人に託した、自分の用いている言語がいつか理解不能となってしまうのではないかという恐怖（堀真理子論文を見よ）などは、多かれ少なかれ作家たちが体験した「書くこと」の危機的モメントを密かに表現したものであるだろう。だが他方で、まさにこうした畏れと戦慄《おののき》こそは、冒頭の譬えの繰り返しになるが、私たちが「ベケット」というモノリスを前にしばしば体験することだ。遅ればせながら、これがオーデンの言い草に倣って私が「ベケット的経験」とでも呼びたいものになる。彼のテクストこそが常なる外国語であり、ベケットの読者は、この臨界に立ち至るために繰り返し彼のコトバをひもとき、複数言語のあいだで絶え間なく自作を書き換え続けたというこの文学機械の経験、ないし実験に近接しようとする。あるいは「ベケット」とは、しばしば彼が何者で、何をしようとしていたのかを問うミステリーとしての文学だと述べても同じことかも知れない。

このように考えるとき、ベケットの執筆過程が「〈散逸してゆく言葉をかきとめる作者〉と〈全体統括する作者〉との対話」であったという指摘は、本書中もっとも検討されるべき至言のひとつとなろう（西村和泉論文、130）。なるほど、しばしば病理学的対象ともなりうるこの作家のスキゾフレニックな散逸性が確かに一方にあるとして、それを「統括」しているもう一人の作者の働きを、はたしてシャルル・ジュリエや西村の言う、一種ミクロメガス的な統覚と表現して事足れりとすべきなのかは議論を要するところだ。ヴォルテールがその哲学的コント《コント・フィロソフィーク》で表現した「シリウスびと」という俯瞰的視点ないし超越的視座そのものは、ある意味ではキルヒャーの『恍惚の旅』からスウィフトが蚤に託したあのマイクロスコーピックな宇宙的諧謔に至るまで、科学革命期前後に言葉の壁を越えて蔓延した常套的観念に過ぎないようにも思われる（むろん、だからこそこれは観念史的な大テーマであり、本書では井上善幸が「一八世紀とベケット」という、いかにもこちらの関心に繋がりそうな興味深いバイパス回路を示してくれている）。だがともかく、書き手としてのベケットの「能力」が、一方では湧き溢れる散逸的なコトバの具体性にあくまで固執しながら、他方では全体を統覚しこれを一作品へと収斂させるという、一種相反する働きどうしのヤヌス的均衡であったという理解の枠組みには大いに納得がいく。おそらくこの点については、むしろ西村自身が真っ先に引用しているイノック・ブレイターの言う二重性——「驚くべき受容力と、強いディシプリン（統御する力）」（130）——の方にこそ踏み込むべき先がありそうだ。つまりベケットに全体性へと至る「統覚」があるとすれば、それは目の前で紡ぎ出される小さなコトバたちの具体性にあくまで集注し、執着するところから逆説的に産み出されるものであった、とでもいうことになる。これは演出家がまさに演出のみを通じて、つまり役者の具体的な振る舞いや、発話のひとつひとつにその都度反応することで舞台全体の完成に至るといったプロセスに似ているかもしれない。あるいは個々の蟻のカオス的運動が蟻塚という緻密なシステムを作り出すがごとく、部分と全体の逆説的関係がここにあると述べても同じことだ。またこのような捉え方は、分割不能な小さきもの（この場合はコトバ、あるいはむしろ音素でも良いが）への固執こそが全体に開かれてあるというその基調において、どこかライプニッツの「モナド」の観念――互いに対して「窓を持たず」相互に独立してありながら、それぞれが全体を映し出すという――に大いに惹かれていたらしいこの作家の、密かな哲学的指向にもより相応しいものに感じられる（なお本書のクライマックスとも言うべき森尚也の論文は、まさにこの『モナドロジー』との関係においてベケットの「詩学形成」を読み解こうする試みだ）。

ライプニッツの名が出たついでというわけではないが、「デカルト」という固有名がベケットに与える糸口についても最後に触れておきたい。動物機械の概念と、モンテーニュ的な美しい魂《ボー・ゼスプリ》の対比に典型的に示されるような哲学史上の対立――あるいはむしろ、ジャック・デリダがそこから巧妙なやり方で紡ぎ出した〈獣〉という論争的なフロントライン――において語られる場合には、一人の哲学的リズールとしてのベケットは、なるほどある種の「反デカルト」的側面を申し分のない形で示しはする（シェイン・ウェーラー論文、他）。ところが他方でベケットはまた、なんらかの哲学的主張や立場においてではなく、まさにひとつの生き方を選んだ人間として、デカルト当人に比類無く近しい存在でもあるだろう。クッツェーも含め本書中何人かの論者は、「心身二元論」のようなデカルト当人とはある程度分離されてしかるべき近代哲学的フレームワークを、ほとんど自明の前提としてベケットに対峙させている。むろんこうした捉え方にも正当性はある。だが、例えばクッツェーがベケットに付与した「実存的故郷喪失」（“existential homelessness”）という表現などは――この講演の訳者であり、手堅い解説者でもある田尻芳樹も目ざとく切り取っている言葉だが（40）――同時に誰よりも一探求者としてのルネ・デカルトを、つまり一兵士として戦争の理不尽に平然と身を投げ出し、生涯を通じて遊歴の人であった彼、そして何よりも、常にもっとも単純なものから始めてより複雑なものへと至らねばならぬとするあの「方法」を開示した、いささか手短に過ぎる哲学的ビルドゥングスロマン（『方法序説』）の書き手としてのデカルトをもまた、大いに想起させるものなのである。

一七世紀のスコラティックな思考機械と「実存主義」の括りがどれほど無縁に見えようと、デカルトがみずからに課したメトードと生き方の関係は、やはり大いに実存的な契機を感じさせるものだ。思うに、デカルトにとっての“existential homelessness,”寄る辺なき実存として在ることとは、荒々しい戦いやさまざまな実人生の困難の中にありながら、常に例外なく自らに課した一種の哲学的吝嗇の規則――すべてを〈より単純なもの〉から始め、常に〈明晰かつ判明〉なもののみを受け入れるという――に従い、おのれの思考とコトバを律することを至高の目的として生きることであった。この一点、つまり人生の隅々に至るまで自らの方法の飽くなき探求者であったという点においてこそ、二十世紀の「ストイック・コメディアン」（ヒュー・ケナー）[4]たるベケットの生は、三百年前のもうひとつの生、すなわち一度《ひとたび》エデンを追い出され、不完全な存在となった人間が、ただ理性の力によって神の完全性にも似た新たな無謬性へと至りうると信じた、ユニークな一七世紀人の生と厳かに重なり合う。彼らはいずれも思いのほか世俗的な行動家であり、例えばデカルトが勇んで三十年戦争に赴いたように、ベケットはレジスタンスに深くコミットしている。若きベケットが詩「ホロスコープ」で揶揄した通り、一七世紀の哲学者はまったく奇妙な生活者であったが、他方で揶揄する作家自身もまた、パリのカフェで物乞いに請われるまま、神妙な面持ちで財布の入ったずっしりした上着を差し出すような、一種神秘的な道化とも言うべき人物であった[5]。私が言いたいことは、ある種の――彼らの、と実は言いたいわけだが――方法的探求としての生にあっては、人生のより実際的な側面で遭遇する出来事の数々は、その困難さの度合いに関わりなく、彼らの密かな探求に新たな糸口や道筋を与えてくれるかも知れない何らかの可能性、偶因《カウサ・オッカシオナリス》、実存主義的に言うところの小さな「賭け」の機会と、しばしば見なされ得たであろうということである。大小さまざまな事柄に彼らの生がふと深くアンガージュするとき、彼らは絶対的にそこに在りながら、同時にそこではない何処かにいる。現世において自己を消尽し、いわばいっそう空しく、いっそう貧しく在ろうとしながら、他方ではあまりに高速で回転しているがゆえに停止しているかと見紛う精密な独楽のごとく、もっぱらおのれ自身にのみ明らかな激しい運動に没頭し続けること。ルネ・デカルトの人生が、そうした運動であったことは疑いを得ない。他方のベケットにとっては、極端なまでに厳密なやり方で自らのコトバを絶え間なく選別し、それらの物質性と飽くことなく向かい合うような過程としての「書くこと」――それこそが、その密かなイェイツ的反面における激烈な生であった。

このように考えるとき、デカルトとベケットのあいだには、確かに心身二元論のようなあからさまな哲学的トピックを軸には語り得ない通底面がある。クッツェーが言うとおり、神は「私であるとはどんなことかけっして知ることができない」(he can never know what it is to be me ――田尻の翻訳および論文引用による)。それは神が無謬の普遍者であるということだ。他方、人が神の時計仕掛け（プログラム＝動物機械）であることを止め、理性という名の分離を得たとき、まさにクッツェーの言うわれらが「ゴドー、小さな神」(32) の奮闘が始まる。デカルトにとって言語こそがこの分離の烙印であり、なおかつ新たな完全性へと至る唯一の道筋であったという両義性を想起するとき、本書全体が無言のうちに描き出している、クッツェー、二匹の猿（カフカの「ペーター」およびケーラーの「サルタン」）、ベケット（とりわけ『言葉なき行為I』における）の四角形は、デカルト的《カルテジアン》な問題系よりは、むしろ被造物であるわれわれ人間が、創造者である神の不完全な模倣者としてであるという一種プロメテウス的なテーマすら表しているようだ。個々の考察の枠を超えた全体図《ゲシュタルト》——ケーラーないしゲーテ的な意味での——こそを読み解きたくなる、まさにシンポジウムの名に相応しい一冊がここにある。

注

(1) Auden, W. H. *The Dyer's Hand and Other Essays*. New York: Random House, 1962.

(2) 岡室美奈子・川島健編『ベケットを見る八つの方法——批評のボーダレス』水声社、二〇一三年。以下引用頁数は本書による。

(3) Brook, Peter. *The Empty Space*. London: MacGibbon & Kee, 1968; Harmondsworth: Penguin, 1972.

(4) Kenner, Hugh. *The Stoic Comedians: Flaubert, Joyce, and Beckett*. Berkeley: University of California Press, 1974.

(5) Knowlson, James. *Damned to Fame: The Life of Samuel Beckett*. New York: Simon & Schuster, 1996. p. 368.

照応と総合——〈土岐恒二の仕事〉への一視点

1

ブレイクとイェイツがともに依拠した伝統——それはウパニシャッドから仏教、プラトニズム、ユダヤのカバラ、ネオプラトニズム、錬金術等を貫いている「魔術的伝統」(Denis Saurat)、「主観的伝統」(F. A. C. Wilson) つまり近代西欧の合理思想と対立する、直観と照応の原理にもとづく想像力の伝統である。（土岐恒二「ウィリアム・ブレイクの想像力」一九七二年）

右は『特集：土岐恒二の仕事』〔*Metropolitan* 第II期第2号、メトロポリタン編集局、二〇一六年〕に収録した土岐論文の中でも、もっとも初期の著作にあたるブレイク論半ばの言葉である。こうした「まとめ」を少々取っつきにくく感じる読者もいるだろうし、デニス・ソーラット（ドゥニ・ソーラ）のいわゆる「魔術的伝統」——後にフランセス・イエイツの名と共にいっそう広く認知されるに至った——を、文学研究において依然周縁的なものと受け止める向きもあるかもしれない。だが引用末尾に示された「直感と照応」という概念は、むしろ狭義の文学という枠を越えた科学（知《シアンス》という原義におけるそれ）の歴史における最重要テーマのひとつであり、その後景には〈分析〉と〈総合〉という大いなる対立図式が広がっている。こちらは西洋の知性史そのものを貫く原理的バイナリズムとでも言うべきものであり、件の特集号の内容と響き合う例で言えば、ルネサンス研究者時代のマーシャル・マクルーハンが残した学位論文『古典三科《クラシカル・トリヴィウム》』や、最近ついに翻訳の出たエリザベス・シューエル『オルフェウスの声』（高山宏訳、白水社）でも議論の骨子を成す、文字通り最大級の思想史的テーマだと言って良い。そして右引用で詩人ブレイクの名に結びつけられた「直感と照応」の観念こそは、この大いなる対立図式において常に〈総合〉の側を――哲学的知性とはやや異なる形において――代表してきたものなのである(1)。

2

だが、そもそも〈総合（的であること）〉とはどのようなことだろうか？　また私自身がいま〈総合〉の知に連なるとし、右の引用では土岐恒二氏が「近代西欧の合理思想と対立する、直観と照応の原理にもとづく想像力の伝統」（傍点引用者）と極言しているものは、典型的にはどのような形で見出されるものなのか？

詩人の神秘的声音《こわね》がピンと来ないと嘆く散文的精神の持ち主たちのためにも、ここはひとつ好ましかるべきニュートラルな例として、「隠喩《メタファー》」というものの働きを取り上げてみよう（隠喩――まさしくボルヘスがみずからの一切の作品の定義としたものだ！）。記号論以降の一般的な捉え方、特に「メタファー／メトニミー」というそれ自体メタフォリカルな二値的概念装置のおかげで、メタファーのもっとも明示的な特徴はしばしば忘れ去られている。私の理解では、隠喩《メタファー》とは究極的には単なるコピュラ文、あるいは潜在的にコピュラ文であるような比喩表現であって、外形上、比喩としてのいかなる一般的特徴も持たない。

「彼女の瞳は黒曜石だ」。この比喩は完全なるメタファー、または単なるコピュラ文であるが、「さながら水に浮かぶ灰色の棺である」や「そなたの胸は海のよう」はそうではない——これらは、いずれも直喩《シミリー》である。両者の違いは疑う余地のないものであって、後者にはいま言われつつある当の表現が比喩であることを示すメタ言語、つまり「ような」「さながら」「as if」といった表現が含まれるが、前者はそうではない。これは外形上は僅かだが、論理的には決定的な違いである。くどいようだが、本来の修辞学的分類——むろんこの「本来」を定義する難しさは、ジェラール・ジュネットの『フィギュール』などにも示されている通りだが、この点はいまは置くとしよう——において、メタファーとは、それが比喩であることを示す情報を一切内包しない比喩表現の謂であり、むしろいかなる外形上の特徴も持たないことが、その際だった逆説的特徴ということになる(2)。

3

ところで真に驚くべきは、われわれがそのような単なるコピュラ文を、どういうわけか瞬時に比喩として理解できてしまうというありふれた事実のほうだ。右に示唆したメタファーとシミリーの「論理的な違い」が決定的に生じるようなケース、例えば iPhone に組み込まれた、Siri のような人工知能を設計するプロセスを想起してみよう。こうした場合、シミリーにある程度「適切」に応える、つまりチューリング・テストを局所的にであれパスするようなプログラムを構築することは、おそらく比較的容易なことであろうと想像できる（姑息な手だが、例えば直喩の指標に対して「なかなか面白い比喩ですね」などと常に感心させれば事は済む）。他方、単なるコピュラ文であるメタファーのウィットに対してコンピュータを適切に反応させるのは、人類にとってははるかに謎めいた挑戦となるに違いない。むろんある場合には、メタファーはコンテクストによって充分な枠組みを与えられている。「薔薇の花、おお純粋なる矛盾よ／数多くの瞼の下で／誰の眠りでもないことの逸楽よ」。これが詩人の墓碑に刻まれた言葉であるという事実の情報は、「眠り」が「死」を指すことをほぼ一意的に決定するし、「数多くの瞼」が「バラの花びら」と類比関係にあることもまた、諸々の概念下におけるコトバの集合をほとんど際限なくコンピュータに学習させれば充分に可能であるだろう。

　だがいずれにせよ、ここで重要なことは、こうした情報の集積がそのまま私たちがメタファーを解する〈知〉の根拠であるとは到底思われない、ということなのである。かつてスキナーの経験主義を批判した際、ノーム・チョムスキーは、子供は親から正誤を指摘されることで個別の言葉ないし表現の正しい用法を知り、その知識の累積が言語運用の能力へと成り代わるわけでは決してないということ――すなわち、むしろ子供たちは自分で耳にしたことのないような新たな語を、次々に新たな形で使用してしまうという事実を指摘したのだった。かくして、後者の謎めいた人間的能力の所在は言語器官（language organ）という言葉、ジョン・キーツ風に言えば、科学者たちに一時的な“negative capability”（知らずに事を済ます能力）を付与するような言葉ないし概念によって、その後半世紀にわたって名指されることになったわけである。

　いまこの「能力」の所在が、発見の間際まで来ているという人々もいるが、ともかくそれはまだ物理空間的には同定されていない。遺伝子コードのここ、あるいは脳のこの部分というようには〈それ〉は見つかっていない。他方で、いわば究極のスキナー主義者とでも言うべき〈分析〉能力の極致、すなわち現代のスーパー・コンピュータは、いまや囲碁の世界チャンピオンにも危なげなく勝利し、膨大なデータベースから自然言語の一般規則や適合的用法のなんたるかを探り当てるまでに至っている。だがそれでもなお、前言の繰り返しだが、ＩＢＭのワトソンがこうした「知識」を獲得するプロセスは、私たち人間がそれを獲得するプロセスと同じではなく、ゆえにまた、後者の知のプロセスは依然として〈分析〉的に解明されるに至っているとは言い難い。コンピュータは膨大なデータを累積し、そのデータの〈分析〉結果を次から次へと新たな一手へと繋げて行く――むろんそこには、分析の域を越えたある種の跳躍、量から質への転化とでも言うべき〈総合〉的なものの発露が常に期待されており、現にそれに近いものが観測されつつあると主張する向きもある。しかしながら、まずデータの累積と、然るべき後に分析があるという事柄の論理的順序が変わるわけではない。コンピュータによる、いかなる洗練されたメタファーの「解釈」についても同様である。

　他方でメタファーを捉える私たちの〈知〉の本質は、むしろ私たちが知らないはずのことをまさしく知っている、分かってしまうといった事実にこそ求められるように見える。しつこく繰り返すが、私たちは新奇で未知のメタファーの使用を、それがまさしく比喩であるという事実とともども、たちまち「了解」してしまう。しかも私たちは、自分がそのような用法について「未知」であったことをしばしばなによりも言祝ぐのである。（土岐先生のボルヘス論が、「ケニング」が与える喜びの本質――新しさ――について断じていることに注目せよ）(3)。詰まるところ、いささかパラドキシカルな言い回しになるが、人がメタファーを喜びとともに知るのは、彼がまさしくそれを知らないからであるようなのだ。

4

さて、多くの読者はすでにお分かりのことと思うが、マクルーハンやシューエルが〈総合〉と呼んでいるものは、かなり大雑把に言ってしまえば、まさしくこうしたブラック・ボックス的な人間の知のあり方にほかならない。かつてマイケル・ポランニーが「暗黙知」("tacit knowing")と呼んだものも同然であり、チョムスキーの「言語器官」が、一見まるで無関係なシューエルのテクストとまさしく照合する点もここにある[4]。もちろん〈総合〉的な知の謎めいたプロセスも、やがては科学的な〈分析〉によってなんらかのアルゴリズムとして取り出される可能性はあるに違いない——いや、一部の科学者のそのような絶対的確信は、むしろ一切がひとつの知でなければならないという、シューエルのいささか神がかった詩的ヴィジョナリーの確信を支えるものであれ、決して否定するものではないように見える。

だがともかく、一般に現代にあっては、この〈総合〉の知というのはいかにも旗色が悪い——そうマクルーハンやシューエルは嘆くのだ。グーテンベルクの大宇宙や「メディア」なるものについて論じるはるか以前、ルネサンス研究の一学徒であった若きマーシャル・マクルーハンは、エリザベス朝の詩人トマス・ナッシュを論じると称しながら、実のところこの風刺家の背景にあった「古典三科《クラシカル・トリウィウム》」(文法、修辞学、弁証論(論理学))という教養の問題こそを重視し、とりわけても修辞学《アルス・レトリカ》の復権を強く主張するに至った。他方で自然史(博物学 natural history)という、今日ではほぼ消失したと言って良い知の古代大陸《アトランティス》の復権を唱え、科学と詩は本質的に「同じ」でなければならないと再三主張したエリザベス・シューエルは、その論をひもとくに当たり、まず一九二〇年代のゲシュタルト心理学という、現代科学史における一種あだ花とでも言うべき知／科学の発露を、あのゲーテの名とともに取り上げることから始めている（『オルフェウスの声』高山宏訳）。この辺りは、特に詩作品の精緻極まりない言語分析と、圧倒的に大きな文化史観とを二つながら備えた彼女の議論に不慣れな一般の知的読者にとっては、その本意を知る大きな手がかりとなるに違いない。ニュートン光学に対して『色彩論』をものしたゲーテは、一八世紀にすでに確たるものとなっていた〈分析〉優勢の科学的風土に対して、いわば人間の〈総合〉的感覚ともいうべき「ゲシュタルト」の優位を主張した最初の人物の一人であった。ハイゼンベルクはある講演の中で、「（『色彩論』は）感覚的印象の〔与える〕直接的な真理を、科学の攻撃に対抗して救助せんとする試み」であったとするヘルムホルツのゲーテ評を引きながら、シューエルと同じく、分析的・数理的手法がもたらした現代科学の過度に細分化された地図の危うさに触れつつ、ゲーテの危惧が今日見てなお意義深いものであったという点を強調している（ハイゼンベルク「現代物理学に照らして見たゲーテの色彩論とニュートンの色彩論」、『自然科学的世界像』田村松平訳、みすず書房）。むろんシューエルやマクルーハンがいずれも熱心なカソリック教徒であり、〈総合〉こそは知のあるべき姿とするその主張の根本に、どこか宗教的な確信が見え隠れするということも確かだ。この辺りの、特にマクルーハンの背後にある事情については、彼がかつて三十以上もの論文や専門的エッセイを投稿していた『ルネサンス』誌のマクルーハン特集（*REN* 64.1, Fall 2011）、また比較的最近邦訳が刊行されたマクルーハンの遺稿『メディアの法則』――原題はヴィーコに由来する『新しい（科）学《ニュー・サイエンス》』――に寄せられた、この現代思想史のフェリックス・クルルとでも呼ぶべき毀誉褒貶相半ばする導師《グル》を知る上でいまや本邦必読の解題、高山宏「〈カトリック・パラノイア〉の二一世紀への遺言」にいかにも明らかである。だがこの小さな省察では、次に示すような彼らの主張の骨子にのみ光を当てておくことにしたい。

なにより重要なのは、彼らが〈総合〉的であることを、私たちが人間であること（humanity）と不可分な何かとして常に捉えようとしていたことだ。未知なメタファーをたちまちそれと覚えること──私がここで仮に〈総合〉的な知の一典型として引いた、この小さな、本当に小さな例は、人が人であるためのコモンセンス、ないしボンサンスのありふれた指標でもある。仮に私がこれをまるで解さない者であるとすれば（「彼女の瞳が黒曜石ですって──目をどうされたんです？」）、私はユーモアを欠いた存在という以上に、単に統合失調症の患者と見なされることだろう。先のハイゼンベルクは件のゲーテ評において、この世界が「われわれの自然科学的知識の途方もない拡大によって、そうしてまた、どんな富とも同じように、一部は贈り物として、一部は呪詛としてわれわれにあたえられている技術的可能性の豊富さによって」不断に変化を被っていると指摘した。本稿が〈分析〉と〈総合〉の分離と冒頭に断じたものは、まさしくそのような「変化」が人間の知にもたらした最大の二元的対立《ダイカトミー》であり、ようやく冒頭のブレイクにここで戻れば、この人物こそは、分析と総合のダイカトミーにおいていささか「勝ちっ放し」の気味のある〈分析〉的な知の趨勢──すなわち近代科学──に、独り反旗を翻した孤高の（敵対者にとってはいささか狂気めいた）詩人であったわけである。

5

土岐恒二氏が「ブレイクの複合芸術（composite art）」を語るとき、この表現に含意されているのが、あくまでも右に示してきたような〈総合〉であること──いわば近代的テクネーによって次々に分解されていったものの「再統合」を意味しているという点は、充分に想起されなければならない。周知のごとく、マクルーハンはばらばらに切り離された凸版文字型、すなわち「活字《ムーバブル・タイプ》」の意味するところを論じた大冊を出世作とし、その中であろうことか、人類は表音文字《アルファベット》を発明したがゆえに精神分裂病（統合失調症）という新たな病を患うことになった可能性があると断じている。本職の精神科医が目をむきそうな、いかにも彼らしいこの「トンデモ」説は、医学的根拠がまるでないにも関わらず、どこか途方もない説得力を秘めている。そして、このマクルーハンもまたしばしばその詩行を引用することを好んだブレイクこそは、まさしく近代以降、いわば文字通りバラバラになった文字をふたたび人間の手許へとかき集め、さながら中世やルネサンス期の画工のように、独り木版や銅版に向かって鏡文字の詩行を掘り、これと響き合う絵をひたすら描き続けた人物であった。むろんこれほど突出した天賦の才が、そう彼方此方に転がっているものでもない。だが、例えばマクルーハンがアルファベットよりも漢字がより〈総合〉的であると主張してみたり、エズラ・パウンドがハイモダニズムの絶頂にあって漢詩（漢字）に辿り着いたりしていたのは、右の「総合芸術」家の徹底的な実践ぶりには及ばないにせよ、やはり彼らなりの〈総合〉的なものへの近接、ないし跳躍であったと考えられるのである。

　土岐先生はあまりものを書かない人、しかも常に少なく書くレティサンスの人であった。だが彼が共鳴していたのは、常にこの〈総合〉的なものの雄大な拡がりであったと感じられる。この『土岐恒二の仕事』を組み上げるべく新旧さまざまなエッセイをひもとく中、特に「伝統」をめぐる断章で日本庭園とひとつになって佇む若き氏の姿を認めたとき、筆者はこの物静かな学究の内にもヴィジョナリーの焔《ほむら》が宿っていることを覚った(5)。あるいはゲーテが「ゲシュタルト」と呼んだものが、この精読者にとっては「ブレイク」の複合芸術であり、あるいは「パウンド」が英詩と漢詩のあいだに見出したテクストの可能な広がりであったと言っても良い。いずれにせよ、密かに携えた〈総合〉の精神なくして、一行、二行という言葉に延々と拘る詩の注釈的読解者であると同時に、あのコルタサルやフォークナー、あるいはムヒカ＝ライネスといった、いかにも広大な小説的宇宙の翻訳者──複数言語にまたがる正確な語《モ・ジュスト》の探求者であるとともに散策者──でもあるというのは、ほとんど不可能なことであろうと私には思われるのである。

注

(1) やや無味乾燥な哲学的文脈で準えれば、この二項関係は例えばニクラス・ルーマンが指摘する分析哲学における〈分析的／総合的〉、あるいは観念論におけるそのヴァリアントである〈経験的／超越論的〔先験的〕〉のバイナリー・コードに対応すると解しても良い。一九世紀の詩的ヴィジョナリーと、現代の数理社会学者の名をこうして並べ置くのは多少奇妙に聞こえるかも知れないが、ここはむしろ〈分析〉と〈総合〉の奏でる思想史のフーガが、かくも雄大なものだと見るのが正しい。事実、これはほとんどの思想上の争点を大まかに包摂する「普遍」論争であって、遡及的に見れば古くからのいわゆる普遍論争、すなわち実在が先か、唯名論的な契機が先かというあの選言的対立もまた、その一形式として見出されることになる。

つまりこれは、ある意味では非常にありふれた思考の「形」の二つのタイプにかかわるものだ。例えば私たちは、時に右と同じ古典的問題を、小林秀雄の言う「花の美しさ」があるのか、はたまた「美しい花」があるだけなのかという美学的アイデアリズムの問いとして経験し、あるいは幾何学におけるいささかネオ・プラトニズム（流出説）的な問い、つまりさまざまな図像として実際に知覚される特殊な三角形という現象と、これを越えた理念としての――厳密には不可知な――三角形なるものの関係として見出す。この際だから、このシーソーの両端をいっそ帰納と演繹、特殊と普遍、個と全などと、もっと雑ぱくに次々パラフレーズしてしまってもよい。哲学研究者が眉をひそめるのを承知の上で包摂的に「まとめ」てしまえば、〈分析〉と〈総合〉とは、人間の知の働くあらゆる場面において存在する認識の二形式を表しており、ここにおける人間の問いとは、いったい何から何までが真の意味で実在的なのか――いっそうエピステモロジカルに言い換えれば、どこまでが人間が認識することを許されたものなのか、という問いにほかならない。

(2)　少なくとも、著者はこのコピュラ的性格がメタファーの最大公約数的な定義と成りうることを疑わない。ゆえにまた、さまざまな修辞法の分類においてもっとも明確な二項対立を成してしているのは、コピュラとそれにあらざるもの、すなわちメタファーとシミリーであって、メタファーとメトニミーではないと考える。なお、このような定義からすれば大抵の文学研究者はメタファーに最低限の理論的外延を与えることすら怠っており、実際彼らの多くは“as if”や“as though”の存在などほとんど気にかけていないように見える。少々驚くべきことだが、例えばポール・ド・マンのような注意深い人物でさえ、多くの比喩表現を単にメタファーないしメタフォールと呼称して憚らないほどなのだ。もっともド・マンは、広く知られるように「メタファーとメトニミー」という記号論的バイナリズムそれ自体を明確に批判の対象としており、端的には、それをロマン派のバイナリー・コードである「シンボルとアレゴリー」の一変種と見なしている。つまり記号論的なパラダイムとロマン派のそれとが、どれほど意味論的ないしイデオロギー的に対立して見えるとしても、記号論における（メタファー／メトニミーという）二値的装置の配置ないし枠組みそれ自体は、実際には完全にロマン派的な二項関係（シンボル／アレゴリー）と同じ形において機能し、密かな価値付けを行使している――大体以上が、私の理解する“The Rhetoric of Temporality”の、少々単純ではあるが、おそらくあまり過不足のない要約ということになる。

また特に「メタファー／メトニミー」が、記号論的コンテクストでしばしばほとんど自明のもののように二項対立的に捉えられている点については、例えば意味論の分野ではこれとはまったく異なり、「メタファー」と「メトニミー」がほとんど同じ意味で用いられるという事実を指摘しておいても良いだろう。なお記号論的議論のいわば「ご本尊」であるロマン・ヤコブソン自身は、みずから導入したこの「メタファー／メトニミー」という見立てそのものが比喩であることを百も承知しており、だからこそ、両者の関係をコノータティヴ（内包的）とデノータティヴ（外延的）という古典論理の対比関係に準えるという「戯れ」もまたそこかしこで行なっているわけである。ちなみにこの「内包的／外延的」という概念区分は、今日の数学や論理学で言えばそれぞれ inclusive と exclusive と言うべきものに該当し――例えば1から10の整数に含まれるすべての偶数を数式で示すのが前者、すべてを列挙するのが後者である――、ヤコブソンによるこうした古典的学術用語の一種ヒューマラスな使用を、どういうわけか「真に受け」てしまったのがロラン・バルト、とりわけ彼の著作中もっともよく読まれ、かつもっとも退屈な（「戯れ」を忘れた）『記号学の原理』ということになる。良くも悪くも実に簡易にまとまったこの本のおかげで、あの恐ろしくスタティックな「隠喩的」対「換喩的」、「パラディグマティック」対「シンタグマティック」といった二値的パラフレーズが延々と紡ぎ出されることになるわけだ。

だがもちろん、繰り返しになるが、まさにこのような装置自体がロマン派的パラダイムの一変形、ないし再発明に過ぎないというのが、ド・マンの狂おしいまでに精緻な〈分析〉の辿り着いた結論なのである。彼はパスカルの有名な言葉、つまりあまりにゆっくり読みすぎる者も、速く読み過ぎる者もなにも理解し得ないという警句を『読むことのアレゴリー』の扉で引いているが、心情的にはイェイツのロマン派的エソテリシズムにも寄り添っていたはずのこの精読者は、やはり学問的手法としては、いささか「ゆっくり読み過ぎる」〈分析〉家の明察によってその批評的極致に辿り着いたように筆者は思う。

(3)　土岐恒二「明晰な錯綜――ボルヘスの虚構の構造」、『特集：土岐恒二の仕事』（*Metropolitain* 第Ⅱ期第2号）メトロポリタン編集局、二〇一六年、五一–六六頁。

(4) ちなみにシューエル『オルフェウスの声』の訳者は、「彼女（シューエル）の言うゲシュタルトって、要するにチョムスキーの〈言語器官〉ですよね」という筆者の「感想」に、「いや君、タルムードだよ」と応えたものだ！

(5) 土岐恒二「「伝統」をめぐる断章」、『特集：土岐恒二の仕事』（*Metropolitain* 第Ⅱ期第2号）メトロポリタン編集局、二〇一六年、三一–四三頁。

アメリカン・ナルシスの相貌

1　誤りの鏡像

ナルシシズムの概念のおかげでかえって忘れられがちなナルシス神話の要点のひとつは、ナルシス（ナルキッソス）は決して自分に恋をするわけではない、ということだ。彼は水面に映った自身の姿を他の誰かと勘違いし、その「誰か」に恋をしてしまう――つまり彼の誤った愛は、何よりも自己の延長を自己以外の何かと錯覚することに基づいており、この構図はナルシスの名が「ギリシア語の *narcosis* つまり感覚麻痺に由来する」（マクルーハン、四三）ことを知るとき、一層鮮やかなものとなる。

自己を自己ならざるものとして幻視するナルシスは、ある意味では自己ならざるもの（＝失われた身体）を依然自己として見出してしまう幻肢症の患者の場合に似ている。これはマクルーハンが好んで語ったアナロジーだが、神話的ないし病理的なこれらのイメージは、いずれも異なる方向から同じひとつの事態を鮮やかに表現しているだろう。それは「自己でないはずのものが自己である」、あるいは「自己であるはずのものが自己ではない」といった、自己をめぐる究極のパラドックスにほかならない。

このように見るとき、ナルシスは自身の美貌に酔う自己陶酔的《ナーサシスティック》な少年であるよりは、むしろ解消しがたい自己矛盾を来した意識そのものの隠喩として浮かんでくる。柴田元幸の『アメリカン・ナルシス』

が起点とするのも、まさにこうしたナルシス像だ。とりわけ柴田はナルシスがオウィディウスの『変身譚』のように水仙へと変容するのではなく、最後に水面に飛び込む——つまり死を賭して鏡像とひとつになることを選ぶ——異文のほうに着目する。自身のあるべき姿を実現するために自身を破壊するという、このいかにも自己撞着的な身振りには、なるほどこの神話の寓意がもっとも鮮やかに示されているとも言えるだろう。

柴田の本意は、鏡像の誤りとでも言うべきこうした自意識のパラドックスを、アメリカ文学の典型的パタンとして示すことにある。そこでまず取り上げられるのが、一九世紀アメリカ文学を代表するとも言うべきメルヴィル『白鯨』の世界だ。小説の冒頭、ナルシスが「水面に飛び込む」者として言及されていることを著者は目敏く指摘するが、これはむろん、語り手イシュメイルが主人公エイハブの運命を仄めかした部分に当たる。怪物と戦う者は自ら怪物とならぬよう心せよ、とはニーチェの警句だが、柴田の解釈でも、白鯨という怪物は主人公自身の密かな鏡像にほかならない。この宿敵を追うとき、エイハブが真に求めているのはおのれ自身であり、白鯨の破壊こそが自らの生の目的だと念じるとき、エイハブは自らそうとは知らぬ自分自身の破滅の探求者となる。柴田はまた、彼の食い千切られた片脚と、そこに嵌められた義足こそは「死すべき存在としての自己自身への違和」（一八）の表現であると語るのだが、筆者としては先のマクルーハンの幻肢、ないしプロテーゼの概念とともに、それが幽冥の境のごとく、此岸と彼岸、生と死、己と他との〈あいだ〉をトポロジカルに反転し続けるナルシス的ピボットである、と付け加えたいところだ。ともかくエイハブが闘いの末に大渦に呑みこまれて行くとき、もうひとつのナルシス＝自己意識の物語が完成する、と柴田は断ずる（二二）。

2　トムとハックの対位法／ヨーロッパの影

誤った自分探しとでも極言すべきこの主題は、さらにポーやトウェイン、またミルハウザーのような現代作家をも網羅しながら多様に変奏されて行く。どうやら柴田の描く登場人物《ナルシス》たちは、見つかるはずのない自己や他者を追い求めて止まず、なおかつ彷徨い歩いたその果てには、それらに永遠に到達できないという不遇そのものに少々入り組んだ自己同一化を試みているかのようだ。お馴染みの『ハックルベリー・フィンの冒険』にしても、問題となるのはやはり「自己」という虚しい鏡像である。ハック・フィンの冒険と銘打ちながら、ハックは別の誰かになりすましてばかりいるという指摘はまさに至言だが、柴田はまた、トムが現実をねじ曲げてでも周囲を自身のファンタシーに適合させようとする少々強引な自己を持つのに対し、ハックは周囲から求められる役割を演じるほどに自己を虚しくして行く、と両者を対比してみせる。ここから自ずとハックのトムに対する両義的態度も生じるとされ、ハックの冒険とは、結局「ハックがトムに近づくことによってはじめて「冒険」になる」ような物語にほかならない、とも明察される。

だがさらに重要なのは、二人の自己の対照性を通じて語られた次のようなアメリカ像だろう。「ハックはトムを正のそして負の規範とするが、トム自身の規範はたとえば騎士道物語のようにつねにヨーロッパ的なものである（…）。ハックがトムに対して示す二局的な反応は、つきつめてみれば、ヨーロッパに対する両義的な姿勢にほかならない。（…）アメリカ人もまた、アメリカ人であるために、正の形であれ負の形であれヨーロッパという規範を必要としてきた。たとえば自由の国アメリカというイメージは、不自由の地ヨーロッパという考えを前提にしている。ハックとハックが抱え込んだ他者の影は、新大陸と旧大陸の隠喩なのだ」（傍点吉田、六三）。

ここでの力点はハックに置かれているが、二人はアメリカ的心性の二面をそれぞれ表していると言って良い。空虚な自己を満たすためトムを規範とせざるを得ないハックに対し、トムが「ヨーロッパ的なもの」（なかんずくドン・キホーテ的な騎士道）を規範とするという指摘には、同じトウェインによる『ミシシッピ河上の生活』草稿――『ハムレット』の馬鹿げたパロディを、そうとは知らずに有り難がるアメリカ人の戯画――をめぐる柴田自身の次の注釈が添えられるべきだろう。「このようにヨーロッパのものなら何でも「本物」として有り難がる傾向の裏には、自分たちはヨーロッパ人の夢想が生んだ影にすぎないのではないかという、ほとんど存在論的な不安がひそんでいるのではないだろうか」（九四）。

柴田はこうした不安を類型的に示しているわけではないが、括弧付きの〈ヨーロッパ〉を理想とするこのトム的アメリカ人にしても、ハックとは違った形でナルシスの一形態を示していることは間違いない。この「存在論的な不安」に似た嘆きは、例えばモダニズム華やかなりし一九二〇年代、「本物」の文化を求めてヨーロッパを流浪した失われた世代《ロスト・ジェネレーション》と呼ばれるアメリカの青年作家たちにも当てはまる。カウリーの良く知られる二〇年代録『移郷者《イグザイル》の帰還』（邦訳『ロスト・ジェネレーション』みすず書房）[1]が活写したこれらの若者たちは、自らの故郷を俗悪なる文化的辺境として嫌悪し、いわば自主的亡命者となるのだが、結果的には彼の地で〈アメリカ〉文化の力――むろんその新たな資本力と無縁ではない――を知るに至り故郷へと「還って」くる。もっとも、ヨーロッパという「鏡」を通して見たそれも結局ひとつの幻想でしかなかった、とカウリーは語るわけだが、いずれにせよ、こうした嘆きは建国の昔から繰り返しアメリカ人を捕らえてきた不安であったと言えるかもしれない。

　こうした歴史的背景は柴田の本でも当然語られており、アメリカン・ナルシスをめぐるその物語は、そもそもの建国以前、新大陸という観念自体に秘められた矛盾にも触れることになる。コロンブスがアメリカを発見したとはよく言われるが、実はコロンブス自身は自分の発見した地が新大陸であることを決して認めようとはしなかった。『他者の記号学』でトドロフが論じたように、ヨーロッパ人はこの大陸が真の他なるものであることを受け入れられず、あくまで既存のヨーロッパ的意味（主としてキリスト教的な）に準じてこの大陸を「解釈」しようとしたのである。「その歴史を通じてアメリカは、常にアメリカではない何ものか（…）と間違えられ、その本当の姿が現れると今度はインチキだと責められてきた」（八八）というJ・M・エヴァンズの評価を引いた上で、柴田はこう続ける。「ヨーロッパがアメリカに対し注ぐまなざしは、はじめから「物語」が先行していたのであり、「物語」と「現実」のずれが否定しがたくなったときには、「現実」が迷わず切り捨てられるか、「物語」が渋々「現実」に譲歩するかのいずれかだったのである。アメリカとはなによりもまず、ヨーロッパのまなざしの産物であった」（八九）。

3　アメリカン・ナルシス／ナルシシズムの遠近法

　ここでもう一冊、やはりナルシス／ナルシシズムの概念の下にアメリカを捉えた好著、クリストファー・ラッシュ『ナルシシズムの文化』を繙き、二冊の交叉点からより広い展望を求めてみよう。一般的文化論であり一種の社会史でもあるラッシュの本は、むろん大きく異なった前提に立つ。こちらは明らかに病理的なナルシシズムの概念、なかんずくメラニー・クライン的なそれに依拠しており、対して柴田の本は、先に私が鏡像の誤りと述べた、恐らくは文学的常套《トポス》とでも定義できそうな「自己をめぐる矛盾」という枠組みから出発している。双方の〈アメリカ〉に違いが生じるのは当然だろう。だがそれにも関わらず、両者は結局、アメリカを観察する際に相互補完的となるような二視点として絡み合ってくる。

簡単に言えば、柴田がナルシスという言葉を通じて透視しようとしているのは、実は多くの場合、ラッシュがむしろ〈ナルシシズム以前〉とみなしているようなある種の精神のタイプなのだ。むろん柴田にしてもラッシュにしても、ナルシス／ナルシシズムの概念によって、単なるヘドニズム的な自己愛とはまるで違った自己との葛藤を意味しているのは当然である。しかしラッシュの考える現代アメリカの葛藤は、柴田の論じる建国、いや植民以来のモダンな葛藤が、もはや通じないような世界で起こりつつある何かだと言ったほうが良い。

＊

この点を理解するために、まず柴田の描いたモダンな葛藤を改めて整理してみよう。建国から現在までを広くナルシスの名の下で捉えるその視点は、当然多様な要素を含む。アメリカン・ナルシスの住処は、ある場合にはメルヴィルの観念的世界に見出されるが、またある場合にはフランクリン的徳目に身を捧げ、常に自己を改造しようと勤しむ「セルフメイド・マン」の理念に求められる。そこには一見エイハブとは懸け離れた俗世間のナルシス、つまり立身出世小説で人気を博したホレーショ・アルジャーの主人公もいれば、そのはるかに洗練された文学的変種とでも言うべき、『偉大なるギャッツビー』のジミー・ギャッツもまた含まれるだろう。

ちなみに柴田も詳しく語るこのジミー・ギャッツ、改めジェイ・ギャッツビーこそは、こうした自己改造を虚しく目指した若者の代表格であって、その死後、彼の持ち物だった本の裏表紙にいささかフランクリン的な「〇〇すべし」方式の徳目リストが残されていたことは、映画『華麗なるギャッツビー』のラストシーンでご記憶の読者も多いだろう。柴田はさらに「自己を掌握し制御し改変しようとする姿勢は、アメリカにあってはしばしば世界を掌握し制御し改変しようとする姿勢につながる」（一〇三）とも述べ、その典型としてトマス・サトペン――南部の農園を自己の延長として拡大し続けるフォークナーの登場人物――を例に挙げるが、なるほどこれは究極とも言える例のひとつに違いない。アメリカン・ナルシスの像は、このサトペンと共に、セルフ＝メイキングというよりは自己創造とでも呼ぶほかないような尊大な欲望として再浮上し、このあたりで柴田の批評的周遊は、冒頭で論じられたエイハブの崇高な自己探求へとぐるりと円を描きながら戻ってくる。個別的作家論の緩やかな連鎖は、こうしてアメリカン・ナルシスという、朧気ながらも大いなる眺めを読者に気づかせることになるだろう。

＊

見方によってはまったく別個に論じうるこれらの要素は、それでもやはり、柴田が見るようにある程度まで同じ一つの性格を持つものと私は考える。私の理解では、その性格は虚ろなる自己を見つめる「ナルシス」のそれである以前に、まずもってR・W・B・ルイスがかつて『アメリカン・アダム』(2)で追求した「ニュー・マン」というクレーヴクール的観念に関連したものだ（クレーヴクールには柴田も言及している）。クレーヴクールとはフランスからの入植者で、一八世紀の新大陸を代表する文筆家の一人だが、彼は旧世界《ヨーロッパ》のしがらみを断ち切ったいわばまっさらな板《タブラ・ラサ》としての植民者たちを、そのものずばり「新しい人《ニュー・マン》」と表現したわけである。この概念はむろんキリスト教的な意味を含むが、白紙の国、あるいは虚ろなる国として出発したアメリカが、決して答えのない自己探し（転じて他者探し）という強迫的迷宮を自らの文学としたというそのアンダートーンにおいて、柴田の奏でる『アメリカン・ナルシス』は、ルイス『アメリカン・アダム』の変奏と呼ばれるべき面を大いに含んでいるだろう。

また先にモダンな葛藤という言い方をした通り、柴田の言う「ナルシス」はルイスの言う「アダム」と同じく、やはり典型的には一九世紀、新しくは二十世紀前半ぐらいまでに良く適合する概念という印象を受ける。このことは、おそらく終章「ナルシスその後」で紹介された、柴田自身と『象徴主義とアメリカ文学』[3]の著者チャールズ・ファイデルスンとの会話に深く関連するだろう。ファイデルスンが「メルヴィルは自分のことを最後まで分からなかった人間だと思う」と述べたのに対し、柴田がそれは現代作家に見られるある種の思いと同じだろうか、と尋ねたところ――柴田はバース『旅路の果て』などが念頭にあったという――その答えはこうであった。「いまの作家にとって、そういう思いは観念《アイディア》にすぎない。メルヴィルやホーソーンは、自分は誰なのか、本当に苦しんだんだ」（二一四、傍点柴田）。

ファイデルスンがごく直感的な言い方で述べた、一九世紀と二十世紀以降の自己探求をめぐるこの差違は、私見によれば、これよりはるか以前、例えば中世から一般に「モダン」と呼ばれる一七世紀半ば以降の時代に移行する際に生じた、宗教的ないし道徳的な表象の変化《パラダイム・シフト》と類比して考えると分かり易いように思う。中世キリスト教世界には一般に「モラリティー・プレイ」として知られる宗教劇が存在しており、そこでは善や悪そのものが登場人物として人格化されている。これはつまり、そのような倫理的意味から分離した「役者」が存在しないということで、別様に言えば、イコノロジー的世界ではマリア像が神聖さを表しているのではなく、それ自体神聖なものであるのと同様である。ところがモダンな世界で勧善懲悪の劇を楽しむ観客にとって、舞台上の善玉や悪玉は道徳的意味の代理記号に過ぎず、人々はそれを演じる役者が別の存在であることを知っている（だからこそ、例えば歌舞伎の大向うの掛け声も成立するわけだ）。両者の世界を別つのは、つまりは意味と記号のあいだの距離の有無であって、これは同時に観る側の意味作用そのものに対するデタッチメント＝距離感の違いでもあるだろう。

メルヴィルと同時代の作家たちが、現代の作家とは違って「本当に」自己探しに苦悩していたとファイデルスンが述べるとき、たぶん彼の念頭にあったのは、これと同じく、彼らが〈自己〉というものをまさに距離を取りがたい、外なる世界と表裏一体のなにかと感じていた、ということを意味するように思われる。仮にそうなら、ファイデルスンの理解において、一九世紀のメルヴィルやホーソーンの自己探求と、それ以降のいっそう現代的な自己をめぐる彷徨いには、様相的な変化という以上の大きな違いが秘められていることになるだろう。

4　告白的自己とそのパロディ

どちらかと言えばテーマ批評的な連鎖として書かれた柴田の本が、こうした大きな歴史的な問いを、あくまで示唆する段階に留まっているのはやむを得ない。だがそれにしても、ファイデルスンとの対話に触れたこの終章は、本書中、歴史的な問いかけという点ではもっとも印象深く、また意義深い章となっている。他方でラッシュの論じる「アメリカ的ナルシシズム」は、むしろどこまでも歴史的な概念として検討されるべきものだろう。なかでも柴田の本との関連で興味深いのは、文学にあらわれた「自己」をめぐる葛藤に関して、ラッシュが近代的な文学ジャンルとしての〈告白〉と、より現代的な〈告白のパロディ〉ないし〈反告白〉との差違を取り上げ、現代において告白を書くことはもはや不可能であり、いかなる内面の吐露も告白のパロディとなって現れるほかない、と述べていることである（一六―二一）。

ここで語られた差違もまた、私の理解では先のファイデルスンの指摘と関連している。文学的告白が可能であった時代とは、まさしく語り手が「自分が何者なのか本当に悩み苦しんでいた」時代、ただ内側から自己を問うことにどんな疑いも生じなかった時代であるに違いない。対してラッシュの言うナルシシズム的現代、すなわち個人が他者という鏡を通して見た像《イメージ》としての自己ばかりを欲望する世界にあっては、語り手もまた屈折した自意識において自らの告白を茶化しつつ、あるいは距離《デタッチメント》を保ちながら、せいぜい告白〈めいた〉形で語るほかない。そうした現代的告白のスタイル、ないしパロディ化された告白における語り手は、間違ってもルソーのように「ありのままの私をお目にかけよう」などと語りはしない。その代わりに、彼は観客の前で自分を卑下してみせるウディ・アレンよろしく、どうか皆さん、私の言葉を簡単に真実であるなどと思わないでいただきたい、とこぼすのである。

こうした屈折について、ラッシュはその典型を、語り手自らが語ることについて語るという現代小説のメタフィクション的常套に見出すとともに、その典型例としてまさに柴田がファイデルスンとの対話で想起したというジョン・バース、あるいはバーセルミといった現代作家の名を挙げる（九七）。「物語を書くことについての物語もう一丁あがり！　無限後退をもうおひとつどうぞ！」——とはラッシュも引用するバーセルミの一節だが、こうした身振りが、ラッシュの言う通りのいささか病的な徴候なのか、それとも一八世紀以来の小説的伝統の一端なのかは判断の難しいところだ（個人的には、バーセルミには少々やけくそ気味の小説的ヒューモアを感じないわけにはいかない）。

ともあれ、ラッシュはさらに一九世紀のイプセンと六〇年代の不条理演劇などを比較しながら、フィクショナルな幻想を造るに際しても、作家たちの流儀がどれだけ違ってしまったかを述べる。また、リビング・シアターやハプニングのような前衛的試みが現れると時を同じくして、逆に日常生活の側が演劇的になり始めたとも鋭く指摘している（八一–九四）。この指摘などは、現在のSNS文化にも見事にあてはまる興味深い先見だが、まるでラッシュは世界そのものがいまや無数のナルシスを映す鏡となり、いかなる自己もそこに映った像を欲望するだけだ、と断じているかのようだ。彼のナルシシズム理解は、多くの点でリチャード・セネットの名著『パブリック・マンの没落』（邦訳『公共性の喪失』晶文社）[4]が示した、「ナルシシズムとは強い自己愛とは正反対のものである」という逆説的定義と一致している（ラッシュ引用、二七）。こうした意味における現代のナルシスたちは、常に賛美されなくては生きられないような少々病的な存在だ。「時には自分が全能であるかのような幻想を抱きながらも、ナルシシストは自尊心を保つのにも他を頼らなくてはならない」（一〇）とラッシュは言うが、この「他（others）」には他者のみならず、消費物もまた含まれることになる。ナルシスたちを映す無数の鏡とは、同時にまた、ブーアスティンが批判したような資本主義社会の過剰な消費イメージでもあるからだ。

柴田もまた、ポーを論じた章で「消費者は明らかに、商品を所有しているというより商品によって所有されている」というレイチェル・ボウルビー『ちょっと見るだけ』[5]の言葉を引用しつつ、消費者と商品の関係について同種のことを語っている。「ナルシスが自分を自分でない者と思い込むのに対し、消費者は自分でないものを自分と思い込む」（四八、傍点吉田）というその注釈は、冒頭で述べたナルシス＝幻肢症患者という類比とも上手く繋がっており、筆者としては思わず膝を叩かないわけにはいかない。

もっとも柴田のテーマ批評的考察では、ラッシュの本とは異なり、こうした消費イメージを介しての「自己」の登場が、歴史的分岐点として充分に考察されているわけではない。だが、ここには多分ファイデルスンがこだわった、メルヴィル的な世界とそれ以降の世界とを分かつ、重要な歴史的分水嶺が横たわっていると見て良いだろう。消費的サーキュレーションの中で現れては消える鏡像たちは、ただ資本主義によって世界にもたらされたものであり、そうしたイメージを通じて虚ろな自己を形作ろうとする現代のナルシスたちは、メルヴィルの描くいささかデーモン的な自己探求者たちとは、どこまでも似て非なる存在であろうからだ。私がここで考えるのは、例えば次のようなことである――ギャッツビーという男が「自分自身についてのプラトン的な概念（his Platonic conception of himself）」（柴田『アメリカ文学のレッスン』一二三）の産物だったと作家が書くとき、この「プラトニック」とは、むしろ消費的記号の側へといつでも転じうるようなそれであって、多分ギャッツも作家本人も、プラトニックな理念が単にコトバに過ぎないような世界に自分がいると良く知りながら、そのことに必死に抗っている。ギャッツの自己実現は、実のところ、プラトニズムとはおよそ正反対の唯名論《ノミナリズム》的構築、つまりは財産によって得られた肩書きによる自己の再定義、といったものであるほかない。ところが他方、メルヴィルの背後には――仮にアンガス・フレッチャーの言うような、『白鯨』最終章に仄めかされたヨハネ黙示録のテーマ反復をそう呼んで差し支えなければの話だが(6)――ほとんどルネサンス的な意味における流出説《プラトニズム》、つまり現象的なこの俗世界から、何がなんでも原初的《アイデアル》なものへと遡ろうとする狂おしい信念が窺われる。こんな説明は、むろん印象的な対比に過ぎない。だがこのことは、おのずと先のモラリティー・プレイ云々の説明でも述べた、「知る」者と「信じる」者の差違といったテーマと重なり合ってくる。

ここで重要なのが、柴田がアメリカン・ナルシスたちを呪縛していたとする「セルフメイド・マン」の観念をいかに捉えるかだろう。柴田が試みたように、この概念はエイハブやサトペンに見られる尊大な自己創造とも関連しうるが、歴史的にはプロテスタンティズムによって支えられた資本主義の精神、つまりウェーバーの言う、一種の倫理的支柱を得たアメリカ型資本主義の帰結と見なすのがより自然である。叩き上げを意味するこの言葉がアメリカ発祥であることは柴田も指摘するとおりだが、「アメリカン・アダム」や「ニュー・マン」といった過去の理想が、植民や建国、宗教と結びついた一種倫理的なアイデアであったのに対し、「セルフメイド・マン」とは、むしろ〈アメリカ〉と呼ばれる新たな資本主義世界の登場によってはじめて可能となった、そのような理想の読み替えにほかならない。つまりプロテスタンティズム的理想から、経済主体としての個人の自己実現という理想への変換こそがそれである。

とはいえ二十世紀前半、まさにロスト・ジェネレーションに属するフィッツジェラルドの筆致には、メルヴィルらとは大分違うにせよ、理想的／理念的なものへの敬仰が大いに残されていると言うべきだろう。だからこそ、ギャッツのいわば括弧付きの「プラトニックな」身振りは、いささか軽薄であると同時に、悲壮なまでの真剣さに満ちている。だがラッシュの言うナルシシズム的現代とは、まさにそうした精神が死に絶えた世界なのだ！　彼に言わせれば、ウェーバーがフランクリンの徳目思想を単に功利主義の表現としたのは、その背後にある本来のアメリカ的性格を見抜いていないからだという。これは鋭い指摘だ。かつては資本主義がどんなに手荒く力を振るい、「金ぴか時代」や「ジャズエイジ」と呼ばれる虚飾の時代を迎えようとも、プロテスタント的徳目に見られるような相愛や寛容の精神は、姿を変えながら、新大陸に生きる人々の密かな倫理的支柱であり続けていた。フランクリンにしても、決してウェーバーの言うように功利的有意性のみを徳としたのではなく、勤勉、倹約、摂生などを、それ自体で（自分にとってというよりは）人の世にとって良きものと見ていたのだ――そうラッシュは注釈するのである（五五-五七）。むしろそれこそが、ナルシシズムによって急速に失われつつある何かなのだ、と。

これは大体セネットの言う公共性概念や、礼節の衰退と同じ問題だと言って良い。かくして、どちらかといえば非歴史的なテーマ的枠組みに忠実な柴田が、トクヴィルの言葉として、「アメリカの中に私はアメリカ以上のものを見た」という、先述したいささか身勝手なヨーロッパ的〈アメリカ〉観を例証するかのようなコメントを引いてくるのに対して（八九）、ラッシュはまったく同じ『アメリカのデモクラシー』から、むしろ今述べた近代的美徳の終わりの始まり、すなわちナルシシズム的現代を予見したものとして、トクヴィルの次のごとき一節を引き出してくるのである。――「時という織物は一刻ごとにほころび、先立つ世代の軌跡は消え去ってゆく。前を行く者はたちまち忘れられ、後に来る者など誰も考えもしない。人は自分のごく身近な者たちに関心を抱くばかりだ」（ラッシュ引用、九）。ラッシュは、ここに精神史的な分水嶺を見る。そして人が過去と未来に繋がった存在としての自己を忘れ、「ミニマルな自己」（ラッシュ『ミニマル・セルフ』）へと収縮して行く段階を、今日的アメリカ、ひいては世界の姿と断ずるのである。文学も芸術も、その変化の影響を決定的に被ったというのがラッシュの理解であり、私の見るところ、その説明にはかなりの説得力がある。

私としては、最後に柴田が開示してくれたさまざまなナルシス像を振り返りつつ、むしろこうした喪失への抵抗がある限りにおいて、そこにモダンなアメリカン・ナルシスたちが存在したのだ、と歴史的な再定義を付与したい気がする。あのギャッツビーにしても、彼が二〇年代の狂喜乱舞を嫌悪しながらまさにその金の力で倒錯的に繋ぎ止めようとしていたのは、もしかすると一九世紀の歴史家が見つめていたのと同じ、刻々とほころびてゆく時の切れ端のようなものではなかったろうか。

引用文献

Lasch, Christopher. *The Culture of Narcissism: American Life in an Age of Diminishing Expectations*. New York: Norton, 1978.（邦訳：クリストファー・ラッシュ『ナルシシズムの時代』石川弘義訳、ナツメ社、一九八一年。引用は原著による。）

柴田元幸『アメリカン・ナルシス』東京大学出版会、二〇〇五年。

柴田元幸『アメリカ文学のレッスン』講談社、二〇〇〇年。

マクルーハン、マーシャル『メディア論』栗原裕・河本仲聖訳、みすず書房、一九八七年。

注

(1)　カウリー、マルカム『ロスト・ジェネレーション――異郷からの帰還』吉田朋正・笠原一郎・坂下健太郎訳、みすず書房、二〇〇八年。（原著：Cowley, Malcolm. *Exile's Return: A Literary Odyssey of the 1920s*. 2nd ed. New York: The Viking Press, 1951.）

(2)　ルイス、R・W・B『アメリカのアダム――19世紀における無垢と悲劇と伝統』斎藤光訳、研究社出版、一九七三年。（原著：Lewis, R. W. B. *The American Adam: Innocence, Tragedy and Tradition in the Nineteenth Century*. Chicago: University of Chicago Press, 1959.）

(3)　ファイデルスン、チャールズ『象徴主義とアメリカ文学』山岸康司・村上清敏・青山義孝訳、旺史社、一九九一年。（原著：Feidelson, Charles. *Symbolism and American Literature*. 1st Phoenix ed. Chicago: University of Chicago Press, 1959.）

(4)　セネット、リチャード『公共性の喪失』北山克彦・高階悟訳、晶文社、一九九一年。（原著：Sennett, Richard. *The Fall of Public Man: The Forces Eroding Public Life and Burdening the Modern Psyche with Roles It Cannot Perform*. 1st ed. New York: Knopf, 1977.）

(5)　ボウルビー、レイチェル『ちょっと見るだけ――世紀末消費文化と文学テクスト』高山宏訳、ありな書房、一九八四年。（原著：Bowlby, Rachel. *Just Looking: Consumer Culture in Dreiser, Gissing, and Zola*. New York; London: Methuen, 1985.）

(6)　フレッチャー、アンガス『アレゴリー――ある象徴的モードの理論』（高山宏セレクション〈異貌の人文学〉）伊藤誓訳、白水社、二〇一七年。（原著：Fletcher, Angus. *Allegory: The Theory of a Symbolic Mode*. Ithaca: Cornell University Press, 1964.）

マルカム・カウリーの流儀

まとまった一冊の本という目的に向かっては、必ずしも書かないタイプの書き手が存在する――編纂者や翻訳家、とりわけ書評家という肩書きを持つ人々がそうだ。普段は目立たない彼らだが、なかには手狭なコラムを明察で満たし、自分の本以上に他人の本を紹介する「序文」の類で鋭い才気を発揮する知性もある。書き手である以前に、まず良き読み手として書物と書物の〈あいだ〉を往来する旅人たちだ。

今日、主として「狂騒の一九二〇年代」を活写した『移郷者の帰還』（邦訳『ロスト・ジェネレーション』、*Exile's Return*, 1934; 2nd ed., 1951）[1]の著者として知られるマルカム・カウリーは、本質的にはまさにそういう批評家だったと言って良い。「長年短めの書評が仕事だったから、それが僕なりの瞑想的無韻詩、ソネット連作、離れた友への手紙や私的日誌へと成り代わった。（…）作家は偶然が強いるどんな形式にも応ずるものだが、僕もまたさまざまな出来事や意見をめぐる自分なりの冒険を、できうる限りそこに注ぎ込んだのである」（"Epilogue," *Think Back on Us*, 1967）[2]。それはむしろある種の精神のスタイル、ないし生き方と言うべきかも知れない。とりわけカウリーの場合、自分の本を創り上げるという作家としての欲望以上に、いま述べた比較的慎ましやかな役回り――書評、編纂、翻訳――に徹する姿がやはり際立っている。

ご存じの読者も多いだろうが、編纂者としてのカウリーの仕事で常に引き合いに出されるのは、あのフォークナーを〈発見〉し、錯綜したその作品世界をみずから編んだ『ポータブル・フォークナー』（*The*

Portable Faulkner, 1946）(3)によって世に知らしめたという実績だ。知られざる南部の怪物がノーベル文学賞受賞の栄誉に浴したのは、この選集のおかげだったという見方もある。「才能」を感知する編集者としての慧眼は、まだ一九歳のアルフレッド・ケイジンの原稿を『ニュー・リパブリック』誌に躊躇なく掲載した点などにも窺われるが、他人の作品の魅力や勘所を鋭く見抜き、バランスの取れた形で紹介するという彼の能力——実は稀な——は、若い頃からの翻訳者としての仕事にも見出されるだろう。カウリーはもともとボアローの詩学やラシーヌを研究していた仏文学者でもあり、ホーソーンやホイットマンなどアメリカ文学の「古典」の編纂者として名を馳せる以前には、バルビュス、バレス、ラディゲ、スーポー、ヴィルドラック、アラゴンといったフランスの作家たちの翻訳・紹介者として活躍している。またこうした仕事の中に、あの見事な〈ボーリンゲン叢書〉のヴァレリー選集(4)第八巻——もっとも有名なレオナルド論——が含まれることも銘記しておくべきだろう（この翻訳に顕れたヴァレリー＝レオナルド解釈は、文壇批評家であった彼が理論的な明晰さをも兼ね備えていたことを示している）。ついでに言えば、最近オリジナル版の翻訳（森慎一郎訳、ホーム社、二〇〇八年）で再発見されつつあるフィッツジェラルドの『夜はやさし』にしても、実は作家が遺した言葉を頼りに友人カウリーが完成へと漕ぎ着けたものに他ならない（こちらがペンギン叢書などで流布した改訂版にあたる）。他にも色々エピソードはあるが、つまりは二十世紀アメリカの文芸ジャーナリズムという大舞台を、半世紀以上にわたって縁の下の力持ちとして支え続けたのがこのカウリーという男なのである。

どこか大冊なき大家といった雰囲気だが、幸いカウリーには旅の途中にまとめられた著作も数多く存在する。ライオネル・トリリングらとの共著『〈上品さ〉の伝統を越えて』（*After the Genteel Tradition*,

1937）[5]や『文学的状況』（*The Literary Situation*, 1954）[6]など、多くは書評や時評をまとめた同時代の報告という側面が強い。親友ケネス・バークに捧げられた『窓多き家』（*A Many-Windowed House*, 1970）[7]は、ホーソーン、ホイットマン、ジェイムズといった古典を読みつつ、日本でお馴染みのラフカディオ・ハーンや、アメリカ人なら誰もが知る立身出世物語『ぼろ着のディック』――最近松柏社の「アメリカ古典大衆小説コレクション」の一冊として紹介された[8]――の作者ホレイショ・アルジャーなどにも目を向け、幅広くアメリカ文学の精神的風土を展望した一冊だ。短いながら目の行き届いたヘンリー・パイパーの序文ともども、カウリーの文学的見識を知るには恰好の一冊となる。

一九六〇年代以降に発表された『ふり返る我ら――同時代としての一九三〇年代』（前掲 *Think Back on Us*）や『我が文人稼業渡世録』（*And I Worked at the Writer's Trade*, 1978）[9]も、論の広さでは劣らない。だが、こちらは後者に掲載された「罪の意識」（"The Sense of Guilt"）など、一九三〇年代後半にリベラル派の知識人として彼が味わった政治的苦悩を述べたエッセイも含まれており、この辺りからこの文学的旅人は、それまで触れてこなかった自身のもうひとつの旅の側面――つまりフェロー・トラヴェラー（旅の同伴者＝共産主義シンパ）としての過去を折に触れて語るようになる。むろんソヴィエトへの共感はスペイン内戦時においてしばしば反ファシズムと同義であり、彼のように非共産党員でありながら「新しい社会」への憧憬を抱いて左傾化した例は少なくない。だが重要なことは、カウリーが、当時アメリカにおいて人民戦線路線を代表していた「アメリカ作家連盟」――ドス・パソス、リリアン・ヘルマン、ハメット、ヴァン＝ドーレン、アップトン・シンクレアなどを主要メンバーとするリベラル派の作家集団――の立役者の一人として、またすでにその宣伝媒体となっていた『ニュー・リパブリック』誌の編者兼代表的執筆者として、「モスクワ裁判」の前後、またとりわけ独ソ不可侵条約の締結以降、フィリップ・ラーヴをはじめとする『パーティザン・レヴュー』の論客によって厳しく批判されたということだ（その批判の主たる理由は、いまだ進行中であった「裁判」の速記録に寄せた記事で、彼がスターリンを支持したことにある）。文学的にはあまり問題にされてこなかった、だがアメリカのインテレクチュアル・ヒストリーにとって重要な一局面であるこの出来事が残した傷跡は、一九八〇年になってから発表された『黄金の山々を夢見て——回想の一九三〇年代』(*The Dream of the Golden Mountains*, 1980)[10]によっても窺い知ることができるだろう。この辺りの全体像を知りたい向きには、豊富な資料を公平な視点で読み解いた秋元秀紀『ニューヨーク知識人の源流』（二〇〇一年）[11]を繙くことをお勧めしておきたい。

こうした事情であれば、先に述べた彼の「裏方」的態度のさらなる裏に、いま述べた政治的経験を理由として見出すことも別段穿った視点ではないだろう。だが筆者としては、この事実があろうとなかろうと、やはり依然として彼の批評の本質は同じところに——つまり書物の〈あいだ〉を往来するという、むしろ限られた仕事に徹した者ならではの自在さにあったことを本稿では述べておきたい。そういう彼の本領が見事に発揮された一冊こそが、件の『ロスト・ジェネレーション』にほかならないからだ。

邦題に示したとおり、本書の主人公はヘミングウェイやフィッツジェラルドらによって代表される、一九〇〇年前後に生を受けた文化史上もっとも有名な「若者たち」である。二十歳前後で第一次世界大戦という未曾有の出来事を共に体験し、戦後の驚異的繁栄から大恐慌にいたる激動期をパリやニューヨークで故郷喪失者《デラシネ》として過ごした彼らは、いわば〈故郷〉を失う代わりに〈世代〉という現代的感覚を手にした最初の若者たちだったと言っても良い。カウリーは当事者ならではの筆致で彼らの体験を刻々と活写して行くのだが、臨場感溢れるそのナラティヴには、おそらく本書の成立事情も大いに関係している。

そもそもこの本は、一九二九年にエドマンド・ウィルソンの跡を継いで『ニュー・リパブリック』誌の読書欄担当となったカウリーが、編集の傍らみずから筆を執り、未だその熱冷めやらぬ「一九二〇年代」の回想を同誌上に断続的に書き始めたことを発端とする。記事ごとに仕切り直される語りはおのずと叙述に多様な切り口を与え、その都度あらたに紡がれる言葉は、個人的体験と歴史的省察の〈あいだ〉を自由に、絶え間なく行き来することとなった。その特徴は、例えばウィルソンが『フィンランド駅へ』(*To the Finland Station*, 1940)(12)で示した歴史的パースペクティヴと比較すればよく分かるだろう。こちらも読者を大いに魅了するナラティヴではあるのだが、ロシア革命を語るのに「ミシュレ、ヴィーコを発見する」という遙かな消失点=起点から出発するところなど、むろんこの博覧強記の批評家の真骨頂、最大の見せ所ではあるが、同時にいわばそこから書かないと気が済まない、いかにもナボコフの友人らしいブッキッシュな固着を強く感じさせもする。そこにわれわれが感じるのは、思想史的な系譜を丁寧に繙くという必要=必然であるという以上に、例えばナボコフの自伝『記憶よ、語《ことば》れ』(*Speak, Memory*, 1966)(13)の冒頭を飾る、意識に〈時間〉の観念が導入されるまでの長く、だが美しい想像力の横溢にも似たものだ。逆に本書でカウリーが発揮しているのは、そういうこだわりから常に自由であるような書き手の、どこまでも現世的でコモンセンスに裏づけられた知性である。過去の文化事象を振り返るカウリーの眼差しは、いかにも速やかだ。一八世紀ロンドンの「三文文士街《グラブ・ストリート》」や一九世紀パリの「ボヘミア」、ドストエフスキー夫妻が旅したドレスデンに、マルクスが見た束の間のパリ・コミューン——こうした事象の数々がカウリー自身の実体験とたちまち交差し、次々に歴史の差異と反復とを省察する短くソリッドな文章へと姿を変えて行く。そしてその合間には、彼自身のよく知る友人・知人たちの著作やエピソード、しばしばごく私的な書簡の数々を巧みに引用することで、行間に若々しい息吹を吹きこむことを忘れない。そこでは遠い過去も近い過去も、まるでつい昨日のことのようだ——。

書誌を繙けば、本書の元になった最初の記事は、第七章第一節の「コネチカット・ヴァリー」にあたる一九三一年の記事だと分かる(14)。株価大暴落後とはいえ、まだバブル経済の余韻冷めやらぬアメリカ社会にとって、この年の重大事といえば遠くの満州事変などよりは、まだまだエンパイア・ステートビルの完成であったことだろう。だが初版が刊行された一九三四年はすでにナチス政権成立の一年後であり、年末ともなればスターリンによる大粛清が始まる——以降、『ニュー・リパブリック』とカウリーが味わうことになった苦境についてはすでに触れたとおりだ。極度に先鋭化したモダニズム芸術やダダイスムの狂喜乱舞、止めようもなく加速し続ける消費原理など、一九二〇年代の精神的・社会的なうねりを冷静にふり返ろうとしながらも、総じて精神の高揚に充ち満ちていると言えそうな『ロスト・ジェネレーション』は、おそらくカウリーにとって、三九年以前の世界に捧げられた最後の青春の歌ですらあったかも知れない。だがそれゆえにこそ、本書の一行一行は時代を超えた輝きを帯びて読者の元に届くことになるだろう。

注

(1) Cowley, Malcolm. *Exile's Return: A Narrative of Ideas.* 1st ed. New York: W. W. Norton & Company, 1934; *Exile's Return: A Literary Odyssey of the 1920s.* 2nd ed. New York: The Viking Press, 1951.（邦訳：カウリー、マルカム『ロスト・ジェネレーション——異郷からの帰還』吉田朋正・笠原一郎・坂下健太郎共訳、東京：みすず書房、二〇〇八年。）

(2) Cowley, Malcolm, and Henry Dan Piper. *Think Back on Us: A Contemporary Chronicle of the 1930s*. Carbondale: Southern Illinois University Press, 1967.

(3) Faulkner, William, and Malcolm Cowley. *The Portable Faulkner*. New York: The Viking Press, 1946.

(4) Valéry, Paul, and Jackson Mathews. *The Collected Works of Paul Valéry*. Bollingen Series, 15 vols. Princeton, N.J: Princeton University Press, 1956.

(5) Cowley, Malcolm, ed. *After the Genteel Tradition*. New York: W. W. Norton & Company, 1937.

(6) Cowley, Malcolm. *The Literary Situation*. New York: The Viking Press, 1954.

(7) Cowley, Malcolm, and Henry Dan Piper. *A Many-Windowed House: Collected Essays on American Writers and American Writing*. Carbondale: Southern Illinois University Press, 1970.

(8) Alger, Horatio. *Ragged Dick, or, Street Life in New York with the Boot-Blacks*. Boston: Loring, 1868.（邦訳：アルジャー、ホレイショ『ぼろ着のディック』〔アメリカ古典大衆小説コレクション３〕畔柳和代訳、松柏社、二〇〇六年。）

(9) Cowley, Malcolm. *And I Worked at the Writer's Trade*. New York: The Viking Press, 1978.

(10) Cowley, Malcolm. *The Dream of the Golden Mountains: Remembering the 1930s*. New York: The Viking Press, 1980.

(11) 秋元秀紀『ニューヨーク知識人の源流——一九三〇年代の政治と文学』彩流社、二〇〇一年。

(12) Wilson, Edmund. *To the Finland Station: A Study in the Writing and Acting of History*. New York: Harcourt, 1940.（邦訳：ウィルソン、エドマンド『フィンランド駅へ』上下巻、岡本正明訳、みすず書房、一九九九年。）

(13) Nabokov, Vladimir. *Speak, Memory: An Autobiography Revisited*. New York: Putnam, 1966.

(14) Cowley, Malcolm. "Connecticut Valley." *New Republic*, Vol. LXV, no. 843, 28 Jan. 1931. pp. 297-298.

モダンな二人——カウリーとバーク

奔放な発想力に溢れた天才型の人間と、その相方たる才気と明察とを併せ持った秀才。前者が切り開いた荒れ地を後者は整備し、ときにはいっそう豊かな形へと結実させる。開拓地が多くの人々の住まう町となるのは、しばしばこの区画整理のおかげだ——マルクスとエンゲルス、ダーウィンとハクスリーといった有名どころはもちろん、思想や文化の歴史は、いつでもそんなあべこべな二人組の紡ぐ無数のいとより糸からできているに違いない。

以前紹介した*Exile's Return*（邦訳『ロスト・ジェネレーション——異郷からの帰還』みすず書房）(1)の著者カウリーが、タイプとして言えば後者であったことはまず間違いないだろう（「マルカム・カウリーの流儀」）。彼の名をいささか唐突に天才／秀才という古びたバイナリズムとともに持ち出したのは、むろん先に論じた編者・翻訳者としての彼のブリリアンスも念頭にあるが、なんといってもその身近にエキセントリックな天才型の男が二人もいたからだ。そのひとりは、前世紀の作家デ・フォレストが唱えた「偉大なるアメリカ小説」の理念をついに実現したとも言える南部の異才、ウィリアム・フォークナー。もうひとりはカウリーの幼なじみにして終生の友でもあったユニークな思想家、ケネス・バークにほかならない。

カウリーにとってあまりに身近な存在であったはずの後者についてはともかく、前者の世界を多くの読者の住まう大都市にした立役者が、『ポータブル・フォークナー』[2]の編者カウリーであったことは間違いないだろう。建立から約四半世紀の後、ガルシア＝マルケスの魔境マコンドを遠からぬ姉妹都市として有することになった南部の架空の郡ヨクナパトーファは、『ポータブル』に付された作家自身の地図が示すとおり、せいぜい「切手一枚」に擬えるのが相応しいようなちっぽけな町にすぎない。が、そこで繰り広げられたドラマの目撃者、つまり熱心な小説の読者となると、内外で今も刊行され続ける研究書の山を見れば、きっと途方もない数に上るはずだ。しかしカウリーが件《くだん》のコンパクトな編集版で大作家の物語《サーガ》を分かりやすく紹介するまで、彼の全作品はほぼ絶版、作家自身も本を持っていないような有様で、この忘れられた町は文字通り忘却の彼方に消えようとしていたという。「文学の株式取引所におけるフォークナーの相場について、いったいだれが語りえただろうか？　一九四四年には、彼の名前は上場されてさえいなかったのだ。(…)彼の名前は、ニューヨーク公立図書館の膨大なカタログにもほとんど載っていず、当時、彼の書物ではわずかに『緑の大枝』と『村』の二冊のカードが見られるにすぎなかった」（『フォークナーと私』大橋健三郎・原川恭一訳）[3]。

このあたりの事情は、いま翻訳を紹介した *The Faulkner-Cowley File*[4] に詳しく書かれているが、誰であれ特別な才能の発見をめぐるエピソードには、あのラッセルと航空工学者ウィトゲンシュタインの出会いにかぎらず、いつでもわれわれ読者の胸をときめかせるところがあるものだ。この点について多少の脱線を許してもらえば、実は本当の意味でフォークナーという原石を最初に地上に持ち出したのは、『ポータブル』の編者カウリーでも作家の年長の友人フィル・ストーンでもなく、ほとんど無名の女性編集者レノア・マーシャルであったと言うべきかもしれない。というのは、ちょうど新聞の片隅にドイツ軍将校に寄り添うキャンダス・コンプソンの姿を発見したあの『響きと怒り』の図書館員のように――「これはキャディーだわ、彼女を救い出さなくては！」――この女性は同作品の原稿を読んで、編集部にこう報告したというのだから。「なんのことが書いてあるのか分かりませんが、これは間違いなく天才の作品です」。かくして救い出されたその原稿は出版の運びとなり（たちまち絶版となるのではあるが）やがて敏腕編集者カウリーは、そこに部分的に開示された蕩々たる物語を『百年の孤独』のラストシーンを逆回転させるがごときやり方で〈編集〉することになるわけだ。こうして二〇年代末に南部の片隅で密かに開花していた驚くべき想像力は、遠くフランスでこれに注目していたサルトルらの慧眼を別とすれば、戦後の四〇年代後半に至ってようやく、しかも半ば偶然のなせる技によって世間一般の知るところとなったのである。

＊

ところで、こんな風に世間の潮流から離れ、ほとんど「自己教育」のみを頼りに独り黙々とものを書き続けていたという意味では、ケネス・バークにもかなりこの作家と似たところがあると言えそうだ。フォークナーにしてもバークにしてもかなり独特な「英語」の使い手であり、その難しさや取っつきにくさは、例えばヘンリー・ジェイムズのような作家の文体にすぐにも感じ取られるブッキッシュな知的洗練の生み出す精緻や複雑とは、いささか毛並みの違ったものに見える。往復書簡中、フォークナーが時折カウリーにひどい綴りの間違いを指摘されたりしているのはある意味で象徴的だろう。カウリーはフォークナー宛ての書簡中、ガイスマーによる初期の作家評『危機の作家たち』(5)に触れて、「これならあなたがミノア語かヒッタイト語で書いていても同じこと」とその的外れぶりを指摘している[(6)]。だがある意味で「ヒッタイト語」云々というのは、この作家の時として判じ物めいた語彙や文体を、意図せず言い当てている。少なくともフォークナーのテクストに、ただ自分のみを熱心な読者としてきた者ならではの言語的韜晦が色濃くあることは疑いを得ない。同じことはかなりの程度までバークの哲学的言語にも当てはまるし、彼を目の敵にしていたイヴァ・ウィンターズ――ヘンリー・ジェイムズの崇拝者として知られる批評家――による批判もまた、多くの点でその「ヒッタイト語」ぶりを非難するものであった[(7)]。むろんバークは小説家と比べればはるかに自覚的な言葉の使い手であり、おそらくはベンサムの『フィクションの理論』――あるいはむしろ、オグデン編纂によるその画期的解説版[(8)]――によって最初の理論的関心を抱くことになったと思しきこのユニークな理論家は、なによりも言語の制度的側面に着目することから出発したのでもある。だが、制度を批判する言語が、単に制度をオブジェクトとした超越的地歩に立つと考えてはならない。例えばピエール・ブルデューのような人物が高等教育の制度を批判する際、そのことをアイロニカルに捉えようが捉えまいが、彼の言葉それ自体がまさしくノルマールな高等師範学校の制度的産物であり、実際のところサルトルからジャック・デリダに至るまで、現代フランスにおける知的伝統とは、ある意味でみずからを生み出したものに対する不断の内的抵抗なのだから。だが、例えばケネス・バークの思想が「大学外」のものであるというのは、これとはややニュアンスの違った事実なのだ。彼のテクストは、制度批判的というよりは、むしろ制度の彼岸からやってくるような何かなのである。バークはむろん大学の教師として教鞭も執っていたが、その存在はほとんどプリンストンにおけるバックミンスター・フラーのごときものであって、後者についてヒュー・ケナーが名著『バッキー』[9]で生き生きと描き出したように、その存在はどこまでも既存の知性に揺さぶりをかけるトリックスターのそれである（この奇妙なプリンストン住民にもアインシュタインとの心躍る出会いの逸話があるが、これについてはぜひ右のケナーの本をご覧頂きたい）。バークの理論的仕事がなかなか上手く受容されない、あるいはむしろ、構造主義ないしポスト構造主義的な――この場合、どちらでもほとんど同じことだが――「先駆者」といった肩書きを与えられ、その業績を部分的に解釈・検討（あるいは誤解）されることに留まっているのは、彼の思考ないし言語が持つ、既存の知的制度や組織の枠には組み込みがたい、過剰なイディオシンクラシーこそが理由であるかも知れない。

*

現代から『ベオウルフ』へと至る「逆さま」の英語文学史[10]をものしたアンソニー・バージェスは、もっとも独創的な「現代英語」の使い手として真っ先にフォークナーの名を挙げているが、彼のそうした見立ての背後にもたぶん似た見解があるように思う。それ自体ひどく独特なものであるバージェスの文学史をどう受け止めるかはともかく、少なくともこの気難しい作家が認めているのは、フォークナーの言語世界が、まったく度し難いまでに独特のものであるということだ。問題はその「ヒッタイト文字」を楽しめるかどうかだが、この先はどこまでも読者個人のテイストの問題であるほかない。ただ明確に言えるのは、「美しい英語」（あるいは「美しい日本語」でも良いが）なるものが存在し、かつこの理念に適合する作品が優れた言語芸術であると暗黙のうちに了解しているような読者にとっては、フォークナーのような書き手はいつでも安易に拒絶される可能性がある、ということだ。彼が生涯造り続けたような言語的構築物は、しばしば——これは「モダン」な芸術の指標とも言うべき性質だが——そもそも「美しい」英語ないし日本語などというものが存在するかどうかを疑わしくすることを本性とするような、臨界的な言語だからである。とはいえフォークナーの作品は、かつてカウリーがジョイスに見出したような、通常の「人間らしい」領域から知的イグザイルとして抜け出たかのような言語的アナーキズムを発揮しているわけではない。それは高度にモダニスティックな言語的表現と、きわめて土着的なアメリカの物語との幸福な融和として現れたのであって、初期のハイ・モダニズムに若干の違和を感じながら、いささか青臭い「人間性」という原点に回帰することを唱えていた〈異郷からの回帰〉以降のカウリーにとって[11]、フォークナーの小説は、まさに理想的な二十世紀の「偉大なるアメリカ小説」（デ・フォレスト／フィリップ・ロス）と映ったことだろう。

他方のケネス・バークだが、友人カウリー曰く「玄関から三十フィートのところに送電線があったのに」[12]わざわざ電気なしでニュージャージーの片田舎で一九四九年まで暮らしていたというこの思想家に、どこかソロー的な隠者の風貌を認める読者もいるかも知れない。フォークナーの「南部」という圧倒的必然には及ぶべくもないが、なるほどバークの隠棲も、その思想テクストの独自性とかなり類比的ではある。むろん彼が選んだような生活は、多くのアメリカン・モダニストたちの若き余生の典型でもあったが、後に「バーコロジー」とも呼ばれるようになった彼のテクストのもっとも体系的な側面でさえ、ある場合には、モノクロームな抽象的理論として以上に、ひとつの特殊な精神風土——すなわちアメリカ——が産んだ文化的結晶と見なしうる点についても一応指摘しておくべきだろう。このトピックに関しては、貴重な『バーク＝カウリー書簡集』[13]の編者でもあるポール・ジェイのユニークな思想史研究、

『コンティンジェンシー・ブルーズ』[14]がなによりも大きなヒントとなる。理論家としてのバークがエマソンらの超越主義《トランセンデンタリズム》といかなる関係を持ったのであれ——プラグマティズムや新批評のような「アメリカ思想」に対するバークの立場は、一般に一種（カント的な意味における）transcendental な自己関係性にあったと一応洒落ることはできそうだが——この本では彼の思想が、ホイットマン、エマソン、プラグマティズムといったアメリカ的探求精神の数々と連なる実に大きな水脈のひとつとして鮮やかに論じられている。

　この大いなるアメリカの知的潮流の中に、多かれ少なかれ常に存在しているのが〈自己教育〉ないし〈自己鍛錬〉という側面だが、学問的詳述や文化的類型の是非をめぐる議論はひとまず他に譲り、ここでは先のフォークナーやバークにも見られるこの特異な探求精神の姿をもう少しだけ追いかけてみよう。やや思いつき的《メトニミック》な展開になるが、ケネス・バークにまるで不案内だという読者のために喩えて言うと、思想家としての彼は、ちょうど先に名を挙げたバックミンスター・フラー——一八九五年生まれの彼もまた「ロスト・ジェネレーション」を代表する一人である——と多分に似た存在だと理解して良いと思う。かたや建築学、数学、物理学、エンジニアリング等々のあらゆる分野で活躍し、六十数個の名誉博士号を授与された「現代のレオナルド・ダ・ヴィンチ」。かたや既存の学問分野を乗り越え、哲学や科学を含む人間のあらゆる活動を〈象徴行為〉として透視しようとした「ロゴロジー」と「ドラマティズム」の創始者。二人とも、とにかく一度話し始めたら止まらない、少々奇矯かつユーモラスな人物像が伝えられており、通常の大学教育がまるで肌に合わず、それぞれハーヴァードとコロンビアをさっさと飛び出してしまった奔放ぶりも似通っている。二十世紀アメリカの自己教育型の天才を、彼らほど鮮やかに代表する人物もいないだろうが、さらに本質的な共通点は二人がいわば我流の〈発明家〉であったということ、いずれもが自身の手でみずからの用いる思考の道具を造り出し、その手製の道具を手にして普遍的なものの探求へと独り歩み出たということだ。フラーが「三角形《トライアングル》」を万物の基本形とみなし、そこからテンセグリティー構造や特異なドーム建築を造り出したのとまったく同じように、バークは「五つ組《ペンタッド》」と呼ばれる思考の基本フレームを考案し、これを通じて世界を人間の象徴行為によって常に媒介されたものとして記述しようとしていた（似たタイプと言えば「メディアの法則（四つ組《テトラッド》）」を語った晩年のマーシャル・マクルーハンだが、彼についてはいまは置くとしよう）。フラーが物理的世界に必ず目に見える結果をもたらそうとする、いわば「具体」の発明家であったとすれば、バークは「抽象」の発明家、ドゥルーズの言い回しを拝借すれば、まさしく「概念の創出者」だったと言って良い。

いずれにせよ彼らは、一般的な高等教育からむしろ無縁であることでみずからに高度な知的鍛錬を課したという点が共通しており、またこの一点において、ヨーロッパでは見出すことの難しいある種の知的ないし文化的タイプを代表していたと言えるだろう。ところで先のエッセイで「書物の〈あいだ〉を往来する書評家／編集者という立場」に身をとどめ、むしろその制約ゆえにある種の自在さを獲得したと紹介した批評家カウリーの生涯の友が、『動機の文法』や『宗教の修辞学』で知られるこの奇矯な理論家であったことはやはり興味深い。むろんこちらは「〈あいだ〉を往来」するどころか、前人未踏の地に巨大な道標を打ち立てることを生業とした人物だが、件の一九二〇年代録『ロスト・ジェネレーション』に描かれた二人のやり取り、また先のジェイ編纂による高校時代に遡る往復書簡などを眺めていると、二十世紀の激動期に二つの異なる精神が奏でた「ぼけ」と「つっこみ」の二重奏といったものを感ぜずにはいられない。機会あらば稿を改め、高校時代に遡るこの二人の交友を軸に「モダン」の時代を散策してみたいと思う。

注

(1) Cowley, Malcolm. *Exile's Return: A Narrative of Ideas*. 1st ed. New York: W. W. Norton & Company, 1934; *Exile's Return: A Literary Odyssey of the 1920s*. 2nd ed. New York: The Viking Press, 1951.（邦訳：カウリー、マルカム『ロスト・ジェネレーション――異郷からの帰還』吉田朋正・笠原一郎・坂下健太郎共訳、東京：みすず書房、二〇〇八年。）

(2) Faulkner, William, and Malcolm Cowley. *The Portable Faulkner*. The Viking Portable Library. New York: The Viking Press, 1946.

(3) カウリー、マルカム（編著）『フォークナーと私――書簡と追憶 1944-1962』大橋健三郎・原川恭一訳、冨山房、一九六八年。

(4) Cowley, Malcolm, and William Faulkner. *The Faulkner-Cowley File: Letters and Memories, 1944-1962*. New York: The Viking Press, 1966.

(5) Geismar, Maxwell David. *Writers in Crisis: The American Novel between Two Wars*. Boston: Houghton Mifflin Company, 1942.

(6) Cowley, Malcolm, and Hans Bak. *The Long Voyage: Selected Letters of Malcolm Cowley, 1915-1987*. Cambridge, Massachusetts: Harvard University Press, 2014. p. 346.

(7) Winters, Yvor. “Experimental School in American Thought,” in *Primitivism and Decadence: A Study of American Experimental Poetry*. New York: Arrow editions, 1937; Winters, Yvor, and R. L. Barth. *The Selected Letters of Yvor Winters*. Athens: Swallow Press, 2000.（例えば後掲の *Letters* には、“[H]is clearest ideas are slight; his attempts at handling serious ideas are confused” [199-200] といった評言が見られる。）

(8) Bentham, Jeremy, and C. K. Ogden. *Bentham’s Theory of Fictions*. International Library of Psychology, Philosophy and Scientific Method. London: Kegan Paul, Trench, Trubner & Co., 1932.

(9) Kenner, Hugh. *Bucky: A Guided Tour of Buckminster Fuller*. New York: Morrow, 1973.

(10) Burgess, Anthony. *They Wrote in English*. Country London: Hutchinson, 1980.

(11) このような考えは *Exile’s Return* の巻末に付された初版エピローグに典型的に示されている（前掲邦訳『ロスト・ジェネレーション』四一四–三二一頁を見よ）。

(12) 『ロスト・ジェネレーション』二九七頁。

(13) Burke, Kenneth, Malcolm Cowley, and Paul Jay. *The Selected Correspondence of Kenneth Burke and Malcolm Cowley, 1915-1981*. New York: Viking, 1988.

(14) Jay, Paul. *Contingency Blues: The Search for Foundations in American Criticism*. The Wisconsin Project on American Writers. Madison: University of Wisconsin Press, 1997.

モダンの二重螺旋《よりいと》
——E・ウィルソン、M・カウリー、K・バークの一九三〇年代

今日は表題の三人の批評家、エドマンド・ウィルソン、マルカム・カウリー、ケネス・バークを中心にして一九三〇年代のことをお話しさせていただきます[(1)]。この三人について同時に話すのは難しいことですが、いくつかの理由から、一度ぐらいは彼らを一緒に取り上げてみたいと思っていました。せっかく機会を頂いたので、今日はともかくそれを試みようと考えた次第です。

理由というのはだいたい二つあります。ひとつは、必ずしもその仕事の全容が知られていないマルカム・カウリーという批評家の仕事を正当に評価するのに、ぜひそうする必要があるということ。もうひとつは、この三人はまったくの同時代人ですが、三者三様の際だってユニークな能力の持ち主たちで、それぞれがちょうどジャンケンの手のように、他の二人をもっては代え難い役割を果たしている。僕にはそれが、互いに違った方を向いているからこそ同じ一つの時代をぐるり

(1) 本稿は二〇一一年一一月一七日、東京都立大学・首都大東京英文学会で行われた以下の講演の起こしを元に修正を加えたものである。「モダンの二重螺旋〔よりいと〕——エドマンド・ウィルソン、マルカム・カウリー、ケネス・バークの一九三〇年代」。なお、修正に当たっては以降に行われた次のシンポジウムの内容を加味した。「モダンの縒り糸—— **Malcolm Cowley, Edmund Wilson, Kenneth Burke** の〈危機の二〇年〉」、日本英文学会関東支部第十回大会(二〇一四年度秋季)シンポジウム「モダニズム文学と知識人サークル」(司会:辻秀雄、講師:越智博美、大田信良、吉田朋正)。

と隈無く照らし出す、一組の光源のように思えるんですね。それで、このトライアンギュラーな関係の片鱗だけでも、ちょっと描き出してみたい。それがもうひとつの理由です。

　では、その三者三様の力とは何か。極言すれば、〈歴史〉〈編集〉〈理論〉の三つということになるかと思います。異論もあるでしょうが、つまりは社会主義思想や南北戦争文学の歴史を書いたウィルソンが〈歴史〉(2)、主に雑誌編集者や書評家・翻訳家として活躍し、多くのアンソロジーの編者でもあったカウリーが〈編集〉(3)、そして『動機の文法』や『宗教のレトリック』のバークが〈理論〉(4)ということですね。

　ただ本日、僕が短い時間でとくに焦点を当てたいのは、真ん中の〈編集〉のことなんです。というのは、この編集というのは、どうしても他の二つと比べると分が悪いというか、凄さが伝わりにくい。地味で二次的な仕事に見えてしまう。でも、本当はそうじゃないんだ、と。特にこのカウリーという人にとっては、他の作家のテクストともども、現実や歴史の事象を編むということが、同時にどこか書くことと根本的に結びついていて、そのことが特に一九二〇年代から三〇年代にかけての混沌とした世界を活写する上で、他の二人の為し得ないようなユニークな仕事を成し遂げることに繋がっている。今日はそのことを、

(2)　以下、それぞれの仕事の例を挙げる。Wilson, Edmund. *To the Finland Station: A Study in the Writing and Acting of History*. New York: Harcourt, 1940; *Patriotic Gore: Studies in the Literature of the American Civil War*. London: Andrâe Deutsch, 1962.（邦訳：エドマンド・ウィルソン『フィンランド駅へ』岡本正明訳、一九九九年、みすず書房。『愛国の血糊——南北戦争の記録とアメリカの精神』中村紘一訳、研究社出版、一九九八年。）

(3)　Cowlwy, Malclm, ed. *The Portable Hemingway*. New York: The Viking Press, 1944; *The Portable Faulkner*. The Viking Press, 1946; *The Portable Hawthorne*. The Viking Press, 1948; *The Complete Poetry and Prose of Walt Whitman*, 2 vols. New York: Pellegrini & Cudahy, 1948.

少し紹介したいのです。

ですから、これも結局は一番目の理由と同じですね。普段は脇役であるカウリーを今日は主役に据えて、二人の大物役者にきっちりワキを固めて貰おうというわけです。もちろんこの二人についても、限られた時間ではありますが、僕なりの考えをお話ししたいと思います。

(4) Burke, Kenneth. *A Grammar of Motives*. New York: Prentice-Hall, inc., 1945（邦訳：ケネス・バーク『動機の文法』森常治訳、晶文社、一九八二年）; Burke, Kenneth. *The Rhetoric of Religion: Studies in Logology*. Boston: Beacon Press, 1961.

今日の話のタイトルについても少し説明させて下さい。二重螺旋で「よりいと」と難しくルビを振りましたけれど、要するに思想の歴史は「二人組」や「三人組」で考えたほうが面白い、あるいはむしろそれが本来じゃないか。単独の思想家ではなく、複数を組み合わせて見た時にこそ、彼らのアイデアが本当に生きたものとして見えてくるのではないか——そういう話ですね。

一般に思想の歴史を眺めると、かならず大きなアイデアの「島」みたいなものが見えてきます。それを僕らは普通、例えば「ダーウィンの思想」とか「カントの哲学」とか、あるいは「マルクスの思想」などと呼んでいる。もっと特殊で小さな島もあります。「エリオットの反ロマン主義」とか、もっと限定的に「悲劇における三一致の法則」とか「ケネス・バークのスケープゴート理論」とかいうのでもいい。

いずれにせよ、一研究者としての僕がふだん考えているのは、そういう小さな島ばかりです。そんな小さな島も、むろん本来は歴史的に存在している。ところがそういうアイデアも、それ自体として煎じ詰めて行けば、必ずあるところから歴史や時間の入り込む余地のほとんどない一個の抽象――つまり理論的な構築物になって行く。そういう境界みたいなものがあります。究極的には、こっちをこうすると、あっちがこう動くというような、なにか機械装置めいた一個の閉じた系になると言ってもいい。逆に言えば、むしろそこまで煎じ詰めないと、ある意味きちんと考えたことにならないわけですよね。

そんな風に思想を一種のハードウェアというか、モジュールのような形で捉えるやり方は、ある場合には極めて有効です。文学研究からそういう理論的抽象に行きついた仕事は、それほど多くはないでしょうが、なかには非常に重要なものがあると僕は考えています。例えば今日お話しするケネス・バークは、明らかに文学や芸術、そして過去の人間の思想について、そういう捉え方をする人だった。あるいは彼が絶大な影響を受けたと思しきC・K・オグデンや、オグデン自身がこちらも見事に〈編集〉して二十世紀に蘇らせた、ジェレミー・ベンサムの『フィクションの理論』(5)――これはオグデン=リチャーズの『意

◀『ニュー・リパブリック』時代のマルカム・カウリー（一九三〇年）。

(5)　Bentham, Jeremy, and C. K. Ogden. *Bentham's Theory of Fictions*. International Library of Psychology, Philosophy and Scientific Method. London: Kegan Paul, Trench, Trubner & Co., 1932.

味の意味』(6)と共に、おそらく『動機の文法』の著者がもっとも大きな影響を受けた本ですが——などもそうです。彼らは、言葉の非常に根本的な意味での「形式」主義者と言うべきかもしれませんね。

　まあとにかく、思想や思考をいくつものアセンブリーに分解して、もう一度機械のように組み上げて再構築して行く、と。そういう彼らのやり方には、時代を超えて適用できるような方法論的な視座を産み出す可能性が、いっそう高いと僕は考えています。ひとつの所から出てきたアセンブリーを、別のとこから出てきたアセンブリーとこう比較してみます——すると、いわゆる観念史（The History of Ideas）になりますよね(7)。先の比喩で言えば、これは大小色々な島を結ぶ「橋」を架けるような仕事で。それでもやはり、これには根本的に観念の働きが優先している。つまりアナロジーということですが、そうやって類比的に一般化されて見出されたものは、しかしどれだけ知的に洗練されても、やはり一種の「部品」に留まるという面がある。時計で言えば、核になるムーブメントだけがあるようなもので、それだけでは文字通り「時」が動き出さない。

　じゃあどうするのか。それは結局、思想を「ペア」や「トリオ」にして、つまりは二人（ふたつ）以上を組み合わせて眺めてみることなん

(6) Ogden, C. K. and I. A. Richards. *The Meaning of Meaning: A Study of the Influence of Language upon Thought and of the Science of Symbolism.* International Library of Psychology, Philosophy, and Scientific Method. London: K. Paul, Trench, Trubner & Co., 1923.（邦訳：C・オグデン、I・リチャーズ『意味の意味』石橋幸太郎訳、新泉社、二〇〇八年。）

じゃないかなと、僕は考えているんです。例えばダーウィンの思想ではなくて、ダーウィンとハクスリー、あるいはカントとヘーゲルというように。哲学者のニーチェはこういう「と」の使い方を大いに揶揄していますけれど、しかし先のバークの例で言ったら、バークやオグデンそれぞれの思想ということではなく、やはり「オグデン〈と〉バーク」と言ったときに、はじめてそれぞれ閉じた系であった思考の形が、外へ繋がる形で再構築されていくんじゃないか。そんな風に思っているんですね。

例えばこの本（*Bentham's Theory of Fiction*）が一九三二年に出て、バークの『恒久と変化』(*Permanence and Change*)[8]が、その二年後の一九三四年（出版は三五年）に書かれているとか。そういう具体的な、そして絶対に他の形にはなり得ないような、出来事が生起する順序といったものがあります。そうやって時間という不可逆性が否応なく入り込んで来たときに、抽象的な構造であった思考が、なにか絶対に閉ざすことのできない、常に発展の途上にあるような思想として見えてくるんじゃないか。むろんそういう生彩さの代わりに、どんどん混沌や矛盾は増えて行くわけですが、しかしそれがやっぱり生きた思想というものじゃないのか、と。そう考えているというか、そんな風に、

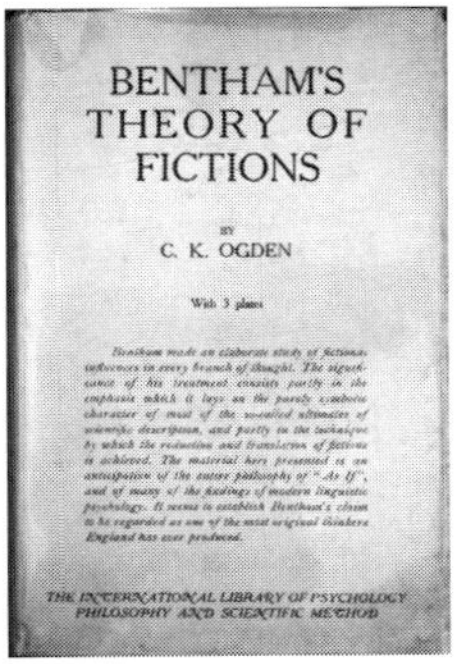

(7) 一般に「観念史学派」と呼ばれる学問的潮流の到達点のひとつとして、ここでは以下の事典のみを挙げておく。Wiener, Philip P. *Dictionary of the History of Ideas: Studies of Selected Pivotal Ideas*. 5 vols. New York: Charles Scribner's Sons, 1973.（邦訳：フィリップ・P・ウィーナー編『西洋思想大事典』全五巻、平凡社、一九九〇年。）

(8) Burke, Kenneth. *Permanence and Change: An Anatomy of Purpose*. The New Republic Series. New York: New Republic, inc., 1935.

近頃どんどん考えるようになってきました。

それから、この先はもう個人的信仰のようなものですが、二人、あるいは二人以上の人間が「出会う」というのは、やっぱりどうしても、思想に欠かすことのできない実存的契機という気がしますよね。ひとりでは、あるいはひとつのままでは、決していられないというか。

実際のところ、この相方がいなかったから、この人はどうなっていただろう——そんな風に強く思わせる思想家や作家の例はあります。さっき「ダーウィニズム」と安直に例を挙げましたが、はたして科学的パラダイムとしてのいわゆる「ダーウィンの思想」は、ダーウィンその人だけによって産み出されたものなのか、と。今もドーキンズのような人によって紡がれている、僕らが生きるこの世界の基本的な理解の枠組みとしての進化論は、やっぱりハクスリーの尽力があったからこそ、いまも僕らの想像力《イマジネーション》／構想力の一部を構成してるように思いますよね。あるいはマルクスなんかも、伝記を読むと良く分かりますが、エンゲルスがいなかったら相当の確率で野垂れ死にしていたに違いない。文学の世界も、英文学だとちょっとすぐに例が思い浮かびませんが、カフカとマックス・ブロートのような組み合わせがあるじゃないですか。仮にブロートがいなかったら——というか、ブロートがカフカの遺言通り、自分に託された遺稿をすべて火にくべていたら——僕らの知るカフカ文学も『海辺のカフカ』も、まるでこの世に存在しなかったわけです。ちょっと運命論的な言い方ですが、要するに彼らにとって、その思想や作品は誰かとの「出会い」を除いて決して存在することはできなかった、と。

ですから、まあ当たり前と言えば当たり前なんですけど、どんなに引き籠もったり、抽象的なことをやっているようにみえても、人間関係を排除した純粋な抽象としては、人の精神は決してあらわれることはできない。それが歴史のＤＮＡみたいなものとして、密かに編み込まれているんじゃなかろうか、と。ちょっと大げさですけど、そんなことを考えて、こんなタイトルにしたわけです。

　少し前置きが長くなりましたが、つまり今日はこの三人を、そういう組み合わせとして見てみたい、あるいはむしろ彼ら三人が、まさしくそういう「より糸」として見るのが相応しい人たちだということを、お話ししてみたいわけです。

1

　さて、ようやくこの三人に戻りますと、ここにいる皆さんは良くご存じと思いますが、彼らはむろん「ロスト・ジェネレーション」と呼ばれるまったくの同時代人であるわけですね。しかし実はそれだけでなくて、私生活の上でも、あるいは物理空間的に見ても、かなり三人は「近い」存在だった。彼らが活躍し始めたのはいずれもニューヨーク周辺の雑誌社で、ケネス・バークも、後の理論的な仕事からすれば意外な感じですが、やはり書き始めたのは『ヴァニティー・フェア』のような一般誌です。おのずとウィルソンとの絡みも多くて、後で紹介するようなジャーナリスティックな誌面論争なんかも大いにやっている。まあともかく、三人とも非常に近い場所で活躍していたということです。

　またこの三人は、かなり個人的な縁でも結ばれていました。特にカウリーを軸とした他の二人との関係、つまり〈カウリーとバーク〉、〈カウリーとウィルソン〉という二つの二人組という関係で眺めると、先ほどのカフカとブロートほどの絶対的結合ではないとしても、なかなかに深い個人的な因縁、ないし繋がりが見えてくる。

それぞれを簡単に説明すると、カウリーとバークの二人はいわゆる「幼なじみ」なんですね。カウリーの父親がバーク家の主治医で——これは西洋近代医学の医師ではなくて、アメリカにはよくある代替療法の施術者ということだったようですが——それで小さな頃からよく遊んでいた少年同士がやがて高校で再会、無二の親友となり、どちらもたまたま二十世紀アメリカの文学ないし思想を代表するような人物になった、と[9]。

他方でカウリーとウィルソンは、元「同僚」ということになります。それもただの同僚ではなくて、雑誌『ニュー・リパブリック』内で互いに非常に近いところで仕事をしていた、先輩と後輩。少し年上のウィルソンが先に入社して、その能力を見込んでカウリーを呼びよせるわけですが、そもそもはウィルソンの最初の奥さんが、カウリーやバークと親しかった高校の同級生で……というような個人的縁故もあったらしい。ともかく最終的にウィルソンはこの雑誌を離れてしまうのですが、ポジション的には彼の直接の後釜がカウリーだったということになります。そして、追々お話しして行きますが、この『ニュー・リパブリック』に残るか残らないかというのが、後に二人の運命を大きく分けることにもなる。

(9) Cowley, Malcolm. "Prolegomena to Kenneth Burke." Cowley, Malcolm, and Donald W. Faulkner. *The Flower and the Leaf: A Contemporary Record of American Writing Since 1941*. New York: The Viking Press, 1985. pp. 210-217.

(10) Burke, Kenneth, Malcolm Cowley, and Paul Jay. *The Selected Correspondence of Kenneth Burke and Malcolm Cowley, 1915-1981*. New York: The Viking Press, 1988.

それで、今日はこの二つの二人組の関係を、だいたい順番に詳らかにしながら色々なトピックを考えてみたいと思います。

まずはカウリーとバークですが、実はこの二人、高校時代からかなり頻繁に手紙をやりとりしていて、晩年に至るまでの膨大な書簡集がポール・ジェイの編纂で出ています。そしてこの手紙の山が、アメリカン・モダニズムのまたとない貴重な証言にもなってもいる(10)。

書簡というのはむろん他にも色々あるわけですが、この二人はやっぱり本当に古い、気心の知れた友人同士なので、やり取りが率直で分かり易いんですね。それに二人の言葉や考え方の違いが、いかにも見事な「ボケ」と「ツッコミ」になっていて、弁証法的と言うのでもないけど、こちらも考えを広げやすい。まだ本当に若い頃のやり取りからじっくり付き合ってみると、当時の中産階級の知的若者がどんな風に生きていたのか、時代の雰囲気も含めて良く伝わってきます。

それに、実はこの書簡集に残された二人のやりとりは、それぞれのデビュー作で、しばしばほとんどそのままの形で生かされている。例えば初版一九三四年刊の『移郷者の帰還』(*Exile's Return*)(11)では、お配りした資料にあるとおり、大学を辞めて「ニート生活」中のケネス・バークの手紙なんぞが直接引用されています。バークは後でこんな紹介し

(11) Cowley, Malcolm. *Exile's Return: A Narrative of Ideas.* 1st ed. New York: Norton, 1934; *Exile's Return: A Literary Odyssey of the 1920s.* New ed. New York: The Viking Press, 1951.

なお以下での引用は五一年版に基づいた次の邦訳による。マルカム・カウリー『ロスト・ジェネレーション——異郷からの帰還』吉田朋正、笠原一郎、坂下健太郎共訳、みすず書房、二〇〇八年。（書影▼）

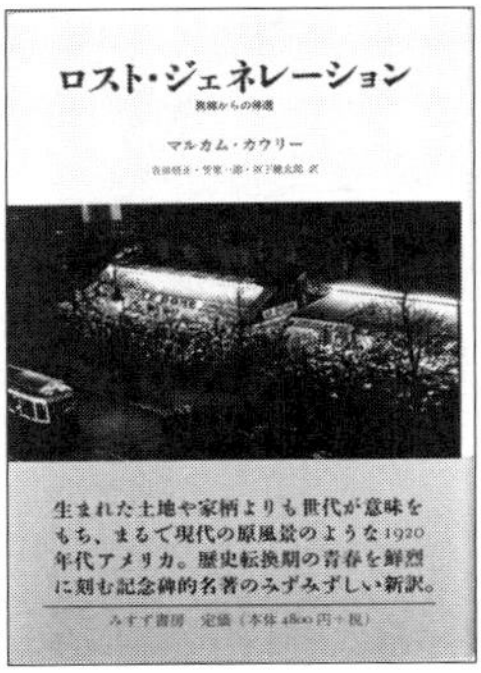

やがってと手紙で怒っていますが、まあ面白いので見てみましょうか。

【ハンドアウト参照】(12)

カウリーの本の引用では、詳しく時期が書かれていませんが……これはちょうどバークが最初に入学したオハイオ州立大学をやめて、実家に帰っていた頃の話ですよね。このあと、カウリーの勧めでコロンビアに入学しますが、これもすぐに辞めてしまう。ともかく全般にこういう引用がこの本を非常に生き生きしたものにしていて、同世代の若者たちの様子がよく分かる。一方バークの処女作である『カウンター・ステイトメント』(13)のほうも、こちらは手紙や交友が直接引用・言及されているわけではありま

(12) 以下、前掲の邦訳『ロスト・ジェネレーション——異郷からの帰還』から引用する。

「昔の文書類をあさっていたら、ほかの手紙といっしょにしまったつもりでいたケネス・バークからの手紙が出てきた。僕らがピーボディ高校を卒業して十四か月ばかり過ぎてから書かれたものだけれど、それでもこの手紙は、他のどんな資料よりも僕らの高校時代の雰囲気を伝えてくれている。

「もちろん」とそれは書きはじめられている——「ハーヴァードに戻る前にこっちに寄るつもりだろ？　こっちじゃなにもやることがない。もてなしてやろうにも金がないし、いっしょに君を迎えてやれる友達だっていないんだからな。（…）都合が悪くなきゃ、ぜひちょっとしたご近所散策に出かけるとしようぜ。どこだってかまうもんか、適当に歩き回って晩飯の前にかえってくるんだ。（…）本が読みたければ、君向きに書かれていそうな本を貸すよ。いかがわしきフランス小説については、俺は今やちょっとした権威なんでね」。

ケネスはすでに物知り顔の批評家だったけれど、人に教えたり、教わったりするのは考えるのも嫌というたちだった。大学で一年を過ごしたあと、実家に戻っていたが、それは実家にいれば、筆を鍛えるのにもっと多くの時間をかけられると踏んでのことだった。バーク家はすでにニュージャージーのウィーホーケンに転居していて、パリセーズ峡谷の上に建った、ハドソン川とマンハッタンを見下ろすアパートで暮らしていた。ケネスはそこで朝に執筆していた——

書いていたのは小説、詩、エッセイ、寓話、戯曲などで、そのどれもこれもがいびつで、才気走っていて、青臭くて、パラドックスを通してみずからを語る登場人物でいっぱいだった。午後になって、母親が支度してくれた料理を食べ終えると、勉強をするか先のような手紙を書いていた。ときどきテニスをやるほかは、手紙だけが彼のほとんど唯一の社会生活だったのである。

　だがいま彼は、ある計画について吹聴していた。「ところでさ、俺のフランス行きはもはや夢まぼろし《アインタークスフリーゲ》じゃないんだぜ。（…）今じゃ仕事を探してるよ。給料のうち、ちょっとは貯めて、ちょっとは本とビール、それからベルリッツでフランス語をやる授業料ってわけ。腹は決まってるんだ《ジェ・ユン・イデ・フィクス》——とにかくそうするぜ《ダム・メ・ウイ》！」

　そのころフランスは戦争中だったけれど、彼の計算にそのことは入っていなかった。彼の知るフランスは軍隊とは無縁な、小説家や詩人たちの国だった。「長期滞在のつもりはないんだ、最初はそのつもりだったけれどね。そいつは行き過ぎた話。フランスで長期滞在、金も使い果たして職もないとなれば、飢え死ぬか、惨めな姿で家に帰るほかない。それに、親父とお袋をそんなふうにほったらかしては行けないよ。俺は二人とも大事にしてるからね。それに最近は俺もおちついてきて、親父の言うことももっともな気がしてきたんだ」——これはまさに彼の言う《ちょっとしたご近所散策に出かけるとしようぜ、どこだってかまうもんか、適当に歩き回って晩飯の前にかえってくるんだ》というやつだった——「そう、俺はフランスに住む気はない。フランスを訪問するってつもりなんだ。それなりに金は貯めて、滞在費ぐらいはできるだろ。で、フランスでうまく仕事を見つけて、滞在を延ばせそうならそうする。仕事がぽしゃっても、別の仕事があればまたちょっとだけ滞在を延ばす、と。金がある限りは滞在を引き延ばして、金がなくなれば、それでおしまい。こんな風にしておけば負け戦の心配はないってわけ。サイコロはきっちり仕込んであるし、馬で言えばこっちの本命以外ははなっから薬でフラフラさ。勝ちは確定済みで、ありきたりな勝負の気苦労もないってわけだ。ちくしょうめ《ノン・ダンシャン》、俺ってスマート《コム・ジュスイ・アビル》！——

　「このへんで止めておくよ、親愛なる《モン・シエール》Ｍ。テニスをやるには最高の午後だ。でもひょっとすると今夜また手紙を書くかもな。たぶん家で一人っきりだろうし、ひどく怪しい月が、むき出しの魂《ユヌ・アム・トゥトゥニュ》よろしく浮かんでいて、ここ幾晩かは通りに取り憑いてるのさ。彼女ときたら、Ｍよ、実に気前よく甘ったるい孤独を俺に与えてくれる。どうしても君といっしょに眺めてみたいんだ、眠気を誘う、あの冷え冷えした牧草地のうえに浮かんだ彼女の姿をね。俺は月を愛してる。それに、愛しいあの子《マ・プティ・ジョリ》の思い出も、ショパンもちょっとばかり、それに隣に住むやぶにらみの女の子も、ぜんぶだ。どれもこれも、文学になんかなりゃしない。ああでもマルカム、俺はどうしてもそいつらを手放すことができないんだよ」。

　月明かりのもと、こんなふうに東通りを歩いていたことが、当時の彼が得た勲章、青春の栄光だった。何年も経ってから、

せんが、やはり一八、九のころ夢中になっていたフローベールやグールモンが頻出していて、これらがカウリーが処女作で引用している言葉やエピソードと、しばしば同じものであるわけですね。例えばこちらの資料に貼り付けたフローベールのエピソードをご覧頂けますか[14]――カウリーが「芸術信仰」と呼んでいる、一九世紀末から二十世紀のハイモダニズムやダダイズムへと至る、広く「モダン」と呼称される現代芸術の傾向を論じた部分ですけれど――このあまり行儀の宜しくないフローベールのエピソードなんかは、『カウンター・ステイトメント』でも同じように登場しています。書簡集をひもといてみると、はたして二人が高校時代から語り尽くしている、いわばお馴染みのネタなわけですね。手紙を眺めていると、テクスト間にあるそういう事実が次々埋まってくる。

2

でももちろん、話題が同じだからといって二人の視点が同じということではない。似た問題を取り上げても、バークとカウリーはそれぞれかなり違った形でそれを発展させて行きます。例えばカウリーがさ。

彼は別の手紙でこれを描写している。「本気で書く気になったときは(夜はいつだってそうなるんだけど)俺はパリセーズの絶壁沿いを歩いていたよ。アレグザンダー・ハミルトンの奴が、アメリカの歴史を導き、かつ惑わせることにもなったその頭を横たえて逝ったあの場所を通り過ぎて――それから通りの端っこ、もうなにもないところまで行って足を止める。マンハッタン四十二丁目とはちょうど反対側さ。見下ろせば、半分沈み込んだはしけが見える。(…)帽子もかぶらずに立ちつくしていると、そのうちメランコリーがどっと襲ってくるんだ。キーツ唄いし美少年エンデュミオーンの即席トイレってところだな――なにせ冷え込んだ秋の大気の中、この詩人さまはずいぶん長いことそこに立っていたわけだからね」。

こういう彼は、バルザックの小説に出てくる若者のようでもある——モンマルトルの丘に登り、征服欲とともに街を見下ろし、通りに灯った明かりをたよりにパリを知りつくし、あれこれ策を練る若者だ。でもケネスが抱いていたのは、こういう野心とは違った、みじめな受け太刀の希望だった。彼の心には征服欲などなかったし、自分の意思でニューヨークを選んだわけでもない。それでも彼は、まもなくこの街での実生活に投げ込まれることになっていた。翌週には——これは家族の夕食の席できちんと決まったことだったけれど——銀行の使い走りとして働くことになっていたのだ。でも彼には、機械のような勤勉さを発揮して経営者の地位についたり、証券取引所で働いたりする気はなかった。ひょっとして窓口業務ぐらいはやるかもしれなかったけれど。将来は、彼もパリに行くかもしれない（訪問者としてだけれど）。そして、狭い屋根裏部屋に暮らすことになるかもしれない（極貧生活はごめんだけれど）。さらにまた、戯曲を書いたりするかもしれない（もっとも世間から崇められたり、綺麗な女優さんに取り巻かれたりすることはなさそうだけれど）。成功も、人生のドラマも、他の人々、つまり疑問を感じることなく世間で暮らしていける人々のものだった。孤独に暮らす彼が望みうることといえば、ただ自分自身というものを保ちつづけることだけだった。——やむを得ず世間に屈することがあっても、それなりの代価はきっちり頂いてやる。嘘やごまかしを言う窮地に追い込まれても、くだらない文章を書くのだけはごめんだ、と。他方で彼は、自分が失いつつあるものを想って格別の感傷にふけることができた。——「町を見渡しながら（夜だ——水面にはきらきら灯りが映っている）詩人は考え込んでいた。ニューヨークという都市の罪深さや放埒さ、彼などいてもいなくてもお構いなしの、その無慈悲さについて。思い浮かぶのは、どことも知れない森の中で行われている秋の謝肉祭の光景だった。息を切らせ、鼻をぐずつかせた、か細い女の子たち。月は濡れた大きな瞳のように見開かれ、フランネルのような淡い光のなか、ふるえながらも身をよせあって浮かれ騒ぐ人々の姿が見える。詩人はといえば、キーツの詩にあるような（それとも『黄金詞華集』とでもいうべきかな？）ギリシアの神々にふさわしい詩句をあいかわらずたずさえて、ぼんやり考え込んでいた——女神アルテミスのこと、ガス灯に照らされた中華レストランや、劇場の楽屋入り口、藪の中の石像たち、酒神バッカスにほだされた馬鹿踊りのこと、そして銀行の小間使いという、自分自身の仕事のことを」。

歩道の冷たさが、濡れそぼった靴底を通して彼を貫いた。真夜中に帰宅すると、彼はバスルームの鏡の前で歯を磨き、ニキビが増えていないかを確かめ、ラフォルグの詩の一節を口ずさんでから床についた。少年時代から四百マイルも離れた場所で、彼はひとりぼっちだった」（三一–三六頁）。

(13)　Burke, Kenneth. *Counter-Statement*. New York: Harcourt, 1931.

このフローベールの引用で論じているのは、いわゆる芸術至上主義、あるいはむしろ「内容」偏重に対する芸術上の一種の「形式」(中心)主義と言って良いかと思いますが、バークとカウリーは、これについて同時期にかなり違ったアプローチの仕方で考えていると思います。

まずカウリーですが、彼の場合は常に自分、あるいは自分の「世代」が置かれた実際の状況から、いわば現状把握的に事態を説明して行こうとする。これは彼の典型的スタイルと言うべきですが、とりわけ処女評論 *Exile's Return* に関して注目すべきは、モダニズムの形式偏重、あるいは芸術至上主義的な態度を論ずるにあたって、彼が先行する『アクセルの城』(ウィルソン)のサンボリスム解釈を批判的に捉え直すことで、自分自身の議論のコンテクストを作り出していることです。

カウリーの主張を簡単にまとめてしまうと、ウィルソンは芸術上の方法、すなわち「マニエール」としてのサンボリスムを主として問題にしたがっているけれど、サンボリスムというのは同時にまた、当時はじめて社会に現れた、新しい文化的タイプの「生き方」の問題なんだ、と。だからまあ、これは一種社会史的アプローチと言って良いかも知れませんが、ともかくこの「生き方」としての象徴主義、あるいはそれを起点とする芸術至上主義的な態度を、これは『移郷者の帰還』のキーワードでもありますが、芸術信仰(the religion of art)の問題と呼んで弁別するわけです。そして、実はこれが一九世紀末からダダイズムまで一貫して存在してきたパラダイムであること、しかもそれが、ロマン主義以前には決して見られなかったようなある種の文化的態度と関わるといった風に、注釈的に議論を加えて行く。

カウリーの視点については後でまた検討しますが、だいたいこういう考え方に対してバークがどうかというと――こちらは同じ問題でも、初めからかなり抽象的・哲学的に考えているわけです。「芸術のための芸術」という世紀末的スローガンがあったなら、それに対してすぐにカントの「目的なき合目的性」の概念とか、そういう一八世紀以来の美学的トピックをつなげてくる。まあカウリーもこの親友の影響を受けて、実は『移郷者の帰還』の初版あとがきで同じカントの第三批判に言及したりもするわけですが、

(14)　「ウィルソンが二つの異なった主題を扱っていることを知るには、ひとつ例を挙げれば十分だろう。第一章で彼は、象徴主義はギュスターヴ・フローベールのような作家の自然主義、あるいはテオフィル・ゴーティエのような詩人の冷徹な客観主義の反動として出てきたと述べている。しかし後になって、象徴主義に関連した反社会的な哲学について彼が描写するのを読むと、ゴーティエは象徴主義の創始者の一人で、フローベールはおそらく象徴主義における重要な賢者なのだと僕らは知らされる。当時のもっとも形式ばらない記録であるゴンクール兄弟の日記に書きとめられた数多くのエピソードの中には、とくに重要だと思われるものが一つある。それを見ると、芸術信仰はきわめて早い段階でみずからを一つの生き方として、しかも本質的に反人間的な生き方として鮮明に打ち出していたことが分かる。――かつてフローベールは、友人数名を連れてルーアンの淫売宿を訪れた。そして賭け事のあげく、友人たちがみな見ている前で、帽子も動かさず、口にタバコをずっとくわえたままで売春婦とまぐわったというのだ。ここには、これ見てくれの醜い振る舞いという以上のものがある。それは社会が神聖と考えるすべてのものに対する、強烈な軽蔑の表現であり、当時の中産階級に向かってこう言い放つようなものだった――〈人生には意味があり、愛の営みは神聖なものだと君らは思っているんだな。だが君ら小市民が束になっても満足な詩一つ書けまい。大理石に辛抱強く刻まれた文の美しさを認めることすらできまい〉。まるで彼は、それ自体で価値を持つものなどなにもないし、芸術の世界の外にあるものは、何であれ激しく拒絶しなければならないと宣言しているかのようだった。〈芸術は〉と、彼はある書簡で述べている――〈人生をまるごと飲みつくすほど広大なのだ〉」（『ロスト』一八九–九〇頁）。

最後のフローベールの言葉（"L'art est assez vaste pour occuper tout un homme"）はまた、そのままバークの処女評論集『カウンター・ステートメント』冒頭の重要エッセイ、「〈純〉文学の三達人」（"Three adepts of 'Pure' Literature"）のモチーフでもある。

そもそものアプローチが大分違いますよね。ロマン主義と言っても、バークの関心はまず突出してコールリッジであり、また彼が繙いたカントであるというように、要するに詩と理論的なテクストの狭間にあります。対して、カウリーは先ほど言ったように、ある種の人生態度の萌芽として、それを同時代のモダニズムにまで繋げてくるわけですからね。しかし二人とも、「芸術至上主義」的なものの両義性には良く気付いていて、ただその表現方法がちょっと違う。カウリーは現実家なので、そもそも「芸術至上主義」が実際に芸術ばかりを「至上」とすることでは現実に成り立ち得ないことを、例えばマラルメだって日々喰うためのお金が必要だろうとか、今日で言うキュレーションの介在なんぞも指摘しながら語るわけですが、他方でバークは似たことを言うにも、審美家は芸術が amoral（脱道徳的）と言うが、amoral だという主張は実際は immoral（不道徳）なものとして実社会で現象するほかないとか、もうちょっと哲学的・概念的なんですよね。

ただこの点については、バークのほうが当初からいっそう「哲学」的であったかと言うと、それはちょっと違う気もする。というのもバークは、実はたぶん、本来はいわゆる哲学的なタイプではないんですよ。もともと極端に芸術至上主義的というか、いっそダダ的というか……つまり優等生だったカウリーなんかに比べると、はるかに無頼な「アーティスト」気質の人なんですよね。カウリーが用いている先の言い方で使えば、それこそ「芸術信仰」というエートスの中に、大恐慌時代に入った〈後〉でもなお浸りきっているようなタイプの人物。そこから、ぜんぜん出てこない。一九三〇年代になっても、なかなか彼岸から帰還《リターン》しなかった芸術的イグザイルで、そのことは多分彼の思考法と繋がっている。

この辺りの雰囲気をお伝えするために、彼らの経歴をもう少しだけ詳しく紹介しておきますと、マルカム・カウリーという人は非常に学業優秀で、ピーボディ・ハイを出るとすぐにハーヴァードに入学している。他方バークのほうは、高校時代から相当にエキセントリックな少年だったようですが、もう一人のジミー・ライトという三羽烏の友人――この人もちょっと面白い人で、後に「プロヴィンスタウン・プレイヤーズ」という、オニールの作品を上演していたニューヨークの劇団で演出家になる男ですけど――とにかくこのライトにつき合って、まずオハイオ州立大に行き、でもすぐに詰まらなくなって辞めてしまう。まあそれで、さきほどハンドアウトで覗いたようなニート生活をしているわけですね。

ちなみにカウリーのほうは、実はウィルソンも含めて、この三人の「戦中派」の中では例外的に一番ちゃんとしたアカデミックな訓練を受けている人かも知れません。彼らのような紳士志願兵《ジェントルマン・ヴォランティアーズ》は、戦時中の特別の計らいでどさくさに「大卒」になっていることが多いですが、カウリーの場合は戦後のフランス時代、フーテン生活をしながらちゃっかりモンペリエ大学で学位を取ったりもしている。これはたぶん修士号か、いまのフランスの大学で言うデーウーアーぐらいのものと想像しますが……これは彼について、たぶん一般にあまり知られていないことかも知れません。カウリーはもともとラシーヌやボアローを専門とする仏文学者で、フランス語についても相当本格的にやっていたようです。

その証拠と言いますか、例えばカウリーは、実はあのボーリンゲン叢書でも「仏文学者」としてかなり重要な仕事をしているんですね。カウリーはメアリー・メロンお気に入りの批評家の一人でもあって、彼女が若くして亡くなった後も、感謝の念からボーリンゲンの文化事業に協力している[15]。だから、実はウィリアム・フォークナーとの書簡集にも、僕は大学院生のころ迂闊にも気づきませんでしたが、しっかりメアリーへの献辞があります[16]。で、この歴史的シリーズには、ユニークなテーマ別編集で組まれた素晴らしいヴァレリー選集があるんですが、そこであの代表作、『レオナルド・ダ・ヴィンチの方法序説』を訳しているのが、マルカム・カウリーにほかならない[17]。

『移郷者の帰還』にもヴァレリーからの引用が多数ありますが、もちろんこれもみずからの手によるもので。素人判定ですけれど、この英訳というのが結構才気走っていて……僕がもともとカウリーについて勝手に抱いていた、〈叩き上げのジャーナリスティックな文壇批評家〉みたいな印象とは、かなり違うと言うか、相当に懸け離れた感じなんですね。ホーソーンとかホイットマンとか、ああいういかにも「アメリカ的」な文学者たちを平明な日常語で解説してくれるコモンセンスの批評家――それが僕の元来抱いていたカウリーの印象でしたから。ジョン・チーヴァーのような年下の友人たちの回顧録を読んでも、実直でどちらかと言えば朴訥とした、不器用な人物像が伝わってくる。ところが、そういう人付き合いにあらわれた後年の彼と比べると、こちらの若き仏文学者としてのカウリーは、若さもあるでしょうが、なにかもっと鋭利なものを隠し持っている感じで。ヴァレリーの詩的であると同時に理論的・哲学的というか、ああいう独特なスタイルに素

(15) McGuire, William. *Bollingen: An Adventure in Collecting the Past*. Bollingen Series. Princeton: Princeton University Press, 1982.（邦訳：ウィリアム・マガイアー『ボーリンゲン――過去を集める冒険』高山宏訳、二〇一七年、白水社。）

(16) Cowley, Malcolm, and William Faulkner. *The Faulkner-Cowley File: Letters and Memories, 1944-1962*. New York: The Viking Press, 1966.（邦訳：マルカム・カウリー『フォークナーと私――書簡と追憶 1944-1962』大橋健三郎、原川恭一共訳、冨山房、一九六八年。）

晴らしく共鳴している。やっぱりこの時代のインテリは、なかなか簡単に正体の知れないところがあって興味が尽きません。

こういう、いかにも聡明なカウリー青年に比べると、バークのほうは大学中退のニート生活、先の引用のような案配だったわけですが、やがて前に申しましたように、秀才のカウリーにオハイオは田舎だから駄目だ、コロンビアに行けと勧告され、まあ実家がニューヨーク付近に移ったことも大きいようですが、コロンビアの哲学科に入る。

ご存じの方も多いでしょうが、コロンビア大学というのは戦後しばらくすると「フランクフルト学派」の総本山になって、文学畑ではライオネル・トリリングなんかもやがて加わって、たちまち国内の最有力大学になります。しかし少なくとも当時のコロンビアは、バークにはいかにも退屈な場所であったらしい。それで、こちらもすぐに辞めちゃう。半年ぐらい通っていたと書いている本もありますが、まあ実質的にはすぐに行かなくなったようです。バックミンスター・フラーとか、スティーヴ・ジョブズとか、エジソン以来、なぜかアメリカという国にばかりに生まれ続ける「セルフメイド・マン」の系譜と言って良いかも知れませんね。

で、大学に通う代わりというのでもないでしょうが……とにかく親

(17)　Valéry, Paul, Malcolm Cowley, and James R. Lawler. *Leonardo, Poe, Mallarmé*. Jackson Mathews, ed. *The Collected Works of Paul Valéry*. [Bollingen Series XLV, 15 vols.] vol. 8. Princeton: Princeton University Press, 1972.

の脛というか、多分ヘソぐらいまではかじって、バークはグリニッジ・ヴィレッジに入り浸ります。ハンドアウトにある、この（一九一八年一月六日の）手紙をちょっと読んで頂くと分かりますが[18]、要するに棟方志功ですよね。「わだばゴッホになる！」じゃないですが、「フローベールに、俺はなる！」という。ここでも「フローベールこそは我がタルムード、我がホメーロスにして我が道標、我が……」云々と、とにかく色々言っていますが、全体的にちょっぴり青臭い、それこそ芸術至上主義的なエートスがたっぷり漂っているのが分かると思います。なんだか憎めない感じですが、しかしこの頃、実はバークはあのセオドア・ドライサーにも面談しに行って、この老大家に小説の書き方を指南したりしているんですよね……自分は、まだ一作も書き終えてないのに（笑）。ヘンリー・ミラーの小説なんか読んでいると、これから凄い作品を書くつもり、あるいは書いている途中の、ワナビーな自称詩人や自称小説家たちが、それこそ山のように出てくるじゃないですか。ジョージ・オーウェルは、そういう有象無象の一人がたまたまヘンリー・ミラーというとんでもない天才であった、とか語っていて、なかなか面白い評言だと思いますが[19]、まあバークも、そういう超「大穴」の一人であったわけです。海のものとも山のものとも知れない、変わ

(18) 文面は以下の通り。
"I shall get a room in New York and begin my existence as a Flaubert. Flaubert is to be my Talmud, my Homer, my beacon, my terrible [ten?]. Already I have begun going through his letters. They range from his ninth year to his fifties; name of god, how they illustrate the growth of the human heart. I am going to nourish myself with *Madame Bovary*, learn how every character is brought in, tabulate every incident. I am sure there is a triumph in every sentence of Flaubert; and I am going to find it." *The Selected Correspondence of Kenneth Burke and Malcolm Cowley, 1915-1981*, p. 56.

り者の芸術的ボヘミアンの一人が、実は途方もないアイデアを秘めた思想家であった、と。

しかし当時のバークは、とにかくフローベールになることを目指していて、しかも書いている小説はフローベールとは似ても似つかない、アヴァンギャルドな反=小説なんですよね。で、とにかくそういう風に、実作にも相当真剣に取り組みながら、他方では先ほど述べたように、カントなどを引き合いに出しつつ「芸術の地位」(the status of art)といった抽象的トピックを少しずつ論じるようになる[20]。書きっぷりはアマチュア的ですが、晩年のポール・ド・マンが大いに関心をもって述べたように、純粋な学問的世界で書いていたノースロップ・フライを別とすれば、当時突出して理論的な関心を抱いていた、ほぼ唯一の批評家と言えるかも知れない[21]。

しかしまあ、僕には本当に正確なところは分からないですけど――こういうケネス・バークのような「哲学する少年詩人」みたいなタイプは、一九一〇年代あたりから、時代の共通の雰囲気としてずっと遍在していたもののような気がするんですよ。しかもそういう「哲学」的雰囲気は、ダダと同じで、ほとんどグローバルなものだったようにも思いますね。日本でも昭和の初め頃、大学生がラッセルとかホワイトヘッドと

(19)　Orwell, George. "Inside the Whale." *Inside the Whale, and Other Essays*. London: V. Gollancz ltd., 1940.（邦訳：ジョージ・オーウェル「鯨の腹の中で」鶴見俊輔訳、川端康雄編『オーウェル評論集』第3巻〔『鯨の腹の中で』〕平凡社ライブラリー、二〇〇九年所載。）

(20)　Burke, Kenneth. "The Status of Art." *Counter-Statement*. New York: Harcourt, 1931; 2nd ed. Berkeley: University of California Press, 1968. pp. 63-91.

(21)　De Man, Paul. *The Resistance to Theory*. Theory and History of Literature. Minneapolis: University of Minnesota Press, 1986. p. 6.

か、あるいは西田哲学とか、たぶんちょっとペダンティックな共通する「知識」として持っていたわけじゃないですか。アメリカでも、バークたちより少し前の世代のT・S・エリオットなんか、完全にそうですよね。彼はハーヴァードの哲学科でブラドリーをやって[22]——これは今ではほぼ顧みられない、あの有名なシェイクスピア学者の弟か兄であるヘーゲリアンですが——とにかくこれは「ジ・アブソリュート！」とか言って、要するに西田哲学の「絶対」の元ネタですよ。旧制高校や帝大の学生たちがそういう哲学に凝ったのと同じように、あのエリオットも、比較的多くの知的学生が引き寄せられていたある種の潮流の中に、いたんじゃないかと思うんですよね。

そういえばエリオットの、英文学史的にはあまりにも有名な「客観的相関物」(objective correlative)という概念ですが、これだって実はブレンターノ、つまり後のフッサールの現象学なんかに繋がって行く心理学用語を英語に「直訳」したものだろうっていう人もいるぐらいですからね[23]。これは、実はかなり信憑性が高い。要するにこういうのは、文学批評に顕れた一種の知的「意匠」としての哲学というか、哲学「の・ようなもの」(森田芳光)というか——それこそ僕の高校時代なら、浅田彰の『構造と力』と大貫妙子の『シニフィエ』がほぼ同時期に登場

(22) Eliot, T. S. *Knowledge and Experience in the Philosophy of F. H. Bradley*. London: Faber & Faber Ltd., 1963.

(23) Schwartz, Sanford. *The Matrix of Modernism: Pound, Eliot, and Early Twentieth-Century Thought*. Princeton: Princeton University Press, 1985. p. 167.

するとか（笑）、まあそういうことってあるじゃないですか。とにかく文学的な創作意欲とアマチュア的な哲学的探求心が、どっちもまるで矛盾なく、そしてちょっとファッショナブルに並存あるいは結合していた時代だったのじゃないか。それが一九一〇年代辺りから、しばらく続いていた傾向なんじゃないかなと、そんな風に僕はモダニズムの時代を見ているわけです。

3

ただ、やはりそういう点を差し引いても、バークは例外的に飛び抜けてラディカルなんですよね。経歴から言っても彼の哲学は完全な自己流ですから、小説がアヴァンギャルドと言いましたけど、思想はある意味ではもっと急進的にそうであるわけです。素人流とはいえ、やり方が半端ではない。とにかく誰かの知識や思考方法を紹介、批判して事足れりということがあり得ないタイプの書き手ですよね。基本、両手《もろて》を空にして始めるというスタイル。

　例えば先ほど、比較の対象としてT・S・エリオットの名を挙げましたけれど、エリオットの博士論文であるF・H・ブラドリー論なんかを読んでいると、これまた素人判断ですが、やはり優等生的で分か

▲グリニッジ・ヴィレッジ時代のケネス・バーク（出典：Selzer, Jack. *Kenneth Burke in Greenwich Village*. Madison: University of Wisconsin Press, 1996）。

り易いですよね。ちなみにあのラッセル卿も当時エリオット青年を相当買っていたみたいで、手紙なんかを覗くと、彼があまり教室で発言してくれなくて寂しい、エリオット君がもっと色々喋ってくれるといいのに……みたいなことを書いてる[24]。しかし思うに、やはりそういうバートランド・ラッセルをも感服させる寡言《レティサンス》による雄弁も含めて、いかにもT・S・エリオットって気がします。発揮されているのは、たぶん哲学的才能というよりは、知的洗練。あのラッセル卿ですらコロリと行くほどの。そういう洗練が、若くして身についている。そういう、バークとはまた違った意味において、やはりエリオットは凄いとも言えます。

しかしバークは、明らかにこうしたタイプではない。はるかに「評価が分かれる」知性ですよね。たぶん本職の哲学の先生なら、目をぱちくりさせるようなことばかり言う。一番典型的で分かり易いのが、例えば『動機の文法』でサブスタンスとかエサンス（エッセンス）という概念を延々と論じた部分です。日本語なら「実体」とか「本質」ということですが、バークはこれを論じるのに、なぜかその横にコンスティテューションという概念を持ってくる。なんだろうと思って読んで行くと、憲法のことなんですね。なにか抽象的な意味で使っているのかと思っていると（むろんそういう意味合いもあるわけですが）、ほかでもない一七八七年の「アメリカ合衆国憲法」の話を始めるわけです。『動機の文法』中、「本質のパラドックス」や「憲法の弁証法」と題された一連の長い論述がこれに当たりますが、バークらしい思考法が一番良く出ているところだと思います[25]。

詳しく見る暇はないので、彼のやや特異な用語法や思考のスタイルについては端折って、僕が少々強引に言い換えると――まあ憲法というのは、一般には国の根幹と考えられているわけですよね。憲法こそは国家の本質であり、あたかもそこから国ができたもののように見える――というか、むしろそのように見えなければならない。ところが歴史的な経緯のみを考えると、憲法というのは常に状況から要請されて造られるもの、ポール・ジェイを真似て言えば、いつでも“contingency blues”を伴うも

---

(24)　ヘラクレイトスについて学生エリオットがコメントを求められ、「そうですね、彼はいつも僕に〔一五世紀の泥棒詩人、フランソワ・〕ヴィヨンを思い出させます」と述べたことにラッセル卿は感銘を受け、以降、二人のあいだには年の離れた友情が芽生えたという。(Monk, Ray. *Bertrand Russell: The Spirit of Solitude*. London: J. Cape, 1996. p. 350.)

(25)　“Constitution”をめぐるバークの興味深い議論は、典型的には次のようなものである。以下、原文と試訳を示す。

“In any case, be one’s statement consciously a command or merely some kind of wish in which he hopes others will participate, in having to do with the will of representatives, it is typically under the aegis of our term, agent; yet in laying down the “environment” for future acts, a Constitution is *scenic*. However, no human Constitution can constitute the whole scene, since it itself is an enactment made in a given scene and perpetuated through subsequent variously altered scenes. Since, by reason of the scene-act ratio, the quality of the Constitutional enactment must change *pari passu* with changes in the quality of the scene in which the Constitution is placed, it follows that a complete statement about motivation will require a wider circumference, as with reference to the social, natural, or supernatural environment in general, the “Constitution behind the Constitution.”

Actually, however, “positive” law has tried to uphold the fiction that the Constitutional enactment itself is the criterion for judicial interpretations of motive. It would abandon “natural law” or “divine law” as criteria, looking only to the Constitution itself and not to any scientific, metaphysical, or theological doctrines specifying the nature of the “Constitution behind the Constitution” as the ultimate test of a judgment’s judiciousness. And since it is simply impossible to so confine the circumference of the scene in which occurs the given act that is to be judged, i.e., since an act in the United States has not merely the United States Constitution as its background, but all sorts of factors originating outside it, the fiction of positive law has generally served to set up the values, traditions, and trends of business as the Constitution-behind-

のであるわけですよ[26]。アメリカ合衆国も、ヨーロッパの後進諸国も、大国、まあなかんずく英国のことですけれど、これと交渉するときになってはじめてみずからの「何たるか」を正確に定義しなければならない。これがいわゆる成文法としての憲法で、考えてみれば憲法は金科玉条のようでいて、そもそもが非常にオケージョナルな代物なんですね。逆に言えば、常に宗主国というか、グローバルな政治経済における事実上のルーラーであったイングランドには、そんな風に自国のルールをばたばたと慌てて文章に起こす必要はない。みずからの先例に従いながら、その慣例をもってすなわち法とする――そんな風に、ででんっと構えていることができるわけです。

しかし一八世紀になってから慌てて文章化された諸国憲法も、歴史的な経緯を考えれば、不文法と同じぐらい文脈的で**contingent**なものでしかない。なかでも合衆国憲法というのは、表現は悪いかも知れませんが、どう考えても「ひとつ」には成り得ないような、複数国家（states）の競合しあう横並び状態を、イングランドや諸外国を相手にまるで「ひとつ」であるかのように振る舞うために造ったものですからね。この身振りをマナー良く重んぜよ、というのがいわゆる『フェデラリスト』ですが、とてもそれがアメリカという国の本流になったとは言えない。しかし、しつこいようですが、このような**contingency**にも

「なんらかの言明《ステートメント》が、自分以外の人々が代表者の意志に参加することを呼びかけるような命令、あるいは単にそのような期待を込めたものである場合、いずれにせよその言明は、例によってわれわれの用語法で言う行使者**agent**の

the-Constitution that is to be consulted as criterion. In effect, therefore, the theory of "positive law" has given us courts which are the representatives of business in a mood of mild self-criticism."

ものとなる。だが、将来生じるであろう行為の「環境」を設置するという点では、憲法〔という言明〕は場面的 *scenic* なものだ。とはいえ、人の作るいかなる憲法も、すべてを包摂するような場面（the whole scene）を組成 constitute することはできない。というのも、憲法それ自体がなんらかの〔歴史的・空間的な〕一場面において制定されたものであり、またそれに引き続いて生じる多種多様な場面の変化を通じて持続してきたものだからである。場面-行為比率（the scene-act ratio）〔の原則〕ゆえに、憲法制定の持つ性質は、当の憲法が置かれている場面の性質に生じるもろもろの変化と足並みを揃えて（*pari oassu*）変化せざるをえず、それゆえまた、〔憲法の〕動機付け（motivation）に関して完全なる言明を得るには、より大きな外周（circumference）が必要となる。すなわち、社会的、自然的、あるいは超自然的な環境一般をも含んだような、「憲法／構成体の背後の憲法／構成体」を必要とするわけだ。

しかし実際には、「実定」法（“positive” law）というものによって、あたかも憲法の制定それ自体が動機の法的解釈の基準となるというフィクション〔この「フィクション」という語の用法は明らかにベンサム＝オグデン的なもの、訳者注〕が保持されてきたのである。実定法は、「自然法 natural law」や「神の法 divine law」を基準とすることを止め、ただ憲法／構成体それ自体に目を向けるのであり、ある判定（a judgment）の公正さ（judiciousness）を厳しく吟味するような、「憲法／構成体の背後の憲法／構成体」〔という基準〕の本性を具体的に示してくれる、いかなる学問的、形而上学的、はたまた神学的な諸教義にも目を向けようとはしない。判定されるべき所与の行為《アクト》／法令が生じる場面の外周（circumference）を、そのような形で限定することが単に不可能であるがゆえに——というのはつまり、〔例えば〕合衆国におけるある行為《アクト》／法令が、単にアメリカ合衆国憲法をその背景とするのではなく、その外側に生起するあらゆる種類の要因を背景とするものであるがゆえに——実定法というフィクションは、実際的な営為《ビジネス》に関わるもろもろの価値や伝統、動向といったものを、〔先述の〕「憲法／構成体の背後の憲法／構成体」に似たものとして設えることに広く寄与してきたのであり、これらを基準として参照されるべきものへと変えてきたのである。こうした次第で、「実定法」の理論は結果としてわれわれに法廷というものを与え、法廷は〔人間の〕実際的営為の中でも、柔和な自己批判的身振りの下で為されるそれを代示するものとなる」。（*A Grammar of Motives*. pp. 362-363.）

(26)　Jay, Paul. *Contingency Blues: The Search for Foundations in American Criticism*. The Wisconsin Project on American Writers. Madison: University of Wisconsin Press, 1997.

関わらず、できあがった憲法はむしろまったく逆に、すべてに先立つ国家の必然的原因、ないし理由のようなものとして見えてこなければならない。バークは、それを哲学者たちのいう「本質」の概念と引き比べながら、「本質〔的とされるもの〕のパラドックス」として語っているわけです。かたや世俗のルール、かたや形而上学だけど、どうせどっちも同じことだよね?――と。

こういう議論は、原因と結果の系譜学的転倒という意味ではニーチェ的でもあり、また語用批判という意味では、オグデン＝リチャーズ『意味の意味』の言語批判の精神を思わせるものです。だから、まあ唯我独尊の自己流哲学と言っても、べつに切り株から生まれたわけではない。育ての親が、遠くにいることはいる。

バークのこういう議論は、哲学や思想史のより学問的領域でどんな風に評価されるべきものなのか、僕には正確なところは分かりません。しかしともかく、そういう既存の理解枠による評価をまるで気にしないような流儀の議論であり、また思考法であって、まさしくそこが面白い。僕が思うに、これはやはり、分野の垣根を越えるのがむしろ必然であるような「アナロジー」の思考であって、哲学をやってる人も時にフーンと唸らせたり、憲法をやっている人にもホーと思わせたり

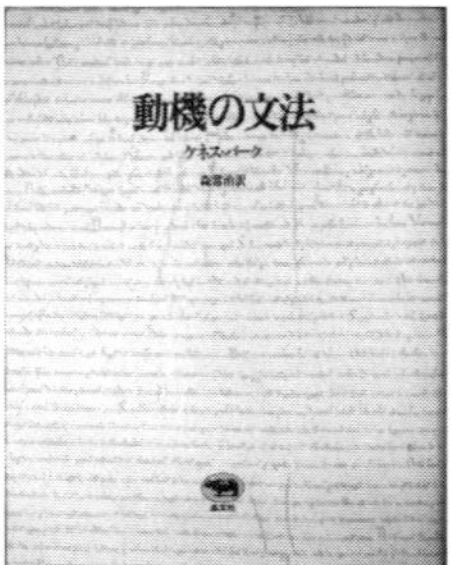

▶マクルーハン『グーテンベルクの銀河系』(みすず書房)の訳者でもある森常治氏による邦訳『動機』二書。難攻不落の大冊を日本語で読めるようにしてくれた功績はあまりに大きい。『動機の文法』一九八二年、『動機の修辞学』二〇〇九年(いずれも晶文社)。

するような、さまざまな思考の可能性を詰め込んだ、文字通りの「大風呂敷」とも言える。完成された思考というよりは常に発展途上にあるもので、だから一見取っつきにくそうでも、議論の癖みたいなものが分かってくると、自分なりに続きを考えたくなってきます。その昔、西洋的な思考の枠組みに対して『野生の思考』というオルタナティヴを示した人類学者（クロード・レヴィ＝ストロース）がいたわけですが、バークはそういう意味での一種思想の「野生人」かもしれませんね。彼以外の思想家たちがあまりやってこなかったアナロジーの思考地図を、自己教育で得たものを頼りに、無手勝流で展開して行く。しかもこれがいかにも自信あり気で、ヴィーコじゃありませんが[27]、まるで自分以前にそんなことを考えた奴がいないかのような態度で進んで行く。

＊

先ほど申し上げたように、バークはそもそもアーティストとして出発していますから、美学的関心から哲学に近づいて行ったわけですが、そんなに間を置かずライプニッツなんかも読み始めている。これは僕などには俄に信じがたい話で、まあバークはトーマス・マンの翻訳とか色々やってますから、外国語はそれなりにできたと思いますが、種々

(27)　ヴィーコ『新しい学』の「どんな書物もこの世に存在しないものとしなければならない」という以下の大原則は、こちらもヴィーコ同様在野の思想家であった二十世紀のバークに、不思議なほど良く当てはまる。

“For on the one hand the conceit of the nations, each believing itself to have been the first in the world, leaves us no hope of getting the principles of our Science from the philologians. And on the other hand the conceit of the scholars, who will have it that what they know must have been eminently understood from the beginning of the world, makes us despair of getting them from the philosophers. So, for purposes of this inquiry, we must reckon as if there were no books in the world.” (Vico, Giambattista, Thomas Goddard Bergin, and Max Harold Fisch. *The New Science of Giambattista Vico*. Ithaca: Cornell University Press, 1948. p. 85.)

の解説が溢れている今のご時世ならともかく、大学で訓詁学的な注釈を一切受けることなくライプニッツを読み解くというのは、けっこう凄いことだと思うんですよね。あのラッセル卿も『モナドロジー』英訳版の序文で、「俺もずーっと分からなかったけど、最近モナドの意味がちょっと分かってきて」なんてことを大分いい年になってから書いてますが……まあそのぐらいの難物で。ところがバークは、そんな難攻不落のライプニッツもなんのその、一九三四年に出た『恒久と変化』(書誌データは注(8))にはすでにライプニッツがかなり重要な形で出てくる。『動機の文法』(一九四五年)ともなれば、これはもう随所で言及されているわけです。ところが残念なことに、この「バーク〈と〉ライプニッツ」の組み合わせというのは、英語圏でモノグラフを書いているような研究者にとってもある種の鬼門らしく、ちゃんと論じたものがほとんどない。近年はバイグレーブ[28]やロバート・ウェス[29]による優れた研究書も出ていますが、分かりやすいなーと思って読んでいると、はたしてライプニッツが一向に出てこない。そもそも索引に、ライプニッツという固有名が載っていないんですね。しかし、それはたぶんちょっとまずい。ライプニッツは、オグデンと同じぐらい、バークの思想の根幹にあるように思われるからです。ただ今のところ、

(28) Bygrave, Stephen. *Kenneth Burke: Rhetoric and Ideology*. Critics of the Twentieth Century. London; New York: Routledge, 1993.

(29) Wess, Robert. *Kenneth Burke: Rhetoric, Subjectivity, Postmodernism. Literature, Culture, Theory*. Cambridge; New York: Cambridge University Press, 1996.

僕には先のオグデンや、オグデン経由で見えてくるジェレミー・ベンサムとの明白な繋がりと比べると、やっぱりライプニッツとの接続は難しい。そもそもライプニッツが僕にとって難しいということがあり、バークがライプニッツをどう理解しているかという点についても、いまは自信をもっては言えないですね。ここはもっと考えてから論じてみたいです。

　まあこの辺りは、そのうちアメリカにもミシェル・セールみたいな人があらわれて、ぱーっと鮮やかに説明してくれるのかも知れないけど……バークがまだまだ「謎」の部分が多い思想家だってことは、確かかも知れません。実はあのポール・ド・マンが、死の直前にケネス・バークをやろうとしていたとヴラド・ゴズィッチがどこかで書いていますけど[30]、もし本当だとしたらちょっと残念ですよね。彼がバークを論じたら、それはそれで、また哲学的な韜晦が増幅されただけかも知れませんけど。

　以上で雰囲気が伝わったかどうか分かりませんが、バークという人は、要するに一種知的世界の野生児というか、宮本武蔵みたいなタイプだったという話で。そうやって我流のまま、最初に申し上げたハードウェア的探求というか、思考のための自己流のモジュールの組み立

(30)　Godzich, Wlad. "Foreword: The Tiger on the Paper Mat." Paul de Man, *The Resistance to Theory*. Minneapolis: University of Minnesota Press, 1986. xi.

てにまで一気にぶっ飛んで行ってしまう。だからバークというのは、「理論的」であるといっても、いま僕らが批評理論とか文学理論とか呼んでいるものとは、佇まいがまったく違うと思います。多くの場合、いま僕らが文化的領域で「理論」と呼んでいるものは、多かれ少なかれ、二次的知識の限りなき連鎖みたいなもので成り立っているじゃないですか。ポストモダンという概念について語っている当の文章が、まさしくポストモダンの知的症例の典型だよね、というような。物事を教科書的に、いやむしろハイパーテキスト的に理解したがる傾向はどんどん強まっているし、学生だけじゃなくって、そもそも人文系の研究者がそうなってきています。そういう広義における理論的なものの過度の消費性、流通性と比べると、バークが「理論的」であろうとする流儀や、それが通用していた世界は、やっぱり括弧付きの「モダン」のそれだよなあという印象が、僕にはある。やはりそれは、二十世紀における「モダニズム」の、一番の本質なんじゃないですか。こういう一種の無手勝流と言うか、両手《もろて》を空にして、機会《すき》あらば適当にそのへんのものを拾って戦うみたいなやり方は。ヒュー・ケナーが、発明家のバックミンスター・フラーとモダニズムを接続しながら描いたすばらしい伝記、『バッキー』で語ろうとしたのも、たぶんそういうと

(31) Kenner, Hugh. *Bucky: A Guided Tour of Buckminster Fuller.* New York: Morrow, 1973.

(32) バックミンスター・フラー（Richard Buckminster Fuller）は一八九五生まれの発明家、思想家。ジオデシック・ドームやダイマクション・マップなどのユニークな発明の数々で知られた「現代のレオナルド・ダ・ヴィンチ」。一九八三年没。

◀ 老いてなお精力的に活動していたフラー。写真は愛娘アレグラの貴重なインタビュー記事より。(Snyder, Allegra Fuller, and Victoria Vesna. "Education Automation on Spaceship Earth: Buckminster Fuller's Vision—More Relevant than Ever." *Leonardo*, Vol. 31, No. 4, 1998. pp. 289-292.)

ころじゃないですかね[31]。もちろん、例えばポストモダニズムの諸理論〈と〉バークの先見性みたいな形で、今様の思想とくっつけてバークを「現代思想の先駆者」云々と肯定的に評価する研究もたびたび現れるわけですけれど……こういう場合、やっぱり彼と比較していきなり「デリダが」云々と言われても、ちょっと違う気がする。そもそもバーク研究に、ライプニッツも、オグデンすらも出てこないような状況では、知的構築物であるはずの歴史的コンテクストがまったく見えなくなってしまいますから。やはりそういうところは、大事にすべきだと思うんですよね。

*

寄り道ついでに言うと、いまケナーの『バッキー』という伝記を挙げましたが、そういう旧弊な「モダン」の自己流ラディカリズムという点でバークに凄く似ているなあと僕がずっと前から思っているのが、バッキーことバックミンスター・フラーです[32]。この人は一八九五年生まれ、つまりエドマンド・ウィルソンとまったく同年の、やはり「失われた世代」の発明家・思想家です。フラーが本当のところ何をやっている人なのか、僕にも正確には分かりませんけ

(33)　ド・マンについてはこの後も土田知則、宮崎裕助、木内久美子の諸氏による主著の翻訳が精力的に進められたほか、特に注目すべき以下の三書が出版されている。『思想』「特集：ポール・ド・マン――没後30年を迎えて」岩波書店、二〇一三年七月（一〇七一号）。巽孝之『盗まれた廃墟――ポール・ド・マンのアメリカ』彩流社、二〇一六年。土田知則『ポール・ド・マンの戦争』彩流社、二〇一八年。

れど……。とにかくバークもフラーも、どっちも大学をさっさと辞めて、自己流でお手製の思考の道具を作ることから始めたという点が似ていますよね。ケナーの本も、「三角形は四角形よりもファンダメンタル」であるとか、「テンセグリティー構造」だとか、そういうバッキーの発想や発明について非常に分かりやすい解説をしながら、実はそういう発想や思考の流儀を、モダニズム、あるいはむしろ二十世紀以降のモダニティーないしモデルニテの問題として、密かに語り直している。実にケナーらしい、才気に溢れた「伝記」です。

これはつまり、フラーが思考のモジュールを含めて、なんでもゼロから「創り出して行く」という感覚――彼の場合は、本当に物理的に色々と作ってみないと気が済まなかったわけですが――これをすべてとしていた、ということですよね。いったん世界を分解して、自分なりの道具をまず組み立てて、そこから世界を再構築して行くというようなプロセス。これをモダンな知的衝動、あるいはモダニティーの基本的指標のひとつとして語っているわけです。ジョイスのテクストを見ろ、同じだ、と。この本を読んでいると、そういうケナーの隠れた意図が透けて見えてきて、これはバークにもあてはまるなと僕は勝手に思っていたわけです。だからバークは、一般に思想家というか、哲学者みたいな括りにはなっていますが、本質はやはりバッキーと同じ「作る人」、いわばダイダロス的人間ですよね。若いころ小説を書いたりしていたことと、『動機の文法』のような理論書を書くことは、彼の中ではたぶんまったく区別されていない、同じ一つの〈作ること〉なのではないか。それこそが彼の「理論」なんじゃないか。そんな風に、僕は想像しているわけです。

これに似たことについては、またしてもド・マンですが、批評と実作品のテクストの本質的差異の消失、みたいなことを彼は常に示唆するわけですね——例えばプルーストのような作家について、その作品を論じうる批評の言葉が、作品そのものに内包されている、というような形のそれです。しかしバークのような人にとっては、そういうメタ批評的な着眼や観察が及ぶ範囲は、割とどうでもいいというか、関心に入っていない。なぜかというと、たぶん単に実践的に、本人が小説を書いたりすることと、批評を書くことに、格別の区別を設けていないからですね。デュシャンにとって、批評と実作がまったく同じことを意味するようなものです。バークは批評家、それも一般に「理論」的とされる批評家ですが、いまどきの批評理論のディスクールをもっとも先鋭的な形で代表するド・マンのような人と比べると、むしろ後者にとってはあくまで論ずべき対象であった、プルーストのような文学機械にずっと近いと言うべきかも知れない。それはやっぱり、二十世紀初頭の「モデルニテ」の黎明を生きた芸術的思想家と、良くも悪くも知的に成熟しきった、ポストモダンなクリティックの居場所の違いなんだろうと思います。バークのほうは、むろん批評家としてド・マンと比べたら、恐ろしくナイーブというか、はっきり言って「脳天気」なんですけど、やはりモダニズム全盛期ならではの一種突き抜けた、ぶっ飛んだ魅力がある。それに、さっきも言いましたが、いかにもアメリカならではのセルフメイド・マン的な自己形成も面白いですよね。なんか「ライプニッツが」とか「ベルクソンが」とか「カントが」とか色々難しそうなこと言っておるけど……おぬし、根はベンジャミン・フランクリンだな?——みたいな。もちろん小国ベルギーから渡米した知識人にも大きな人生と思惟のドラマがあり、これはこれで興味深いんですが、最近こっちの研究は本邦でもかなり充実しつつありますからね[33]。アメリカ思想史のコンテクストで言うと、このバークの立場こそは、これから僕らがもうちょっと頑張って検討しなきゃいけない潮流かなと思います。

4

さて随分話が逸れましたけど、とにかくこういう相当ユニークな友人に対して、カウリーはいわば経験論的なコモンセンスと言うべきものを代表していて、先の言い方で表現すれば、明らかにバークの「ボケ」に対する「ツッコミ」役を担っている。特に目立って対照的なのは、バークはある意味では先ほどお話ししたような、自分だけの「ボケ」の世界に籠もっていて、実際アメリカから出て行くこともない。ところがカウリーのほうは、若い頃から知的にも物理空間的にも〈トランスアトランティック・ヴュー〉に立っているわけですよ。彼は一九二一年、つまりヘミングウェイと同じ年に「出アメリカ」を果たした一連の若いアメリカの詩人や作家たちのグループの一人で、彼らの多くがそうであったように、まず戦争で一度欧州を体験し、そのすぐ後、今度は大学卒業の数年後にふたたびアメリカを離れて欧州に行く。主としてパリですね。ここは、戦争にも行っていないバークとはまったく違う。むろんカウリーの「大西洋横断的視点」は、彼自身の生来の慧眼もあってのことでしょうが、歴史的な現状認識という点で言うと、やはりバークには到底期待できないようなバランスの取れた地歩と視点を保ち続

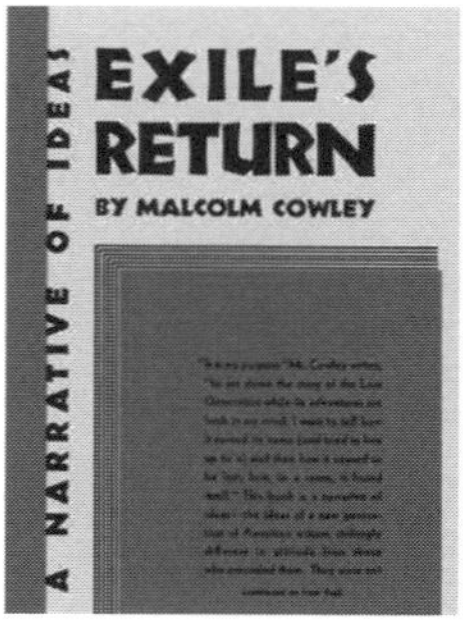

▶初版：*Exile's Return: A Narrative of Ideas*. 1st ed. New York: W. W. Norton & Company, 1934.

◀第二版：*Exile's Return: A Literary Odyssey of the 1920s*. 2nd ed. New York: The Viking Press, 1951

けている。しかもそこには、文学的な歴史記述の一極地とも言えるウィルソンに比しても、しばしばより透徹した洞察があると言えそうなんです。

しかし、カウリーのそういう明敏な側面はあまり知られていない。まずこの『移郷者の帰還』(*Exile's Return*) という本ですが、この本が「アメリカ文学」の本であるという一般的な捉え方自体、むろん本人も"Literary Odyssey"って言っているから間違いではないけれど、ちょっと狭い捉え方ですよね。その昔、大橋健三郎、白川芳郎両先生が安保闘争の最中に翻訳した本があり[34]、これは原書のほぼ半分にあたる抄訳ですが、おそらくは「アメリカ文学」の本になるように編集してある。これはこれで当時としては納得のいく、とてもスマートな編集なんですが、やはり全体を読むと、それ以外の一見ノイズのように見える部分こそが、重要な役割を持っているように僕には思えるんですね。

例えば前半で特に大事なところを挙げると、いわゆるヴァリュータシュバインの話をしているところなんかがそうです。ヴァリュータシュバインというのは、直訳すれば「価格ブタ《シュヴァイン》」、つまり価格変動に乗じて旅しながら利ザヤを得るブタ/寄生虫のことで、要は当時ヨーロッパを彷徨っていた放浪者《デラシネ》の一典型。カウリーのようなアメリカの

(34)　マルカム・カウリー『亡命者帰る ——「失われた世代」の文学遍歴』大橋健三郎、白川芳郎訳、南雲堂、一九六〇年。

知的若者たちは、ヴェルサイユ体制下でドイツを一方的に悪人に仕立て上げ、債権国として金儲けにひた走るアメリカの資本主義を嫌悪して出国したはずなのに、結局、自分たちもこの「ブタ」の群れに加わって、その構造的エフェクトに大いに寄生している。

というのは、そもそも各国の物価変動に個人が乗じて、例えば煙草やらストッキングやらを転売して、その利ザヤだけで儲けて欧州を旅し続ける――そんな白日夢が可能であったのは、当時のヨーロッパ経済が、突如世界を席巻し始めたアメリカン・キャピタルのせいで、ぐっちゃぐちゃに揺り動かされていたおかげなわけです。つまりアメリカの若き知的イグザイルたちは、さんざん自国の拝金主義に悪口を言っておきながら、実は疑いなく、そのおかげで生かされていた。一方、自分たちが憧れてやってきたはずの「古き良き」ヨーロッパ文化は、その新たな資本が跋扈したことで混乱し、いまや息も絶え絶えになっている。ところがカウリーなんか、憧れの地パリについた途端、まさしくそのヨーロッパ文化を「破壊」しようと躍起になっている「ダダイスト」とか称する連中と、どういうわけか一番仲良くなってしまうわけですからね。のっけから、そういう矛盾というか、矛盾に行きつくほかないような出来事がある。カウリーの本は、そもそもこういうパラドックスの気付きが出発点になっているわけです。

　だから『移郷者の帰還』というと、タイトルからして〈ヨーロッパに恋い焦がれた国外脱出者たちが、やがて母国アメリカを再発見して帰ってくる物語〉という具合に要約したくなるんですが――まあ結果的にそうなるんですけれど――そもそもは憧れのヨーロッパが、行ってみたら実はもうなかったって話から始まるんですよね。じゃあ、俺たちの今いるここは一体「どこ」なんだ、という。

　むろんヨーロッパ人も、ご存じのように『西洋の没落』（シュペングラー）とか「〔ヨーロッパ的な〕精神の危機」（ヴァレリー）なんてことを少し前から語るようになるわけですけど……(35)。しかしやはり、アメリカからやってきたエトランゼは現実感覚がぜんぜん違うじゃないですか。それこそ「盲目と明察」じゃないけど、外国人だからこそ見えてくるような現実もある。実際、現状把握ということでは、「パリのアメリカ人」のほうが現地の人々を上回っているような諸点が、間違いなくあったと僕は考えているんです。

　一例として、ちょっとポール・ヴァレリーのことを考えてみましょうか。例えばさっきのバークの手紙と同じ、一九一八年頃にこの詩人がなにをしていたかというと……これも手紙ですが、アンドレ・ジイド宛

(35)　言及しているのは以下の二冊。
Spengler, Oswald. *Der Untergang Des Abendlandes: Umrisse Einer Morphologie Der Weltgeschichte.* München: Beck, 1922.（邦訳：オスヴァルト・シュペングラー、『西洋の没落』I-II、村松正俊訳、中公クラシックス、二〇一七年。）
Valéry, Paul. "La Crise de l'esprit." *NRF*, 1919, Tome XIII, pp. 321-337.（邦訳：ポール・ヴァレリー「精神の危機」〔松田浩則訳〕『ヴァレリー・セレクション』上巻、平凡ライブラリー、六八-九〇頁。）

の手紙で「僕はいま『資本論』にはまってます！」みたいなことを書いている（ジイド宛書簡、一九一八年五月十一日）[36]。僕はこの手紙を山田広昭氏のユニークなナショナリズム論で知りましたが[37]、当時アメリカの金融資本は、ヨーロッパの国々にとってすでに現実的な脅威だった——でも当のフランス人は、むろんあのヴァレリーだからというのもありますが、まだまだ『資本論』ぐらいの抽象性に留まっているところがある。念のために言い添えると、ヴァレリーが夢中になっているのはイギリスの少年少女が工場で酷い目にあっているとか、ああいう『資本論』のいささかディケンズ的な側面じゃなくて、あくまで難解かつ抽象的な貨幣論の部分ですからね。またこの時期、ヴァレリーは有名な「精神の危機」をはじめとするヨーロッパを主題にした講演や雑誌記事も数多く残していますが、その中でたびたび、目下脅威となりつつある「アメリカ」こそは、われらがヨーロッパ精神の行き着く先であったのだという趣旨のことを繰り返し述べています。例えば「ヨーロッパ人」と題された講演では、こんな風に語っている。「詰まるところ、地球には人間的見地から見て、他のあらゆる地帯とはっきり区別される一地帯が存在する。権力の領域でも、緻密な知識の領域でも、ヨーロッパは今日なお、地球の他の部分よりもはるかに意義甚大である。

(36)「ゆうべ再読した、（少しだけね）『資本論』をだよ！ 僕はあれを読んだ類まれな人間のひとりだ。（…）『資本論』はといえば、この分厚い本にはきわめて注目すべきことが幾つも書かれている。ただそれらを見つけさえすればいいんだ。これは相当な自負心の産物だ。しばしば厳密という点ではまったく不十分だし、無駄にひどく衒学的な点もないわけではないが、いくつかの分析は見事なものだ。僕が言いたいのは、事物の捉え方が僕がかなりしばしば用いるやり方と似ているということだ。マルクスのことばはかなり多くの場合、僕のことばに翻訳することができる。対象の違いは問題ではない。それに、結局のところ、それは同じなんだから！」（訳文は次注の山田広昭氏の著書による。Gide, André, Paul Valéry, and Robert Mallet. *André Gide-Paul Valéry: Correspondence, 1890-1942*. Paris: Gallimard, 1955. pp. 472-473.）。

いや、私は言い違えた。優っているのはヨーロッパではなく、あの恐るべきアメリカを生んだ「ヨーロッパ精神」なのだ」[38]。『ヴァリエテ』の注記によれば、この講演は一九二二年十一月十五日、チューリッヒ大学で行われたものです。これを敷衍したと思しき短いエッセイに、「アメリカ論――ヨーロッパ精神の投影」というのもありますが[39]、タイトルからして同様の趣旨であることはお分かりでしょう。先の講演はもう戦後の二二年、カウリーたちがモンパルナスにいたころですから、欧州とってアメリカの金融資本が絶大な影響力を持つことはいまや明白であったわけです。しかしヴァレリーの口ぶりは、言うなれば革命期の王党派詩人、シャトーブリアンが新大陸のインディアンをあくまで「ジャゴバン」のメタファーとしてしか用いなかったようなもので[40]、目の前にアメリカがいるのに、どうしても焦点を合わせたいのは「ヨーロッパ」なんですよね。いま見ると、いかにも欧州中心主義という感じがする。

　では欧州におけるハイ=モダニズムの大家がこういう感想を述べていたころ、アメリカからやって来た若者が何をしていたかというと……こちらは卑俗なる具体の極みと言いますか、文字通りなけなしのドル札を握りしめて、複数国境をすぐに行き来できるインスブルック

(37) 山田広昭『三点確保――ロマン主義とナショナリズム』新曜社、二〇〇一年。

(38) 「ヨーロッパ人」、『ヴァレリー全集』筑摩書房、一九六七年、第十一巻、五八頁（渡辺一夫・佐々木明訳）。強調は引用者、一部改訳。

(39) 「アメリカ――ヨーロッパ精神の投影」『ヴァレリー全集』筑摩書房、一九六七年、第十二巻、九九―一〇一頁（中村光夫訳）。

(40) シャトーブリアンの『レ・ナチェ〔ナチェズ族〕』や『アタラ』(Chateaubriand, François-René. *Atala, René, Le Dernier Abencerage, Les Natchez, Poésies.* Paris: Garnier frères, 1859) のインディアン表象については以下を参照のこと。Slotkin, Richard. *Regeneration through Violence: the Mythology of the American Frontier, 1600-1860.* Middletown: Wesleyan University Press, 1973.

駅辺りをうろちょろしているわけです。こっちで両替、あっちで煙草を買い込み、こっちでまた煙草を売って――それでちょっと稼げれば、今日はパリ、明日はパンプローナで散財というような生活をしている。まあ、それを生活と呼べればですが。

「バブル経済」とひとことで言えば、二十世紀後半に僕らも少し経験した出来事のようですが、二十世紀初頭のそれというのは、まさしく市井の人々の生活そのものが投機的になってしまったような世界ですからね。当時が金本位制の世界であったという事実を、ここで想起しておくことは重要です。当然固定レートなので為替は変動しないのですが、実はそれでも、通貨の両替にはみな現在以上に熱心なんですよ。なぜかというと、物価も含めた価格変動が凄まじいので、カウリーの本にもルーマニアでタバコを売ったらパリではその金でピカソの絵が買えた、とかなんとかいう戯れ詩が出てきますね(41)。金本位制ということは、お金に実在的な根拠（正金）が曲がりなりにも存在し、すると原理的には通貨自体の流通コントロール（金融政策）ができないわけですから、物価の騰落を制御する術がほぼない。どうも当時はそのせいで、モノの価格がとんでもなく上下したらしくて……するとどうなるかというと、結果的に、諸国をモノを売り買いしながら上手くぶらぶらしていると、逆にお金がなくならない。そう言ったら言

---

(41) 以下、件の章「トラヴェラーズ・チェック」から。
「一九二二年に旅立ったこれらの亡命者たちは、訪れた先のヨーロッパで求めていたのとはまるで違ったものに出くわすことになった。彼らがこの地にやって来たのは、まっとうな生き方や伝統的な芸術の世界を取りもどし、アメリカが国ぐるみで築き上げた愚かしさから自由になり、ヨーロッパ知識人のヒエラルキーに自分なりの地歩を獲得するためだった。ところがそんなふうに文化的価値を求めていた矢先、彼らは価値《ヴァリュー》ならぬ価値変動《ヴァリュータ》の問題に突き当たってしまったのである。

価値変動《ヴァリユータ》！　い、い、いにしえの地ヨーロッパ、古来からの価値基準を有していたあの大陸はそいつをすっかりなくしたばかりだった。あるのは価値ならぬ「価格」ばかり、国から国、地区から地区へと移るたびにそれは変化し、時々刻々と変動しているようだった。火曜日にハンブルグで八セントぽっち――それとも五セントだったかな？――で豪勢な食事ができたと思ったら、木曜日のパリでは煙草ひと箱を買うにもウィーンの貸しロッジなら一週間過ごせるだけの金が入り用とくる。かと思えばミュンヘンで大博打をうって当てたひとやまが、チェコスロヴァキアの大富豪があくどく儲けた資産の半分に等しかったりもする。だが翌々日、今度は同じあぶく銭をすっかり乞食に恵んでやっても――それまでにシャンパンやピカソの絵に散財していなければの話だけれど――まるで礼も言われない、そんな騰落ぶりなのだ。こんなエピソードだってある。ベルリンのある男がマッチを買おうと十マルクをとりだし、支払う段になってふと紙幣を見たところ、そこには「私はこの十マルクで魂を売ってしまった」と書き込まれていた。発見者はこれを題材に長めの教訓話をしたため、一千万マルクの印税を手にし、愛人にはまだ珍しかった化繊のストッキングを買ってやったというわけだ。

あのころは正直者などいなかった――儲けようと思ったらいくら騙しても足りないぐらいで、買う側も正金ではなく紙切れで支払うだけなのだから。金《きん》を所有していたり、正金に兌換《だかん》可能な銀行券をもっている者たちは一番得をするマーケットへと殺到した。こうして新たなツーリスト族、「価格ブタ《ヴァリユータシュヴァイン》」と呼ばれる市場にたかる寄生虫どもがあらわれ、連中は通貨価値が暴落して社会が壊死状態にある場所を求めて、フランスからルーマニア、はたまたイタリアからポーランドへと旅していたのだ。彼らは突如として昔風のヨーロッパなどどうでもよくなり、博物館よりはあちこちの当世風ホテルや為替両替のブース、ナイトクラブに頻繁に姿をあらわすようになった。だが彼らの姿がとくに目立ったのはオーストリアのインスブルック駅である。ここではデンマーク人やインド人、アメリカ人や南米人、ほっぺの真っ赤な英国人、さらにはますます多くのアメリカ人――とにかくものすごい数の連中が、暴落中のマルクや不安定なリラの流通する場所へと連れて行ってくれる国際列車を待ちわびていたのだ。僕らもやはり列車を待っていた――ポケットに二、三ドルをしのばせ、それが何千クラウン何千ペンゲーになるかはともかく、この資本搾取の軍勢に加わって旅立とうとしていたのである。

ドル景気　ああドル景気ドル景気　なんて追いかけるうち僕は
各国テーブルマナー三種ほどならお手のもの　ビールだったら
ハンガリーのウェイター相手に　四か国語で注文ときたもんだ
東へまた東へと　北緯四十八度線にそってぐるっとドルを
追いかけて――ドルでたっぷりもうかれば　そこが
俺たちのふるさとさ――

そんなふうにドル景気を追いかけながら僕らが眺めて

いすぎでしょうが、どうも実際に、かなりどうにかなったようなんですね。物価の安い国で買い占めた煙草やらナイロン製のストキングやらでトランクをパンパンにして、国際列車に乗りこんでとか……まあそういうことです。実際カウリーの本は、そういう驚くべき日常内の経済的実態を描写することから物語を始めている。言われてみれば、当時の作家たちも、その作品の登場人物たちも、金がない、金がないと言いながら、なんでこんなに欧州を彷徨っていられるんだろうと不思議になってくるんですけど、母国の好況という以上に、そういう当時の経済的実態も背景にはあったらしい。だからカウリーの本の章題が、「トラヴェラーズ・チェック」となる。旅行者用小切手こそが、第一次世界大戦後の移郷者たちを取り囲んでいた経済状況をもっとも良く代示してくれるというわけです。それで、そんな風に文字通りの「その日暮らし」をしながら、ときどき「俺たちなにしに来たんだろう?」と自問している。乱痴気騒ぎの一方で、それを許容している日常の尋常ならざることにも気づいていて、色々なものが大きく変わりつつあることを日々実感しているわけです。

他方でまた、当時欧州にいたアメリカの若者たちは、先ほども言ったようにもともとは「古き良き」ヨーロッパ文化に憧れてやってきたのが、まさしくそのヨーロッパをぶっ潰そうと躍起になっている奇妙なルーマニア人芸術家、トリスタン・ツァラをはじめとするダダイストたちと意気投合することにもなる。なかでもカウリーが親しくしていたのはあのルイ・アラゴンで、実際、一九四〇年代にはみずから英語圏への翻訳・紹介役を買って出てもいます(42)。ともかくいつの間にか、ヨーロッパ崇拝者であったはずの「パリのアメリカ人」たちが、芸術都市パリの珍事とも言うべき「ダダ」の乱痴気騒ぎにすっかり巻き込まれてしまう。そういう慌ただしい変化の様子がカウリーの本には良く書かれています。

いたのは、混沌たるヨーロッパ――芸術や財政、そして国家の未来を求めて熱狂するヨーロッパ大陸だった。ベルリンの街角ではマシンガンを持った連中や、イタリアではファシスト《ブラック・シャツ》の連中がうろうろしていて、ベルリンの目抜き通り《クアフユルステンダム》では男娼どもに呼び止められた。モンペリエのカフェで一服すればエジプト人の革命家と相席になり、その男がこう言い出す――「なあ、この真っ赤なベルモットをよぉ、イギリスの赤ん坊の血だと思うことにしようぜ」。そしてこいつをぐいっと飲み干し、僕らは「ブラボー！」と叫ぶのだ。それからふらふらパンプローナまで出かけて闘牛見学だ。ときにはウィーンのコーヒーハウスで過ごす。ビール腹の小男どもや、ど派手な恰好の売春婦たちでいっぱいで、剃った禿頭やらマルセル式のコテで仕上げたウェーブヘアーやらが立ちこめるタバコの煙の下にずらっと並んでいる。でもこの煙のなかには、もうひとつの国の姿がうかんでいた――絵のような、走馬燈のようなイメージではなく、ちいさな丘もあれば、鍬をおろせば手応えのある茶色い大地も広がっているような、ありありとした故郷《くに》の姿が。「俺は戻るつもりなんてないさ、絶対に。あんなおかしな国になんか」――だが時には、この世ならぬ美しさのアルプス湖畔でこんなことを言われてしまう――「あんたの国じゃあ誰もかれもみんな金持ちなんだろ、なあ？」――と、不意にこんなイメージが浮上するのだ――蒸気式シャベルがあらわれて山々をかみ砕き、河川からは黄金がどんどん掘り出され、高層ビルがにょきにょきと立ち上がり、大金持ちのご令嬢たちがさらわれてくる――つまり僕らの眺めていたアメリカとは、彼らヨーロッパ人たちが「アメリカ人自身にとってはこんな国なのだろう」と夢想していた「アメリカ」だった。僕らはそれを遠くから、感嘆しつつ眺めていたのである。

ドル景気を追ってわたるは灰色の英仏海峡　イタリアの青き海
染料《アニリン》のごとき群青か　あるいはインクのごとき
緑にそまるアルプスの湖――その左右に見えるのは
インクのしみめいた　アルプスの山々

僕はそのインクのごとき湖に　指をちょこんとつけて
こう書きしるした――故郷には帰らない　あの奇妙な国に
僕は帰るつもりなんてないと

僕らはヨーロッパなるものを求めて三千マイルの旅をし、結局アメリカを発見した。記憶もあやふやな、半ば捏造されロマンス化された「アメリカ」だ。僕らもいつかはあの遠きふるさとに帰るべきなのだろうか？」

（以上邦訳『ロスト』第三章冒頭より、一部改訳。なお文中の詩はすべてカウリーの処女詩集『碧きジュニアータ』の抜粋。）

しかし外国人であるがゆえに、いつもそこには「あれ、俺たちなにしてるんだろう?」という一種のデタッチメントがあるんですね。そこが現地のヨーロッパ人とは違うし、またアメリカ国内にとどまった親友バークのような同国人とも異なった、カウリーの「気づき」になってくる。こういうのは、他にも色々と実例があります。例えばシュルレアリストのピエール・ナヴィルが、『超現実の時代』[43]という、これもやはりモダニズムの時代を回顧した大変貴重なエッセイ集を残しています。彼の場合はカウリーとは対照的に、パリ生まれのパリ育ち、日本橋で生まれ育った植草甚一じゃありませんが、文字通り「都会派」の詩人にして思想家であるわけです。で、彼の本を読んでいると、実は「パリ」が彼のようなパリジャン、パリジェンヌのものではなくて、むしろ外国人にとってこそ存在した都市なんだなということが、逆にひしひしと伝わってくる。東京も、まさしく上京した人間によってはじめて存在するような場所ですが、当時の「芸術都市パリ」は、明らかにパリで生まれ育ったようなインテリにはいささか見えにくい社会的・文化的レイヤーとして、しかし確実に存在している。

そういう、都会人のむしろ鈍いところが見えてくるのが、例えばナヴィルが自動記述《エクリチュール・オートマティーク》という、誰もが知るあの「こっくりさ

(42) Aragon, Louis, Hannah Josephson, and Malcolm Cowley. *Aragon: Poet of Resurgent France*. New York: Duell, 1945; London: Pilot Press, 1946.

(43) Naville, Pierre. *Le temps du surréel. L'espérance mathématique, tome 1.* Paris: Éditions Galilée, 1977.(邦訳:ピエール・ナヴィル『超現実の時代』家根谷泰史訳、みすず書房、一九九一年。)

ん」というかイタコ式というか、シュルレアリスムの独自の詩法を説明しているところに出てきます。ナヴィルはこの本のあちこちで、かなり真剣にこの「方法」の歴史的意義を反省・評価しているわけですが、しかし六〇年代に入ってから書かれたエッセイになってようやく、この手法がどこかで自分たちの批判してきた資本主義の典型的顕れ、つまりあの「オートメーション」をみずから反復するものであった点に気づいた、とかなんとか自己検証しているわけですよ(44)。

　しかしこのリフレクションは、いくらなんでも少々遅すぎるんじゃないか、と。むろん芸術的手法《マニエール》とテクノロジーの関係という話題自体は、ホッケの「マニエリスム」なんかとも繋がる面白いトピックですが……ここで僕が言いたいのは、ナヴィルがこういう自己反省に至るまでの時間の経過ですよね。シュルレアリスム運動の当事者であったがゆえの鈍さというか、自己客観視がどうも少し遅れて追いつくという印象なのは、やはりもともとフランス国内、それもパリの洗練された知的エリート集団の中にいたナヴィルのような人には、自分たちの理論的信条や、こうと信じている具体的な芸術のマニエールに関して、批評的ないし批判的になるための距離感《デタッチメント》というのが、なかなか生じにくいんじゃないですかね。むろんナヴィルは生粋のパリっ子

(44)「一九六三年に出た或る本の中でわたしは、いささかの驚きと不安の入り混じった憂鬱な気持で、地上に氾濫する種々様々な産業の原型をなす——コントロールされたオートメーションと、詩人達のいにしえの妄想であり、かつシュールレアリスムによって第一義的なものと見なされたオートマティスム、すなわち言葉の上に接ぎ木される言葉としての自動記述との間に、注目すべき類縁性が存在することを指摘したのだった。わたしはこう書いている、「この呪われた機械群は、様々な効力の格差と厳しい相互の衝突を孕みつつ、オートメーションの近代的原理のお蔭で、一つの未来を、すなわち、それが必ず暗黒の未来であると軽々に断言し得ぬような未来を自らに開いている。(…)」。前掲『超現実の時代』八一頁。なお文中「六三年に出た或る本」とあるのは以下である。Naville, Pierre. *Vers l'automatisme social?* Paris: Gallimard, 1963.

ですから、実際の街は知り尽くしていたでしょうが、もっと大きなコンテクストというか、いわば括弧付きの「芸術都市パリ」という想像的位相で起こりつつあったことの意味が、見えにくかったのかもしれない。だから、これは彼に限らないですが、フランス人が書いたダダやシュルレアリスムの歴史を読むと、だいたい第一次世界大戦の話は出てきても、ヴェルサイユ体制下でアングロ・サクソン国家（イギリスとアメリカ）が及ぼした絶大な政治・経済的影響が、どれだけ運動に影響を与えたかといった点は、あまり自省されない。それがもたらしたグローバルな混乱こそがダダの土壌であったはずなのに、です。

ところがそれより三十年も前に書かれたカウリーの『移郷者の帰還』をひもとくと、まさしくこの「オートマティック・ライティング」について、ナヴィルとはかなり違ったニュアンスの記述がある。友人宅に泊まり込みで、酒を飲みつつこれを試みるという場面なんですが……はっきりどうこう批判しているわけではないけど、二〇年代当時の段階で、すでにどこかニヤニヤしながらやってるようなところがある(45)。つまりみずからの過度に芸術家《アーティー》風な振る舞いについて、ある種の戯画的筆致をふるうもう一人の自分が常にいるわけです。自動記述の背景にあるフロイディズムの発想についても、悪く言えば「くそま

(45)「(…) 午後、塩漬け豚とレンズマメのシチューで昼を済ませると、おたがい鉛筆三本と三十枚の白紙を用意してテーブルについた——あの退屈な自動筆記の手法をみずから試そうというわけだ。時計で計って三時間、頭に浮かんだことを猛スピードでひたすら書き付ける。最初の一時間はだいたい無駄に終わるけれど、二、三時間目ともなると疲れて意識がどうかしてきて、われらがダダイストの友人たちのように、面白い語句や

じめ」に捉えているナヴィルのような超現実主義者に比べると、アンナ・フロイト流の分析医が繁盛するニューヨークにいたカウリーには、もっと距離感がある。実際『移郷者の帰還』には、恐慌時になってあの「カウチ」に寝転ぶアメリカ式精神分析が一世を風靡したことについて、皮肉な言い方がされています。不況時に大流行していたのは、今で言う「不倫」と「精神分析」のふたつぐらいのものだった、と。

　だから結局カウリーは、自分たちは戦争に紳士志願兵として参加したときからずっと「傍観者」だった、いつもそうだったと半ば自嘲的に言うわけですが、たぶんより正確には、常に当事者でもあるような傍観者、あるいは常に傍観者でもあるような当事者だった。むろんカウリーだけでなく、ほかにも彼のような"exile"——今日は政治的ニュアンスの強い「亡命者」ではなく、「移郷者」という訳語を当てたいと思いますが——はいたでしょうが、こういう自己反省的な小さな距離感が、いつも彼のレンズに絶妙の画角とピントを与えている。また結局このレンズこそが、歴史記述としてはいささか錯綜した『移郷者の帰還』に、暗示的な、しかしかなり太い一本の批評の線を与えているわけです。

幻想的なイメージ、時には物語全体が生み出されることもある。これはダダイストには人気のあった手法だ。ビルと僕はそれまで一度も試したことがなかったが、その結果には失望してしまった。心理学者にしか興味のわかないような代物だったのである。三時間経過する頃には太陽は沈み、また塩漬け豚とレンズマメの夕食だ」（邦訳『ロスト』二六二頁）。なお、ここで言及のある友人の「ビル」とは小説家ウィリアム・スレイター・ブラウンのこと。第一次世界大戦中、E・E・カミングズとともに収容所生活を送り、後者の長篇小説『巨大な部屋』にも「B」として登場する。

5

さて、そういう思考や文章のスタイルという点から、今度はウィルソンとの比較をしたいと思いますが、その前にもう少しだけ、カウリーの流儀について具体例を挙げながら説明させて下さい。

少し喩えて言うと、カウリーのこういう書き方は、個人的感覚では絶えざる「上下運動」といったものに見える。上下とはいうのはつまり、自分自身のヴィレッジやパリでの生活など、ごくごく卑近な身の上話をしながら、それが突然パッと鳥瞰的視点にまで上昇して、歴史的考察に転じてみたりする。そういう素早い視点の切り替えの連続によって本が書かれている。

生活面についての記述というのは、卑近というか本当の与太話みたいなものもあって……そういうのはウィルソンならまず書かない側面だと思いますが、僕が特に面白く読んだのは「ロトンド」という有名なカフェでの珍騒動です。これは昔レーニンもこっそり出入りしていたという、今でも営業されている老舗カフェで、当時の芸術家たちの代表的たまり場のひとつ。「セレクト」とか「ドーム」とか、もう少し後だとサルトルの「マゴー」とか、ああいうお店ですね。で、その店主が、革命家の某を公安に売り渡したという噂があった。おまけに女性たちへの態度もすこぶる悪いというので、「パリ祭」の日に、酔っ払ったカウリーたちがこの店主をぶん殴りに行くわけです。

発案者はローレンス・ヴェイル(46)という、当時「モンパルナスの帝王」の二つ名でパリに知らぬ者のなかった現地生まれのアメリカ詩人。カウリーとはニューヨーク時代からの友人で、あのペギー・グッゲンハイム(47)の最初の夫です。彼が「帝王」でいられたのはこの大金持ちの奥さんの存在が大きいですが、とにかくこのヴェイルやカウリーと一緒に、まずリーダー格のアラゴンがなにか朗々と演説しながら店に入って行く。やあやあ、貴様の如き卑劣な輩が、紳士淑女のお引き立てを賜るとは何事か——とかなんとか一席ぶっているあいだに、フーテンのカウリーとヴェイルが中に入っていって、店主をボコボコにしたらしい。まったく褒められた話ではありませんが、とにかく簡易裁判になって、周りの尽力で数日の拘留で出てくる。しばらくしたら、これがちょっと変な感じで評判になったというんですね。この店主はボヘミアン芸術家たちに相当嫌われていたようで、カウリーの奴は、いけすかないロトンドの親父をぶん殴ったりしてなかなかに見所がある、革命的であるとかいって、終いにははるか海の向こうの「ロシア

(46)　パリ生まれのアメリカの詩人。「モンパルナスの帝王」の二つ名で知られた当時のボヘミアン文化の中心的存在。ペギーとの離婚後、詩人のケイ・ボイルと結婚。

(47)　一八九八年、ニューヨーク生まれの現代芸術のパトロネス。父は後年タイタニック号沈没事故（一九一二年）で死去するベンジャミン・グッゲンハイム、伯父はNYCのグッゲンハイム美術館を建てたソロモン・S・グッゲンハイム。みずからも厖大な資産を使ってピカソらの現代芸術を蒐集し、その生活を支えた。

(48)　邦訳『ロスト』二一七–二二六頁。

(49)　Murger, Henri. *Scènes de la vie de bohème*. Paris: M. Lévy frères, 1859.

未来派」の雑誌に、自分の詩が翻訳・掲載されることになってしまった——とかなんとか、そういう話が面白く書いてあります[48]。

こういうノーティな話ばかり続くとつき合いきれませんが、カウリーはそんな自分のボヘミアン的、ないしダダ的な実体験に差し挟む形で、一九世紀末、つまりほんの少しだけ昔の「パリのボヘミアン」文化を上手くもって来る。むろん、こちらはミュルジェールの描いた『ボヘミア生活誌』[49]というか、より世間に知られる形で言うと、ミュッセのアダプトした『ラ・ボエーム』の世界にほかなりません。しかしカウリーは、こうした過去と自分たちの環境を比べて、単に類似や連続を語っているわけではない。しかし彼が述べているのは、ひとつには、自分を含む「失われた世代」というのが、一部の当事者（典型的には友人のフィッツジェラルド）がしばしば主張していたようなユニークな世代、唯一無二の集団ではなくて、むしろ一九世紀以降に生まれたある種の文化的タイプの模倣ないし反復であった、という点です。

ここで特に重要なのは、カウリーがこの一九世紀以降のいわゆる「芸術的ボヘミアニズム」を、一八世紀の市井の貧しい芸術家たちとさらに比べていることですね。これは僕が興味深く読んだ下りなので、ハンドアウトにもまるまる貼り付けましたが[50]、カウリーはここでミュルジェールたちの「ボヘミア」に加えて、ポープが『愚人列伝』でこき下ろした三文詩人のコロニー、一八世紀ロンドンの「貧乏文士街《グラブ・ストリート》」の住民も引き合いに出す。そして、こういういわゆる貧しい市井の詩人や芸術家の系譜は、一八世紀から一九世紀、さらに今日に至るまで、一様に同じものと見なしうるだろうかと問うわけです。

むろん「違う」というのが彼の意見ですが、では、いったいなにが違うのか。カウリーによれば、それは資本主義です。一九世紀から現代まで一様に続いていると彼が主張する芸術的「ボヘミア」と、一八世紀の「三文文士街《グラブ・ストリート》」とでは、同じ貧乏詩人や貧乏芸術家といっても、その「貧しさ」には、資本主義が前者に与えた、新しい文化的様相の有無という違いがある、と。

(50)「二世紀前の詩人、アレグザンダー・ポープの立場は富や世間的良識を代表するもので、貧しい芸術かぶれの連中に対しては〔当時グリニッジ・ヴィレッジを非難していた〕『ポスト』誌と似たり寄ったりの敵対キャンペーンを展開していた。『愚人列伝』や「アーバスノット博士への書簡」といった風刺詩を書いたときには、ポープは気にくわない連中――つまりしみったれのパトロンたちや貴族院のホモ連中、ケツの穴の小さな学者気取りどもを十把一絡げに片付けてみせたが、それでもとっておきの罵詈雑言だけはグラブ・ストリートの貧乏文士たちをこきおろすのに取っておいたものなのである。彼らは令状をもったお上をやりすごしながら暮らす劇作家や、「割れた窓から吹きこむすきま風に風神ゼフィロスの足音を聞くような」貧しい叙事詩人たちだった。ポープは彼らを評して、口汚く愚鈍で剽窃屋のおべっか使い、おまけにまったくの恩知らずで人類とミューズに対するありとあらゆる冒瀆をやってのける連中だ、と非難した。ポープがやりこめなかった点といえば、彼らの貧乏気取りぐらいのものである――もっとも彼らは貧しさを装ったりはしていなかった。ポープと同時代のこうした陳腐なるミルトンたちは、富裕な家庭の出であることなどまずなかったし、ノッティンガムやブリストルといった故郷に帰り、貸し馬車《ハックニー・コーチ》を数台払い下げて懐を暖めるなどという芸当もできなかった。かりに彼らが「ペルシア風の物語ひとつを半クラウンで売りさばく」ような体たらくだったとしても、そうでもして半クラウンを稼がなければ、借金を返せずに拘置所に入るほかなかったからだ。それにポープが彼らを攻撃したのは、彼らが貧しく、自分よりも下の階級で、相続する財産もないような連中であったからに過ぎない――紳士らしく身を固めてもいなければ、紳士らしい鷹揚さ、つまり明日の食事の心配などせずに済む人間ならではの、あの度量の大きさというやつを持ち合わせていないというわけだ。

されどギルダン筆を執る　万事金次第の羽ペンだ
晩飯にさえありつければ　彼も静かでいてくれように
デニスは怒りにぷるぷる震え　譫言ばかりを書きつける
やれやれ私は応えない　そんな義務などありゃしない

ポープはどんな敵とくらべてもずっとウィットに富んだ人物だったけれど、彼らに対してポープが加えた攻撃はウィットや詩ばかりではなかった。ポープの背後には一八世紀の彼の言わんとしていることを僕なりにちょっと言い換えると、ヴェブレンの「顕示的消費」(conspicuous consumption)という有名な概念があるじゃないですか[51]。これはまあ、簡単に言えば「見せびらかすための金遣い」みたいなことですけど……実は逆に言うと、「顕示的貧乏」というのも、資本主義の文化的バイプロダクトとして存在するわけですよ。つまり本当の貧しさそのものじゃなくて、ある文化的身振りとしての貧しさ、というようなことですね。日本でもしばらく前に『清貧の思想』(中野孝次)なんて本が流行りましたが、これはまあ、日本人の好きな精神性を尊ぶ話。もっと相応しい例だと、女性誌などに、今も「ボヘミア(ン)風」と称するラギッドな服が紹介されていたりしますね。あれは一九七〇年代のヒッピーから来てるんでしょうけど、そもそも「ボヘミアン」の呼称をさらに遡れば、パンツをベルトではなくして麻縄で固定するというような、一九世紀式の元祖ボヘミアン・スタイルに行きつく。

もちろんそういう格好で絵を描いたり、詩を書いたりしていたミュルジェールとその仲間たちは、別に「ファッション」で貧乏をしていたわけではない。無名時代には本当に貧しかったわけで、『生活誌』にもあるように、ミュルジェールの仲間たちは皆お決まりの結核——すなわちソンタグの言う「隠喩としての病」[52]——で間違いなく死んで行ったのです。しかしミュルジェール本人の生きている内に、すでに彼の体験したような市井の芸術家や詩人としての貧しさは、字句通りの貧しさからいささか分離した新しい文化的意味、すなわち「ボヘニアニズム」へと変容していた。カウリーも詳しく書いてますが、やはりミュルジェールあたりをきっかけにしてこの変化が起こるんです。一九七〇年代、汚い格好をしたフラワー・チルドレンの若い女性たちが、実は資産家の娘であったりしたのと同じように、一九世紀以降の資本主義社会では、〈貧しい芸術家〉はむしろそれ自体ひとつの文化記号となって、新しい(反)

上流階級が抱いていた、礼儀正しい文壇に踏み込んできた侵犯者たちに対する偏見がたっぷりと隠されている。彼が加わっていたのは文学的な階級闘争だが、これは深い傷跡を残した。多くの貧しい三文文士たちにとって、この争いは要するに「羊肉のロースト」を得るか、それとも「飢え」るかという問題だった。このローストを店先でじっくり選ぶのが彼らのお好みで、パトロンから一ギニーを送ってもらったらかならず食べることにしていたのだ——ところがポープが『愚人列伝』を出版したおかげで、パトロンたちは財布の口を締めてしまったのである。ポープはグラブ・ストリートの文士たちをずたずたにやっつけたけれど、いわゆる「ボヘミア」に口出ししたわけではない——この違いは重要である。というのは、アン女王やジョージ王統治下のロンドンには、まだやっつけるべき「ボヘミアン」たちなど存在していなかったのだ。

　三文文士《グラブ・ストリート》の集いというやつは、文筆業そのものの歴史と同じぐらい古い——アレクサンドリアやローマにはすでにそうした作家たちで賑わう集落があった。だが今日「ボヘミア」と呼ばれるような集団ができたのは、ロマン主義運動以降のことだ。グラブ・ストリートのような場所は、ペン一本を頼りになりゆきまかせの暮らしができれば、どんな国の都市にだってできるし、どんな文化にもそういう集団はたちまちできあがってしまう。他方「ボヘミア」とは、産業資本主義のあれこれの性質に対する抵抗の一形式であって、資本主義社会においてのみ成立するものだ。グラブ・ストリートは知的プロレタリアートがそうするほかなくて選んだ生き方だが、ボヘミアはあらゆる経済階級に属する市民たちを引き寄せる。ボヘミアンでありながら実は大金持ちという例も少なくないけれど、彼らはそこでは文無しの芸術家を手本にすることになるわけだ。ボヘミアとは、ロマンティックに解釈され教条化されたグラブ・ストリート——つまりは自意識たっぷりで、これみよがしの「グラブ・ストリート風」のことなのである。」（邦訳『ロスト』七一－七四頁）。

(51) Veblen, Thorstein. *The Theory of the Leisure Class: An Economic Study of Institutions*. New York; London: The Macmillan Company, 1899.（邦訳：ソースティン・ヴェブレン『有閑階級の理論——制度の進化に関する経済学的研究』高哲男訳、ちくま学芸文庫、一九九八年。）

(52) Sontag, Susan. *Illness as Metaphor*. New York: Farrar, Straus and Giroux, 1978; New York: Vintage Books, 1979.（邦訳：スーザン・ソンタグ『隠喩としての病』富山太佳夫訳、みすず書房、一九八二年。）

社会的潮流を造り上げつつあった。ともかく肝心なことは、彼らのようなタイプは、一八世紀のグラブ・ストリートには断じて存在しなかった、ということです。ポープがこき下ろしていたのは、ミュルジェール以降に存在し始めた〈(貧しい)芸術家〉なんかではない。彼らは、ポープのように王侯貴族に雇われる機会に恵まれなかった、つまりは単に食い扶持を欠いた貧しい人たちであった、と。まあそう思って改めて読むと、ポープもアーバスノット博士も、相当にいけ好かない奴らに思えてきますが(笑)。

ともかく、これは重要な指摘だと思います。「ボヘミア」は資本主義がもたらしたある種の文化的スタイルの萌芽であり、以降、芸術家の〈貧しさ〉は——より一般的に〈周縁性〉とでも言い換えられると思いますが——それ自体、時に消費的な文化記号として流通しうるものとなる。僕らはいまでも、ある種の人々を「芸術家」とか「アーティスト」と一括りに呼んで区別しますが、そういう文化記号と意味が形成されたのは間違いなくこの頃だろうと思います。カウリーは外連味たっぷりの自分たちのダダ的振る舞いも含めて、すべてが一九世紀に「発明」されたものの反復だと、指摘しているわけです。

少しくどくど説明しましたが、カウリーはこういう指摘や考察を、ご覧のようにもっとさりげないやり方で、小気味よく差し挟んで行く。実体験を交えて同時代を活写しながら、歴史的過去を効果的にフラッシュバックさせるという手法も、ジャーナリスティックな筆の速度を感じさせて心地良い。もうひとつだけ、そういうスタイルの例を見ておきましょうか。ご覧のハンドアウトに、先の例より素っ気ないこんな指摘がありますね。傍線を引いておいた、「一九二〇年代の知的世界」が「古くからのパターンをなぞっている」とか、「芸術至上主義の伝統が最初に確立されたのは一九世紀半ばだが(…)」云々というところです(53)。

ここもパラグラフごとハンドアウトに貼り付けましたが、やはり非常に短く、しかし大事なことを指摘していると思います。これは第五章「ダダの死」の一節で、ご覧のように、ウィルソンの『アクセルの城』を引用した上で、これを批判的に検討している注釈的一文ですね。

(53)「エドマンド・ウィルソンの説明によれば、この〈芸術信仰 the religion of art という〉伝統を受け継いだ作家たちが戦後に高い評価を受けたのは「主として文学外の偶発的な出来事のため」であるという。

大戦という度外れた一致協力が終わってしまうと、それにかかわったすべてのヨーロッパ諸国民に残されたのは疲弊と枯渇、また政治についての全面的な絶望感でしかなかった。(…)そんな状況のなか、西洋人の精神は、行動というものに無関心で集団とも無縁なタイプの文学を快く受け入れるようになった。社会意識の強い作家の多くが大戦のおかげで知的に堕落し、結果として取り返しのつかないほど信用を失ってしまっていた、ということもある。他方で前者のようなタイプの作家たち――イェイツ、ヴァレリー、ジョイス、プルースト――は、疑いようのない高潔さをずっと維持していたのである。

つけ加えて言っておくべきなのは、一九二〇年代の知的世界が古くからのパターンをなぞっているということだ。芸術至上主義の伝統が最初に確立されたのは一九世紀半ばだが、当時のフランスの知的雰囲気は、ここで見ている第一次大戦後のヨーロッパに蔓延していた雰囲気とまんざら違ってはいない。一八四八年には、フランスでは多くの作家が心情的または実践的に二月革命にかかわるようになっていたが――たとえばボードレールはバリケードの労働者側に立って戦っている――革命が失敗に終わったとき、何人かの作家たちは社会的大義に寄せていた信頼の念をなくしてしまい、実生活上で果たされることなどもはや望むべくもない理想を芸術に求めるようになった。ランボーをはじめとする文学者たちも一八七一年の「パリ・コミューン」およびその解体後に似た経験をしている。個人主義を標榜するこの偉大な詩人も、一時は社会主義国家のために理想的な憲法を立案しようと試みていたのだ。一九一四年の大戦と、ヴェルサイユでの裏切りの後に起こったことは、このようなプロセスのより急速な、国際的規模における反復なのである」(邦訳『ロスト』二〇六–〇七頁、傍線吉田)。

ウィルソンがこの引用前後でなにを語っているかというと……まず第一次世界大戦が終わると、とにかく政治的絶望感が残るばかりで、みんな無気力になってしまった、と。そういうなかで現実的行動に興味がない、社会とも関わりたがらないタイプの文学が受け入れられやすくなった、と説明している。ただウィルソンのこういう説明には、実は自分とまさに同世代の文学、つまり「ロスト・ジェネレーション」の作品に対するやや否定的なニュアンスが含まれている。彼が賛美するのは、ご存じのようにもっと前のモダニズムの大先達、すなわちイェイツ、ヴァレリー、ジョイス、プルーストといった人々で、ウィルソンの考える「文学的モダニズム」というのは、大体一八六〇年代から七〇年代ぐらいまでに生まれた作家や詩人によって担われています。さらにウィルソンは、同じ社会からの「デタッチメント」と言っても、こうした先達には「非の打ち所のない高潔さ」があったとここで指摘している。特に彼が念頭に置いているのは、おそらくイェイツとジョイスでしょうが、僕の知る限り、ウィルソンはこれほどまでの評価を自分と同世代の同国人に与えたことは決してありません。

カウリーの文章は、そういうニュアンスも含めての、ウィルソンの言葉に対する「反応」でしょう。というのも、カウリーは批評家としては、自分と同世代の文学の常なる擁護者であったわけですから。しかし、カウリーの批判的応答は、もう少し広範囲な歴史的パースペクティヴにも基づいている。つまり、確かにウィルソンが言うように、第一次世界大戦後の「政治的失望」は小説家や詩人たちの「現実離れ」の原因になった――けれども、それだけでは事実を十分説明したことにならない、と。どういうことかというと、実はこういう失望のあり方にもまた、一九世紀以降ずっと繰り返されているある種の歴史的パタンが認められるのではないか、というわけです。

念のためちょっと詳しく見ると、ここも傍線を引いておきましたが（注(53)下のコラム参照）、まず「二月革命」とあるのは、つまり第二共和政のことですね。しかしルイ＝ボナパルトが即位してから、たったの四年で共和政は終わってしまう。で、その政治的挫折の中から、まずはあのシャルル・ボードレールが出てきた、と。さらにその次は、ちょうどこの二十年後に当たりますが、七一年に七二日続いた「パリ＝コミューン」、すなわち世界初のプロレタリア政権が成立する。ですが、こちらもやはり二ヵ月かそこらで潰れてしまう。するとその政治的挫折から、今度はアルチュール・ランボーが出てきた、と。で、最後は自分たちのいるこの二十世紀初頭で、今度はヴェルサイユ条約という大いなる政治的欺瞞に対するさらなる集団的失望があり、そこから今度は、ほとんど群衆のようになって無数の審美的芸術家たちが登場することになった、というわけです。

つまりカウリーは、ウィルソンがひとつの芸術的エポックに限定的に見出しているある傾向を、むしろ文化史において反復的に見出されるようなパタンとして再発見しようとしている。大いなる「政治的失望」の後で「エスシートが登場」するというのは、実はここしばらく続いている、ほぼお約束の文化史、ないし芸術史上のパタンなんだよ、と。

「ヴェルサイユ体制の欺瞞」云々というあたりは、今日は周知のこととして端折りますが、要するに戦勝国によるあまりに過分な賠償規定ですよね。人類が見たこともないような戦争で、見たこともないような被害が出たから、負けたあいつら（ドイツ）に全部賠償させようという話で。ついこの前「飛行機」と称するものが空を飛んだばかりなのに、わずか四年かそこらでそれが航空魚雷を射出するようになり、こちらも「水中＝船舶《U・ボート》」とか称する新奇な船（潜水艦）を攻撃するようになる。人類の飛ばした物体が「成層圏」を越えたのもこの戦争が最初です（パリ砲）。レマルクの描く塹壕戦なんか読んでいると[54]、当時の兵士が味わった純然たる恐怖の片鱗が伝わってくる。ついでながら「抗生物質」もまだなくて[55]、同じ負傷をしても致死率は桁違いに高かった。第二次世界大戦と違って、この戦争が、現代的戦争を未だ知らない人々が経験した現代的戦争であったというのは、忘れてならない点だと思います。

カウリー同様、この世代で従軍経験がある作家たち、つまりカミングズやヘミングウェイあたりですが、一般には彼らがなにかやむを得ず戦争に参加し、不遇な体験をして帰ってきたという印象を持っている読者も多いと思いますが……実は本人たちは物見遊山というか、最初は「ただでヨーロッパに行けるぜ！」ぐらいの感覚で出かけた中産階級出身の大学生が多いですよね[56]。当初はアメリカも参戦してないし、正規軍の兵士ではなく、あくまで紳士志願兵という名義の学生ボランティアで。しかし今述べたような戦争ですから、行った先によっては本当に大変な体験をして帰ってくる。新興国アメリカに生まれ育ち、まだ見ぬ欧州と戦争のふたつに、どこか一九世紀的な「浪漫的」敬仰を抱いて出かけた若者たちが、予想もしなかったような出来事を体験して——それで、だんだんと連合軍の大義を信じてみたり、なか

(54) Remarque, Erich Maria. *Im Westen Nichts Neues.* Berlin: Propyla'en Verlag, 1929.（邦訳：エーリヒ・マリア・レマルク『西部戦線異状なし』秦豊吉訳、新潮文庫、一九五五年。）

(55) 最初の抗生物質であるペニシリンがアレクザンダー・フレミングによって発見されたのは一九二九年。実用化は約十年後の一九四〇年代で、まさしく第二次世界大戦がその最初にして最大の医療利用の機会となった。

(56) 「戦争がはじまると、大学にいた若い物書きたちは、外国軍所属の負傷兵輸送班に志願するという考えに惹きつけられた——アメリカン・アンビュランス・サービスやノートン＝ハージェス衛生隊といった部隊なら、いずれもフランス軍配下でフランスから給与をもらうことになるし、イ

には進んで戦闘機乗りになったり、ヴェルダンやソンムのような激戦区に行って地獄を見る者も出てきた。やがてカウリーの言う、本当に「失われた」世代にならなくて済んだ連中は、自分の代わりに友人を失ったり、体の一部を失ったりしながら、帰ってくるわけです。

だから一九一九年にアメリカがヴェルサイユ条約を批准したときには、それぞれ反応の違いはあったでしょうが、全体として非常に苦々しい思いをする。けっこう有名なエピソードですが、クリスマスのときだけは塹壕を挟んでドイツ兵と一緒に歌ってとか、そんな風に、共に戦った相手に対する敵味方を超えた人間的共感もあったようですし。経済学者のケインズなんかも、こちらは年齢的に一回り以上年長ですが、まだ若い官僚として出向いたヴェルサイユで、本当にぶち切れて勝手に帰って来ちゃう。「こんなことしてたら絶対また戦争が起こるぞ！」とか言って。実際、彼の言うとおり――まあ半分ぐらいは、アメリカが後にやらかした関税政策（スムート＝ホーリー関税）[57]のせいもあろうと思いますが――やがてE・H・カーの言う「危機の二〇年」を経て、二度目の世界大戦が始まってしまう。

ちなみに『移郷者の帰還』最終章は、なぜかハリー・クロズビーという、現在は一般に無名の詩人が自殺するまでの話が延々と書かれて

タリア前線にいる赤十字社の救急輸送班という手もあった。こういう組織なら、きっと最速で僕らを国外に連れ出してくれるはずだ。ちょうどドス・パソスの登場人物の台詞にあるように、僕らは〈すっかり祭りが終わっちまう前に〉事に加わりたくてうずうずしていたのである」（邦訳『ロスト』四九頁）。

(57)　一九三〇年六月、多くの経済学者の反対にもかかわらず可決されたスムート＝ホーリー関税法案（Smoot-Hawley Act）については、カウリーもその三〇年代録で「何百万もの破れかぶれの人々がヒトラーの党に投票」した原因として取り上げている。Cowley, Malcolm. *The Dream of the Golden Mountains: Remembering the 1930s*. New York: Penguin Books, 1981. Chapter 3, Chapter 9.

います。本邦では坪内祐三さんが『変死するアメリカ作家たち』で大きく取り上げていますが[58]、カウリーがクロズビーの話で本を結んでいるのは、多分クロズビーが第一次世界大戦における最大の激戦区、あのヴェルダンの「生き残り」だからということもある。兵士の死体の写真を書斎に貼って、それを眺めて常に戦争の凄惨を思い出しながら、他方ではデカダンというか、自己破壊を絵で描いたような生活を送っていた。しかも彼の実家は大変なお金持ちで、なにしろ名付け親である母方の祖父があのJ・P・モーガンですからね。典型的なボストンのバラモン階級《ボストン・ブラーミン》で、ヴェルサイユ体制下における戦勝国の金融資本そのもののような一族の人なわけです[59]。だから僕は、ジョイスが「進行中の作品」（『フィネガンズ・ウェイク』）を発表していた雑誌『トランジション』も、一応文学史的には「ユージン・ジョラスの主催していた雑誌」とされていますが、たぶん同人であったクロズビーがかなり出資していたんじゃないかなあと、想像してるんですよね。実際彼は「ブラック・サン・プレス」とか、自分の資本で出版社も作っていますし。まあこれはひとつの可能性ですが、例の「シェイクスピア・アンド・カンパニー」書店でジョイスを支えていたシルヴィア・ビーチ[60]だってアメリカ人なわけで、ジョイス作品の「誕生」を支えたの

(58) 坪内祐三『変死するアメリカ作家たち』白水社、二〇〇七年。

(59) 今のところ以下の本がハリー・クロズビーの決定的伝記である。Wolff, Geoffrey. *Black Sun: The Brief Transit and Violent Eclipse of Harry Crosby*. New York: New York Review Books, 2003.

(60) かつてのモダニストたちのたまり場であり、ジョイス『ユリシーズ』の最初の出版元ともなったパリ左岸の小さな書店「シェイクスピア・アンド・カンパニー」のアメリカ人経営者。その自伝は当時のパリ左岸の文化を知る上で欠かせない一冊となった。Beach, Sylvia. *Shakespeare and Company*. New York: Harcourt, 1959.（邦訳：シルヴィア・ビーチ『シェイクスピア・アンド・カンパニイ書店』中山末喜訳、河出書房新社、一九九九年。）

が実はもっぱらアメリカ人であったと考えるのは、少し面白いじゃないですか。アイルランドの生んだハイ=モダニズムの極北も、実は「アメリカ」が大きな後ろ盾となっていた、と。

6

まあとにかく、大いなる政治的失望が apolitical なエスシートを産み出すというのは、ボードレールからこのクロズビーに至るまで、もうここ百年ぐらい繰り返されているお決まりのパタンなんですよ、と。言い方としては簡素なんですが、カウリーは、ウィルソンが見逃している大きな状況や枠組みを、良く直観している。それに、そもそもウィルソンのような言い方だけで終わってしまうと、芸術至上主義的な身振りも、単に没社会的なものに見えかねない。ところがカウリーは、この「ダダの死」という章でまさにこの点を論じていますが、審美的というとなにか amoral な、つまり倫理コードや社会から分離されたもののようだけど、実はそうじゃないんだ、と。芸術家はまさにそのように「宣言」するが、むしろ常にその逆の形で彼らの「イズム」や作品は現象した、というんですね。これは先ほど触れた、バークが処女評論集で論じたのとまったく同じテーマですが[(61)]、われわれ

(61)　Burke, Kenneth. "The Status of Art." *Counter-Statement.* 注(20)を参照。

はamoralである、われわれはapoliticalである、われわれの言うことは一切合切無意味である——そんな風に言いながら、実はそういうダダイストたちの言葉が「発話行為《スピーチ・アクト》」となって、ある種の（反）社会的意味を確固たる形で作り出すことになる。*amoral*どころか*immoral*だったり、*apolitical*どころか実は*antipolitical*だったり*ultrapolitical*だったりする。そういう屈折した「芸術」と「社会」のインタラクティヴな関係が、一九世紀このかたずっと続いてきたよね、そうカウリーは述べているわけです。

こういう分析を見ると、先ほども言いましたが、『移郷者の帰還』という本が別段「一九二〇年代」という時代の独自性を謳い上げたような本ではない、むしろ逆であることが良く分かる。むろんカウリーは時代の生き証人ですから、さっきのロトンドの話のように多少調子に乗って懐古している部分もありますが、それを相殺するようなリフレクションがあちこちに散りばめられている。エピローグでも非常にはっきりと、やがて「ロスト・ジェネレーション」と呼ばれる自分たちの世代が、「歴史の脇役でしかなかったことが必ずや分かるであろう」と書いてある。こういうところが、この本がなかなか簡単に要約できそうで、やっぱりできない、ぱっと見よりも複雑な「含み」をもったテクストである理由であろうと思います。

＊

ちょっとまたカウリーのことばかり話してしまいましたが、さてこういうスタイルに対して、エドマンド・ウィルソンの発揮した力とはどのようなものであったのか。彼もカウリーと同じようにずっとジャーナリズムの世界で活躍していたわけですが、批評の核となる眼差しは、実は非常に違っています。

先のカウリーの「上下運動」との類比で言うと、それは本質的に「線的遠近法」のそれではなかったかと、僕は考えています。

例えば『フィンランド駅へ』(62)という傑作がありますよね。これはロシア革命の話をするのに、わざわざ「ミシュレがヴィーコを発見する」ところから始まっているわけですが……最後の最後、ついにレーニンが「フィンランド駅」（これは欧米によくある「行く先」を名に冠した駅名、念のため）のプラットホームに降り立つその瞬間のために、ひたすら著者が読者とともに歴史回廊を進んで行く。そしてその最初に、とにかく一九世紀の歴史家ミシュレが、当時すでに歴史の片隅に埋もれていたナポリの哲人、ジャンバティスタ・ヴィーコを「発見」するというモメントが置かれているわけです。

つまりこのモメントこそが、僕らがこの、実に奥行きのあるウィルソン流の歴史展望を眺める際に立つべき「場所」なんですね。ウィルソン本人が、ここであの『侍女たち《ラス・メニーナス》』のベラスケスのように顔を覗かせているかは分かりませんが(63)、いわば作者の視座であるとともに、読者の視座でもあるべきような場所が、一種の「特別指定席」としてあらかじめ用意されている。そして、この始点／視点であるヴィーコのテクストに残された共産思想の萌芽と言うべきものが、どーんとビッグバンのように加速度的に前進して行って……やがてはレーニンを件《くだん》の駅舎に降り立たせるであろう、と。大河小説とまでは言いませんが、ウィルソンの書くものには、必ずそういう大きい図絵へと繋がって行く想像力《イマジネーション》／構想力が充満している。しかもそれは、単に書物全体の構成がそうなっているというのではない。むしろ、たったひとつの小さな言葉や観念にこだわることで、その細部からそういう大きな広がりを常に見出して行くような語り口であり、考え方です。

例えばハンドアウトのここに、「ドイツ観念論」に関するいかにもウィルソンらしい説明を二箇所ほど（【引用1】および【引用2】）引きましたが[64]——こういう指摘を、まったく彼にしか見られないものだと言うつもりは僕にはありませんよ。例えばハイネの『ドイツ古典哲学の本質』（『ドイツの宗教と哲学のために』）[65]とか、ああいうのを並べて想起したくなるわけですが——いずれにせよこういう評言は、ハイネの本と同じで、哲学者の説明とも歴史家の説明とも違うようなバランスで書かれている。ウィルソンの場合、やはりその根本はテクストの読み手というところにあって、誰よりも早く『フィネガンズ・ウェイク』の意味を認めたリズールらしい、すべてが精緻に「読み解いた」ことの結果として書かれている、そういうタイプの批評です。相手がジョイスでも、マルクスでも変わらない。

---

(62) Wilson, Edmund. *To the Finland Station: A Study in the Writing and Acting of History*. New York: Harcourt, 1940.（邦訳：エドマンド・ウィルソン『フィンランド駅へ』岡本正明訳、一九九九年、みすず書房。）

(63) 以下の有名な序文を参照。フーコー、ミシェル『言葉と物——人文科学の考古学』渡辺一民、佐々木明訳、新潮社、一九七四年。

(64) 以下、引用はすべて前掲の岡本訳『フィンランド駅へ』による。

【引用1】「ヘーゲルは、社会、すなわち「国家」は絶対理性の実現であり、この絶対理性に個人は従わなければならない、と考えた。彼は後になって、自分が意味していたのは完全な国家であると述べている。しかし、彼の後期の政治学および政治的立場は、彼がこのような「完全性」をフリードリヒ・ヴィルヘルム三世の治めるプロイセンによってすでに実現されたものとみなしていた、という仮定に根拠をあたえた。つまり、社会はすでに発展することをやめ、完成され、石化したというのである。しかし同時に、このような完成された国家それ自体は、たんにドイツ観念論の霊界における神秘的実体の一つにすぎない。なぜならそれは、理性を通じて自己を実現する原初的な、神的な「理念」の産物、一局面にすぎないものと考えられているからだ。こうして、もっとも進んだ思想によって神の権利を付与され、みずからの地位の永続性を保証された王は、ヘーゲル主義者を手厚く保護し援助した。彼らは行政の支柱となったのである」(『フィンランド駅へ』上巻、一五五頁)。

【引用2】「ドイツ哲学の抽象観念は、英語やフランス語に移し替えると無意味で、ぎこちなく思えるが、ドイツ語では、大文字でどっしりとしているため、原初の神々といった印象をあたえる。それらは実体を有しているが、純粋な存在である。それらは抽象的だが、滋養になる。人々を清め、慰め、陶酔させ、あるいは好戦的にする力をもっている、あたかも古代の歌謡や叙事詩のように。それはあたかも、北方の古き部族的神々が、彼らの異教的な押し出しの強い性格を維持しつつ、キリスト教に宗旨替えし、キリスト教神学が一八世紀フランスの合理主義に取って代わられると、こんどは純粋理性の仮面を着けたといった感じである。これら抽象観念は、擬人的でないからといって、より神話的でなくなるということはない。ドイツ人は、社会観察の分野でほとんど貢献せず、偉大な社会小説・演劇を生みだすこともほとんどなかったが、神話を生みだすことにかけては天才であった。ゲーテの「永遠に女性的なるもの」、カントの「定言的命令」、ヘーゲルの「理念」「世界精神」——これらは、ドイツ人精神を支配し、ヨーロッパ思想に、伝説の偉大な神々のように漂い、つきまとっていた。カール・マルクスは先に引用した文章で、ヘーゲルの「理念」をデミウルゴスと呼んだ。このデミウルゴスは、彼がそれをしりぞけたと考えた後でさえ、彼にぴったりと付き添って歩きつづけた。彼はなおもヘーゲルの三段階——「定立」「反定立」「総合」——を信じていた。これは、キリスト教神学から引き継がれた、かの「三位一体」にすぎない。ちょうど、キリスト教徒がそれをプラトンから引き継いだように。それは神話的な魔法の三角形であり、ピタゴラスの時代、いやそれ以前から確実性と力の象徴であり、おそらく男性の生殖器と類似していることから意味と重要性を帯びるようになったのだろう。マルクスはかつて、「哲学が現実世界の研究にたいしてもっている関係は、自慰が性交にたいしてもつ関係に等しい」と記した。それなのに、彼は現実世界の研究に「弁証法」を持ち込むことを主張した。そしてこの三位一体、つまり「定立」「反定立」「総合」は、マルクス主義者たちに、理性では正当化することのできない、抗しがたい影響力をおよぼした。(ヴァーグナーが弁証法について の楽劇を創作しなかったのは、ほとんど驚異である。ニーベルングの物語では、ヴォータン、ブリュンヒルデ、ジークフリートの関係によってたしかに弁証法が暗示されていると思わざるをえないのだ)」(同書、二四一-四二頁)。

だから、僕が〈歴史〉というカテゴリーを彼にあてがったのは、いわゆる歴史家という意味とは少し違うかもしれませんが、歴史に向かって広がっていこうとする構想力がいつも細部に存在している。しかも、そのような構想力は、彼がテクストを「読む」ときにのみ現れるということですね。『資本論』の諧謔をスウィフトのそれに比べてみたり、あるいは最後の引用のように（【引用3】）、レーニンの書く一種「機能的」というか、意味伝達に特化したような機械的文章とマルクスの怒濤の如き博引旁証を比較して、彼らは隣にいるようで、実はぜんぜん書いている土俵が違うんだ、『資本論』は本当はロバート・バートンの『メランコリーの解剖』のように読まなきゃ駄目だ、と言ってみたりする。「その父がユダヤ教の道徳性であるとすれば、その母はルネッサンスであると言えよう」。どうですか、これ。こんな評言、普通のマルクス主義者なら「なんじゃそら」となるでしょうが、しかし、やはり分かる気がしませんか。わざわざレーニンのエクリチュールと比較しているのが、示唆的というか、ウィルソンなりの親切でしょう。ラッセル卿の簡潔明快な英語をliteratureとして一流と褒めそやしたのは学生エリオットですが、ウィルソンのこのマルクス礼賛のほうがずっと凄みがある。なにしろ資本主義を根底から論じた捨て身の

【引用3】「レーニンの書いたものは、すべて機能的であった。それは、直接的な目的を遂げることのみを目指して書かれていた。／一方、マルクスの書いたものには、旧い文化のさまざまな要素が重々しく詰め込まれている。『資本論』は、豊富な図表、脚注、付随的資料、学識あふれる冗談、古代から現代にいたるさまざまな文学作品からの原語での引用などにみちていて、どこか『憂鬱の解剖学』のような作品と共通点がある。その父がユダヤ教の道徳性であるとすれば、その母はルネッサンスであるといえよう。しかしレーニンは、マルクスがそうであったような意味での旧式な学者でないばかりか、じつは文筆家ですらなかった。彼のもっとも長大で野心的な作品である『ロシアにおける資本主義の発展』――これは、マルクスの作品の補巻のようなものとして意図された――ですら、『資本論』のような、文学的で純粋に知的な側面はもたなかった。レーニン

歴史的大冊が、そのルーツをルネサンス末期、すなわち「パラドクシア・エピデミカ」の極致たるバートンのテクストに有しているというんですから。細部ながら、ちょっと真似のできない歴史的スケールの口吻です。こう言われると、もうそういう風にしか思えない(笑)。

カウリーの書き方を先ほど「上下運動」と言いましたが、それに即すればこちらは奥行きのある運動と言うべきで、つまりこれが「遠近法的」と称した所以です。小さな細部にこそ、奥まった歴史に届こうとするレンズが用いられている。そして、たぶんカウリーと一番異なった特徴は、やはり現実よりは書物を通じて世界に繋がっていこうとすることですね。先ほど見たカウリーの批評の流儀があくまで現実世界の観察に根ざしたモーションの小さなジャブの応酬、たまにストレートが出るというようなスタイルとすると、こちらは常に大上段の構え。拳闘よりは、剣術というか。視線の先には卑近な「現実」ではなくして、常に過去の「書物」が造り上げた雄大な展望がある。それが彼の最大の魅力であり、逆に言えば、どこか書物の世界に淫した人間ならではの、宿命的盲目みたいなものも感じるわけです。

先ほどお話しした、「ミシュレがヴィーコを発見する」という出発点もそうですよね。ドラマティックで魅力的な幕開きですが、言い方

はただ統計を集め、それらが意味する過程を示しているだけだ」(同書、下巻、五三〇頁)。

を変えれば、どうしてもそこから書かないと気が済まないようなところがある。どこかに消失点を想定して、そこから全体を描ききるような姿勢と言っても良い。だから、ちょっと意地悪な言い方になりますが、ちょうどこの本が書かれていた頃、つまり一九三〇年代末にロシアでは一年間に数十万人が（大粛正で）殺されているわけですが、たとえそのことが分かっていたとしても、ウィルソンはここから書き始めるしかないんだと思う。ルポルタージュなんかも相当上手でしたが、やはり根本はとんでもなくブッキッシュな人だと思いますね。

＊

実はこういう二人の「書き手」としての対照は、カウリー本人が書き残した一九三〇年代録にも良く記録されています。カウリーは同僚ウィルソンのことを比較的良く回想していて、そこからも二人の違いを色々窺い知ることができる。ここにある *The Dream of the Golden Mountains* というのが、まさにそういう本です（書誌データは注(56)）。書名は『黄金の山々を夢見て――回想の一九三〇年代』とでも訳せますか。連続した章立てによるクロニクルとしては、ここまで話題にしてきた『移郷者の帰還』を別にすれば、カウリーにはこの三〇年代録があるのみです。ともかくこれによると、カウリーは一九二九年の秋、本人いわく「ニューヨーク株価大暴落の三週間前」から『ニュー・リパブリック』で働き始めたらしい。実際の雑誌をひもとくと、書き手としてはもっと前の二五年ぐらいから少しずつバイトで書評を書いていますが――これはウィルソンも同じです――まあとにかく二九年に、ウィルソンの力添えで正式な編集スタッフになったというらしい。だからこの本は、タイミングとしてはちょうど『移郷者の帰還』

の物語が終わった辺りから始まっている。カウリー個人にしてみれば芸術的ボヘミアンからいよいよ本格的に足を洗い、遅まきながら社会人に徹するという話で、ちょっと雰囲気としては『ソフィーの選択』のスティンゴみたいな感じかもしれませんね。大きな文学的理想を抱きながら、どうしようもない下読みの仕事なんかが多くて悶々としている。実際、ちょっと一人称小説的な導入にもなっています。

当時の『ニュー・リパブリック』編集部の裏実情も色々書いてあって、実に面白い。ジョン・デューイの連載エッセイは勝手にばんばん直しても文句を言われなかったとか、不況のせいでアメリカの救世主を自称する頭のおかしな連中がしょっちゅう編集部にやって来たとか……まあそういうエピソードがてんこもりで。ところがあるとき、雑用ばかりだったカウリーが、突如ペーペーから一躍「読書欄」の責任者になってしまう。この辺、すぐにクビになるスティンゴとは大違いですが、とにかく上の階に自分だけの部屋をもらって、向かいの神学校《セミナリー》を見下ろしてたら、なんだかカソリックの偉い坊さんになった気がしてきたとか、ちょっと戯画的なことを書いてます。

で、なぜそんなことになったのかというと、エドマンド・ウィルソンが自分のデスクを明け渡したということらしいんですね。随分のんびりした話ですが、あるときからウィルソンが会社にぜんぜん来なくなっちゃったらしい。あいつがまたいない、何やってるんだというと、どうも、本を書いているようである、と。だからまあ、カウリーが相当実務的に優れた男だったという理由もあるようですが、突如「お前があいつの代わりをやれ」と、そういう話になったらしい。

むろんこの会社をさぼって執筆中の本というが、あの『アクセルの城』にほかならなかった。当時の本にはよくあることですが、これは書き下ろしではなく元々は雑誌記事で、駆け出し編集者の後輩カウリーが手伝って『ニュー・リパブリック』に分載、一九三一年に僕らの知るような形にまとめたものです。取り上げられているジョイスの最新作『フィネガンズ・ウェイク』もまだ本当に文字通り「進行中の作品」（連載中のタイトル）で、本が出るずっと前の話ですからね。だからウィルソンも、『アクセル』末尾にわざわざその抜粋を付録として載せたりして。とにかく、この二十世紀を代表する小説の最初の重要な批評が、当時ほぼ無名の若いアメリカ人によって真っ先に書かれたというのは、今日あらためて認識しておくべきことだと思います。先輩ウィルソンのこういう恐るべき慧眼と精読者《リズール》っぷりに、むろんカウリーは誰よりも良く気づいていた。他方、ウィルソンのほうでも、カウリーを『ニュー・リパブリック』に誘う手紙の中で、君の書く書評は first-rate だ、だからうちで一緒に働けとエールを送っている[66]。僕が思うに、たぶんその頃から二人はお互い、こいつはなにか自分と違うものを持っているなというようなことを、直感していたんじゃないですかね。

一方、カウリーの『移郷者の帰還』ですが、こちらの初版は『アクセル』に遅れること三年、一九三四年の出版で、やはり元は『ニュー・リパブリック』の分載記事です。書誌的に探ると、最初に発表されたのは三一年の「コネチカット・ヴァレー」という記事と分かる[67]。ちょうど『アクセル』出版と同年。これは後の単行本では第七章の冒頭にあたるところで、全体から見ると「ぼちぼち物語が終わります」という語り口に切り替わって行くところですね。つまり本書は、一時代のクロージングについて語った、また書物自体のクロージングにも程近い箇所から書き始められた本ということになります。

ともかくこんな次第で、『アクセル』と『移郷者の帰還』は、どちらも同時代を代表する批評書という点は誰もがご存じでしょうが、実は時代やテーマが近いのみならず、実際にごく近い場所で、近い関係にあった者同士が書き残した本だった。ですから双子とまでは言いませんが、兄弟のような二冊。そんな目線で改めて読み比べると、きっと色々発見できるのではないかと思います。

ちなみにバークの処女評論集、『カウンター・ステイトメント』の刊行も『アクセル』と同じ三一年ですから、冒頭でお話しした彼らの〈トライアンギュラーな関係〉は、事実上、まさしく三〇年代初頭に具体的な姿を見せるということでもある。ですから彼らにとって実質的なデビュー作でもあったこの三冊は、ぜひとも並べ置いて、時間をかけて比較検討したいと考えている次第です。

ただ、今日はそう時間もありませんから、概略的な比較だけ最後にさせていただくと……まず三冊の中で、当時の思潮や社会状況、また一九世紀あたりからの歴史的経緯を一番明確に「見通し」ているのは、訳者の贔屓目もあるでしょうが、やはりカウリーの本だろうと思います。ただそれにはやはり、三一年

---

(65) ハイネ『ドイツ古典哲学の本質』伊東勉訳、岩波文庫、一九七三年。

(66) カウリー宛の一九二八年三月二六日、四月一三日、四月二七日の手紙を参照。Edmund Wilson, *Letters on Literature and Politics, 1912-1972*, edited by Elena Wilson. New York: Farrar, Straus, Giroux, 1977.
なお一九二九年二月一三日のカウリーによるウィルソン宛書簡にも、『アクセル』出版以前から後者の傑出した才能を認める次の言葉がある。“Think, you have a special distinction; you're the only writer I know who has been successfully leading a double life—that is, who has been earning a living out of literature and at the same time writing good books. I ought to know the difficulty of this double task, since it seems to me that I've rather failed in both sides of it.” (Cowley, Malcolm, and Hans Bak. *The Long Voyage: Selected Letters of Malcolm Cowley, 1915-1987*. Cambridge, Massachusetts: Harvard University Press, 2014.)

(67) Cowley, Malcolm. “Connecticut Valley.” *The New Republic: A Journal of Opinions*, Vol. LXV, Number 843, January 28, 1931. pp. 297-298.

のウィルソンによる「サンボリスム」の総括を前提している点が大きい。しかもカウリーは、雑誌草稿の段階から相当細かくその議論を追いかけているわけですからね。身近な仲間なので割と忌憚なく批判もしていますが、得たものは絶大であったはずです。そういう意味で『移郷者の帰還』は、『アクセルの城』があってはじめて踏み出し得た〈次の一歩〉だった。そう言えるんじゃないでしょうか。

ところが、これとはまったく逆というか、一番時代に乗り遅れている、あるいは「ずれ」ている感じがするのは間違いなくバークの本。実際、この三冊をほぼ間断なく読み比べると、どうもバークの本だけが、カウリーが言う「社会的混乱の中から出てきた無数のエスシートのひとり」によって書かれたもの、という印象を受ける。バークは、まあ元々現実感の希薄なところがありますが、特に著作前半のフローベールやトーマス・マンを論じたエッセイなどはそうです。この処女評論集におけるバークは、ある意味で世紀末的というか、いまだ「長い一九世紀」(ホブズボーム) に潜む新大陸詩人とでも言おうか、どこか古くさいんですよ。後のラディカルな理論家の姿からは想像しにくい人もいるでしょうが、たぶん三人の中で一番「文学的」と言っても良い。ただ、本の最後に掲載された「レキシコン・レトリカ」と称する一種の批評用語集まで読み進めると、俄然、後のバークに通じるような姿勢が出てくる。この「レキシコン」は、明らかに後年の理論的仕事の萌芽と言うべきものですが、やはり当初はそういう可能性をほとんど理解してもらえないんですね。それで、例えば『偉大なる伝統』のグランビル・ヒックスなんかがこれを書評で散々腐して、対するバークが当時の『ニュー・リパブリック』で懸命に反論を書いたりしている。まあこの二人は、後でめちゃくちゃ仲良くなるんですけれど、とにかくこの頃から『ニュー・リパブリック』という雑誌は、いま申し上げたヒックス対バークの論争なんかも含めて、いわゆるロスト・

ジェネレーション、第一次世界大戦世代の作家や知識人たちが、活発に議論を交わす場所になって行く。そういう、知的オピニオン誌としての——この“Journal of Opinions”という表現も、ひょっとしてこの雑誌のサブタイトルが最初の使用じゃないでしょうかね——実に輝かしい黄金時代が、少なくとも「スペイン内戦」ぐらいまで、あるいは「モスクワ裁判」の直前ぐらいまでは、続くことになる。

そう、この辺りまでは。と言いますのは、覚えておいでてでしょうか、最初にちょっとお話しした、ウィルソンとカウリーそれぞれの三〇年代を「明」と「暗」に二分するような、政治的苦境の時が訪れるまでは、ということですが……。最後に、この辺りの話をして終えたいと思います。

7

さて、そこでご紹介しておきたいのが、『苛立つアメリカ』(*The American Jitters*) というウィルソンの実質的な「デビュー第二作」のことです。これは不況に喘ぎ始めたアメリカを活写しようと、もともと書斎向きの人間であるウィルソンが「書を捨て、街に出」たという一冊で、あちこち旅をしながら書き継いだ、当時としてはかなり画期的な「全米ルポルタージュ」になっている。

しかしこの本、『アクセルの城』のわずか一年後、一九三二年には早くも書店に並んでいるはずなのに、一般的にあまり知られていない。一応ハンドアウトにハーヴァード大学の HOLLIS による書誌データを掲載しましたが[(68)]、実は本学英文科の書庫に収められたあの「篠田文庫」(東京都立大学、現首都大学東京にある篠田一士氏の寄贈コレクション)にも入っていない。あの、とつけちゃいましたけど、今ではあまりひもとかれない珍本もこの文庫にはけっこう収められているはずなのに、なぜか件の「第二作」は入っていない。書庫に入る前に形見分けがあったと伺っているので、どなたかの元に行った可能性はありますが……。ただ、そこはさすが都立英文の書庫と言いますか、六八年刊行のリプリント版が通常書架に収められています[69]。都内だと東大や立教にもあるようですが、こちらもやはりオリジナルではなくリプリント版のようですね。僕は収集癖はないですが、見つけたらぜひ入手しておきたいです。

それにしても、かくも著名な批評家の「デビュー第二作」が、なぜそんなobscureな状態になっているのか。これはやはり、本人が絶版にしてしまうわけです。そして以降、ウィルソン自身による書誌リストには一切含まれていない。ただその「中身」については、すっかり同内容ではありませんが、オリジナル刊行から相当の時間が経った五八年になってようやく、今度は『揺れ動くアメリカ』（*The American Earthquake*）というタイトルのずっと長大なアメリカ年代記として、その「部分」を成すものとして再刊されています[70]。そのペーパー版の裏表紙にある出版社の謳い文句では、「一九三〇年代に書かれた、貴重なルポルタージュの全文を再録」云々とありますが、これは正確には事実ではない。

勘の良い方はお分かりでしょう。ここにはコミュニズムの問題があ

(68) Wilson, Edmund. *The American Jitters: A Year of the Slump*. New York, London: C. Scribner's Sons, 1932.

(69) Wilson, Edmund. *The American Jitters: A Year of the Slump*. Essay Index Reprint Series. Freeport, New York: Books for Libraries Press, 1968.

(70) Wilson, Edmund. *The American Earthquake: A Documentary of the Twenties and Thirties*. Doubleday Anchor Books. 1st ed. Garden City, New York: Doubleday, 1958.

る。つまり当時のウィルソンは共産主義の熱心なシンパで、それが露わになったテクストを、みずから「回収」してしまったわけです。

色々と端折りますが、むろんこれにはモスクワ裁判以降の一連の出来事が影響しているに違いありません。とにかくこの「回収」以降、ウィルソンは、もう自分は現実政治には基本的にコミットしない――そういう決意を固めたんでしょうね。だからある意味では、独ソ不可侵条約の翌年（一九四〇年）に出版された、コミュニズムをめぐる一種の思想史と読める『フィンランド駅へ』は、その新たな立場を「公式」に表明したものとも言える。つまり自分にとって共産主義は、あくまで政治・経済思想のひとつ、あるいは歴史的関心の対象として存在するのであって、現実政治における可能な選択肢としてのコミュニズム運動、ましてやアメリカ共産党に関心があるわけではない、と。ともかく以降、彼の書くものにはコミュニズムへの政治的共感が出てこないというか、現実政治に関する批評、あるいは実際の政治について行為遂行的ニュアンスを持つ言葉を、ほとんど書かなくなります。

ところがこれに対して、とてもそんな風に行かないというか、どうにも「回収」しようがない窮地にまで追い込まれちゃうのが、カウリーという人の当時の立場なんですよね。まずはこのカウリーと、いま紹介したウィルソンの幻の「デビュー第二作」の関係から見ていきましょうか。

ウィルソンは『アクセル』の発表以降、編集よりも執筆にずっと気持ちが傾いてきて、後に『ニューヨーカー』の編集主幹になったりもしますが、少なくとも古巣の『ニュー・リパブリック』では書き手としての顔がメインになってくる。カウリーはすでにお話しした通り、この先輩の跡を追って自分も『移郷者の帰還』となるべき記事を書きつつも、相変わらず編集者としてウィルソンをサポートし続けている。そうしてできたのが、件の全米ルポルタージュ『苛立つアメリカ』であったわけです。

当時を語ったカウリーのこの本（『黄金の山々を夢見て』）をひもときますと、はたして第二章が、そのものずばり"American Jitters"と題されている。ウィルソンのような天性の精読者《リズール》が、なぜいきなり似合わない外遊記者になって、旅先からカウリーに記事を書き送るような成り行きとなったのか——そのあたりの事情がここには良く描かれています。どうも恐慌に喘ぐアメリカの光景に、編集部一の「本の虫」が一番心をかき乱され、挙げ句にこの企画を思い立ったということらしい。

大恐慌時代のことは、いま極東の島国に暮らす僕らにはもちろん、カウリーの本が出た一九八〇年当時のアメリカ人にとっても、カウリー自身が言うようにまったく「想像しがたい」世界かもしれません。むろん経済現象として何があったのかを説明してくれる本は数多あるわけですが、実生活の姿となるとやはり分かりにくいところがある。カウリーの三〇年代録も色々伝えていますが、銀行の取引停止をはじめ、例えばシカゴのような大都市で公務員が半年給料を貰ってないとか、紙幣そのものが人々の通貨退蔵《ホーディング》で文字通り「町から消え」てしまって、しかたないので近所の個人商店がガリ版で勝手に「お手製のドル紙幣」を刷り始めたとか……そういう、本当にウソみたいな市井の人々の実体験ですよね。

ウィルソンの全米ルポルタージュも、大半は市民の生活や現実社会を活写しようとしたものです。国内政治や商況について語るのでも、例えばニューズリールよろしく選挙演説をスケッチしてみたり、フォードの工場の様子を克明に描いてみせたりとか……ブロッホのモンタージュとはまた違った、同時代のモザイク図。少々慌ただしいジャーナリズムの筆致ですから、いま読むと分かりにくい部分もありますが、やはり時代の息吹を伝えようという意気込みが凄い。圧巻は、当時「自殺率」が全米ナンバーワンだったサンディエゴを訪れる回で、これはカウリーも件の三〇年代録で長々と引用しています。

「不況」や「バブル崩壊」といった言葉を、僕らはいまも耳にしますし、現にその現象の中にもいるはずなんですが、やはり現実に生じているカタストロフが今とは圧倒的に違う。当時の経済破綻は本当に破壊的なんですよ。それにこの時代は、先ほど申し上げたような、例えば通貨の「退蔵」とか、あるいは同じ「バブル」と言っても、人が実際に国際列車でも〝もの〟を運んで転売するとか、個人の投機的モメントもなにか非常に物質的というか、物理空間的な側面が大きいですよね。金本位制という当時の金融システム自体の問題もかなり大きくて、さっきも言いましたが、まあ曲がりなりにも「金」という、こちらも実在的な根拠を建前にしているせいで今のような金融政策ができないとか……それでますます、経済破綻のカタストロフの度合いが深まってしまう、という。こういうところは、電子決済やネット上の取り引きが当たり前な「構造不況」時代の僕らには、たいへん興味深く、また同時になかなかピンと来ない面でもあります。とにかく当時の経済的破壊は、今日の僕らの想像をはるかに超える激烈さで、だからカウリー自身も、体験した俺でもあれは夢だったんじゃないかとときどき思う、と言うんですね。そりゃまあ、そうでしょう。一九八〇年のアメリカから当時を振り返れば。

それでもウィルソンの最初の単著、『アクセルの城』が出たばかりの一九三一年当時だと、ニューヨークのような都会では例のエンパイア・ステートビルが建ったり、まだ少し余裕がある。テナントが入らなくて最初はがらがらの墓地状態だったようですが、それでも金融業界の人たちはまだ行けると思っていたふしがあるようです。きっと純粋に金融工学的にみれば、そうなのかもしれない。しかし田舎の生活は相当酷いことになっていて、多分これは一時の中国なんかと同じで、上海や北京にいると分からないけど、少し中央を離れると本当に酷い貧困状態だったり……当時のアメリカでも餓死一歩手前とか、おかげで相当な規模の暴動やデモが炭鉱なんかで起こっているわけですよ。でも今と違って、EメールやSNSはおろか、テレビもありませんからね。だからカウリーの本によると、『ニュー・リパブリック』のような雑誌の編集部にも、地方の主婦や労働者から沢山訴えの手紙が送られてきたというんです。

これには当時、新聞にまともな「事実」の報道がなくて、読者にとって信頼できるメディアが雑誌ぐらいしかなかったからだとカウリーは語っていますが、実際この話はかなり信憑性がある。そもそも『ニュー・リパブリック』というのは、彼も書いてますが、モーガン（モルガン）商会の出資パートナーであるウィラード・ストレイトが支えていて、運営はほぼ助成金で成り立っていた。だから不況の最中でも政界や実業界におべっかを使わず自由に書けて、収入的にも安泰だったというんですね。元フーテンのカウリーも良い所に就職したもんですが、他方で一般の報道メディアはと言うと、なにしろ当時は映画『市民ケーン』の元ネタでおなじみ、あの新聞王ウィリアム・ハーストの時代ですからね。国内紙はものすごい偏向報道で、まともな経済ニュースがない。劇場の報道映画《ニューズリール》もアクチュアルな政治・経済のトピックは一切扱わず、当時始まって間もないラジオ放送も、だいたい『エイモスとアンディー』

(*Amos 'n' Andy*) とか、今で言うシットコム、あの観客の笑い声の入ったコメディのはしりですけど、そんなのしかやってない、と。そのうち新聞は、大手銀行閉鎖の大ニュースも一面から遠ざけるというような、異常な振る舞いをし始めます。まるで政府もメディアも、「不況」という事実に一切触れなければ人々の「信頼《コンフィデンス》」と市場の「景況感《コンフィデンス》」を両方取り戻せると信じているみたいだった――カウリーはそんな風に振り返っています。

それで、そのうち投書だけじゃなくて、わざわざ現状を訴えに『ニュー・リパブリック』の編集部にまで読者が押しかけてくるような事態にもなってきた、と。経済的大異変に突き動かされた市井の人々のそういう動きが、やがて一九三二年の有名な「飢餓行進《ハンガーマーチ》」なんかにも繋がってくる。おかげでニューヨークの小さな雑誌社が、急にがぜん忙しく、また騒々しくなってきたというんですね。こういう異常事態の中で、ウィルソンは外遊を決意することになる。当時の様子を伝えた部分を、すべて翻訳してハンドアウトに載せましたから、一部を読んでみましょうか。

> 読書欄担当のエドマンド・ウィルソンは、他の者たちよりも経済危機に動揺していた。(…)一九三〇年の秋、彼はこれからアメリカ中を旅して周り、行った先々から記事を送ると宣言した。当時ウィルソンは三十五歳、それまでの彼といったら常にまず一人の読み手（それもアメリカで最高の）であり、次いで一人の書き手、つまりプリンストンの学生部長ガウス〔ガウス・セミナーに名の残る学者〕が生涯の望みとした、「あらゆる言葉、あらゆる語調、あらゆる細部が」――ガウスに関するウィルソンのエッセイからの引用だ――「はっきりした効果を生むのに決定的役割を果たしているような

類の文章」を書くという理想に鼓舞された書き手だった。彼が生ける者たちの暮らす現世の住民であったとしても、せいぜい三番目にそうであったに過ぎない。シャイな性格で、知らない相手にはぶっきらぼうなところがあった。情報を得るにも人よりは文物からというのが彼の習い性で、答えを求めてしばしば書物の頁を繰るのだけれど、端で見ているとどうもそこで答えが見つかるようには思えない（かといって手紙で意見してやると、今度は行間を読んでしまう始末）。彼は人が集団としてどう振る舞うのかを理解しようと骨を折ったことがなく、ゆえに政治に関しては子供同然《イノセント》で、およそ気の利いた雑誌社が外遊記者に選ぶようなタイプではなかった。だが、ある程度はまさにそういう無垢さゆえにこそ、彼の記事は他の誰も到達し得ないような鮮やかな細部と、生き生きした見解を得ることができたのである。これらの記事は後に『苛立つアメリカ』として刊行され、今もなお大不況二年目のアメリカを描いたもっとも鮮烈な本であり続けている。[71]

手短なスケッチですが、ウィルソンの性格や書き手としての特徴を良く伝えていますし、結果的に二人の関係や性格の違いも良く出ていると思います。とにかくカウリーによると、三〇年代初頭で覚えていることといえば、先ほど言った大量の投書と、編集部に押しかけるさまざまな人々、あとはこのウィルソンの外遊記事だった、と。ところが残念ながら、先に申し上げた事情で、この大恐慌時代の貴重なルポルタージュは発表後間もなく絶版になってしまう。カウリーはウィルソンの筆致を大いに讃える一方で、この本が以降の書誌から取り除かれたことについては何も語っていません。けれども、だからこそ、その「行間」にはもう少しなにか言いたそうな「含み」が聞き取れる気がします。それはまあ、当然そうなりますよね。

　ここで先ほど触れた、一九四〇年刊行の『フィンランド駅へ』に戻りますと、実はこの本には一九七一年に新しい「序文」がつく(72)。その内容を簡単に言えば、自分の歴史認識にある程度「誤り」があったことを、ウィルソンが認めるというものです。しかしこの本自体、そもそもがコミュニズムの政治的是非を問うものではありませんし、なによりウィルソン自身が自らの「誤り」としたものを差し引いても、本書が政治思想をめぐる類い希な歴史／物語《イストワール》であることに変わりはない。改めて開示されたこの「誤り」ゆえに著者を咎め、一九四〇年時点における見識として示された本書の内容を非難する読者は、まずほとんどいないだろうと思います。

　ただ、これは微妙なニュアンスの問題になりますが、彼がこのようにはっきり「誤り」を認めたことで、以降、それ以外にはどんな誤謬もなかったかのような、新たなコンテクストが作られているようにも見える。というのは、ウィルソン自身が本当に隠そうとしていたのは、コミュニズムに関する判断の誤謬といった話とは、微妙に違うのではないかと僕は思っているんです。

　ウィルソンが過去について自己反省めいたことを語ったものとしては、この一九七一年の「序文」以上にはっきりしたものはありません。また先ほど、ウィルソンが共産主義に対する若い頃のシンパシーを後年隠すようになったと言いましたが、当時のテクストをそのままの姿で収めている本は、この時期、つまり独ソ不可侵条約が締結され、モスクワ裁判の実態もぼちぼち明らかになってきた三九年「以前」のものに関しては、ほぼ存在しない。むろん、雑誌記事が本になる際に削除や修正が為されるのは当然ですが、そうではなくて、イデオロギー的に全体の意図が有意に違って見えるような箇所に限って、入念に変更されている。僕はすべてを完全に照合したわけではないですが、雑誌など発表当時のオリジナル版と一通り比較すると、ウィルソンは相当徹底してこうした修正を施していると思います。で、件の一九三二年刊の「デビュー第二作」、オリジナルの『苛立つアメリカ』が書誌から丸ごと消されてしまった、無かったことにされているというのが、こうした修正の中でももっとも顕著なもののひとつであるわけです。五八年の『揺れ動くアメリカ』に再録されたその「内容」に見られる変化は、むろん多くは特に珍しくない語句の修正で、基本的な章割りにも変化はありません。ただ、終わり近くにあった「著者の場合」(“The Case of the Author”)(73)という一七頁ほどの章が丸ごと削除され、他の箇所についても、この章と似た内容の主張や語句を消し去りたかったんだろうな、ということが分かる。この章の始まりは、こんな具合です――「目下起こりつつあることは、著者の全般的な態度に関してなんらかの説明を要するものかも知れない。／私の見るところ、カール・マルクスのもろもろの予想は、いまや現実となりつつある」――

以下に続くのは、だいたい内容的には一種のマルクス賛歌、また彼の議論を同時代アメリカに当てはめて検証するといったもので、当時の記録として見ればそんなに神経質に削除すべきものではないようにも思える。しかし『フィンランド駅へ』で示されたマルクスへの敬仰があくまで思想家、それも前人未踏の偉業を成し遂げた、自分と同じ「書き手」としてのマルクスに対する賛美であるとすると、こちらはより現実的な政治・経済における信条としてのマルキシズム、ないしコミュニズムに対する同調や加担を示したものと言えるでしょうね。進歩的な人々が「アメリカ革命」を起こし得ないでいることへの不満、またブルジョアの大学生だった自分が、かつてどういうつもりで兵士になったか、云々といった少し青臭い下りには、ウィルソン特有の回りくどさはあるけれど、やはり自分が現実政治における変化を求める行動的人間の一人でありたいといった、後の彼の流儀とはかなり違った含みが感じられます。

それにしても、例えば先ほど言及した『フィンランド駅へ』の「序文」は、ワーズワースのような人

---

(71) Cowley, Malcolm. *The Dream of the Golden Mountains: Remembering the 1930s.* New York: Penguin Books, 1981. pp. 11-12.

(72) 「ほかの国で起こった社会的大変革を理想化することは、あまりにも容易なことである。ワーズワースやチャールズ・ジェイムズ・フォックスのようなイギリス人がフランス革命を理想化し、ラファイエットのようなフランス人がアメリカの革命を理想化したのは、このような理由によるものと思われる。そして、ロシアは西欧から離れたところに位置しているため、アメリカの社会主義者や自由主義者は、いっそう容易に、ロシア革命が抑圧的な過去を取り除き、トロッキーが予言したように真に人間的な社会を打ちたてるだろうと想像することができた。そう考えた点で、われわれは非常にナイーヴだった。われわれは新生ロシアが、旧ロシアにおける多くの要素——検閲、秘密警察、無能な官僚のひき起こす厄介な問題、強大で残忍きわまる独裁——を依然とどめることになろうとは予想だにしなかった。本書全体をつうじてわたしは、重要な進歩があり根本的な「解決」がなされたことを、そしてわれわれの歴史はけっして同じものにならないことを当然のこととしていた。わたしは、ソヴィエト連邦が人類史上もっとも恐るべき独裁国家となり、スターリンが無慈悲な歴代の独裁者のうちでもっとも残酷で良心を欠いた独裁者になるなどとは考えてもみなかった。それゆえ本書は、革命家たちが「より良き世界」を築くためにやっていると思ったことについての、基本的に信頼できる記述として読まれるべきである。しかし、わたしの側のあまりにも希望的な観測にもとづく偏見を正すため、ここでいささか修正を施す必要があろう。ただし、十月革命にかんして、その何が永続的な価値をもつかについては——それが何を意味しようと——ここであえて評価を試みるつもりはない」。前掲『フィンランド駅へ』岡本訳、六六九–六七〇頁。なお、翻訳では「後記」となっている。

(73) Wilson, Edmund. *The American Jitters: A Year of the Slump.* Essay Index Reprint Series. Freeport, New York: Books for Libraries Press, 1968; New York, London: C. Scribner's Sons, 1932. pp. 297-313.

がフランス革命を過度に理想化し得たのは、それが海の向こうの出来事だったからだ、云々という風に、ある種の政治的ナイヴィテの指摘で始まっているわけですが……しかしこの三二年当時、『苛立つアメリカ』のウィルソンは、そんな風に超然たる歴史的イロニーをもって語る後の彼と比べると、むしろワーズワースに似た向こう岸の同調者の一人に見えなくもない。ウィルソンが本当に消去したかったのは、そういうナイーヴな政治的自己像でしょう。少々意地悪な見方でしょうが、彼は自分の「誤り」を認めたと称するこの「序文」によって、過去の政治的ナイヴィテを覆い隠した。少なくとも結果的には、そうなっていると思います。

もうひとつ似た例があります。カウリーが『苛立つアメリカ』を扱った章には、この本には入らなかった、しかし同時期に書かれたもうひとつ別の記事も大きく取り上げられている。「進歩派への提言」（"An Appeal to Progressives"）[74]と題された、タイトルからして明らかに政治的なエッセイがそれですが、雑誌掲載は一九三一年一月。時期的・内容的に『苛立つアメリカ』と大きく関連していますが、「ルポルタージュ」ではないので *American Jitters* や *Earthquake* は入らず、こちらもやはりかなり後になってから、一九五二年刊行の『光の岸辺』（*The Shores of*

(74) Wilson, Edmund. "An Apeal to Progressives," *The New Republic: A Journal of Opinion*, Vol. LXV, Number 841, January 14, 1931. pp. 234-238.

Light）に収録されました[75]。

カウリーがなぜこの記事を取り上げているのかというと、当時この「進歩派への提言」を起点にして『ニュー・リパブリック』誌上で大きな論争が起こったからです。これはニューディールの原案を造り上げた一人とも言われる経済学者のジョージ・スーレイと、ケネス・バークが加わった三つ巴の論争で、カウリーは当時起こった誌内の重要な出来事のひとつとしてこの出来事を取り上げている。

『黄金の山々を夢見て』でのカウリーの語り口だと、ウィルソンの政治的立場が、当時必ずしもはっきりしないものであった点が、やんわり非難されているだけという風にも見える。しかし、例えばウィルソンが「〔進歩派は〕コミュニストたちからコミュニズムを取り上げなければならない」とか、少々意味を取りにくい発言をしてバークにぼろかすに言われたというんですが……そこまで大きな論争になるかな、という気がしないでもない。ちなみにこの「提言」は、最近みすず書房から出版された『エドマンド・ウィルソン著作集』でも目ざとく取り上げられ、佐々木徹先生が翻訳されています[76]。僕もさっそく手に取ったわけですが、やはり改めて日本語で読んでも、「進歩派への提言」という割には、アメリカン・リベラリズムではもはや社会改

(75)　Wilson, Edmund. *The Shores of Light: A Literary Chronicle of the Twenties and Thirties.* New York: Farrar, Straus and Young, 1952.

(76)　『エドマンド・ウィルソン批評集1 社会・文明』中村紘一・佐々木徹訳、みすず書房、二〇〇五年、四二–五七頁。

(77)　Croly, Herbert David. *The Promise of American Life.* New York: Macmillan, 1909.

革できないと言い募るばかりで、まあそうでしょうねというか、そこまで論争誘発的《プロブレマティック》って印象ではない。つまり論争の中核が、分かりにくいんです。

もっともウィルソンは、当時『アメリカン・ライフの未来』(*The Promise of American Life*)(77)という著書によってアメリカン・リベラリズムの象徴と目されていた、ハーバート・クローリー、つまりよりにもよって、自分自身の働く『ニュー・リパブリック』の創始者にして初代編集長でもあった人物を、その死の直後に名指しで批判することから論を始めているわけですから――これはいかにもウィルソンらしい、空気を読めない、読む気が全然ない粗忽っぷりで好ましい印象もありますが――ちょっと雑誌内の「お家騒動」みたいになっちゃったのは、当然かもしれません。しかしそのこと自体は、論争の中身にとって単に付帯的な事実でしかない。

それで、こちらも当時の雑誌を引っ張り出して、オリジナルの記事と比べてみたわけです。するとやはり、ハンドアウトにお示ししたような変更が色々と為されている（ここでは左頁に一部のみを示す）。カウリーの本にはウィルソンの「提言」に関する書誌データが付されていませんが、語句や表現が*The Shores of Light*の版と噛み合わないところがあり、照合してみるとやはり単行本からではなく、当時の雑誌記事から直接引用していることが分かる。変更点はさまざまですが、特に先ほど触れた「コミュニストたちからコミュニズムを取り上げなければならない」云々という、エッセイ末尾の文言の周辺に、単行本版ではごっそり取り除かれている箇所があります。詳細は実際のテクストをご確認頂くとして、その削除部分の趣旨をひとことで言えば、独立宣言とアメリカ合衆国憲法が、いまやなんらかの新たなマニフェストに、また新たな権利宣言に置き換えられるべきだ、云々といったことになる。つまり、この主張こそが本来タイトルで

NR, Vol. LXV, No. 841, Jan 14, 1931. p. 238.

. . . The Communists in the United States do not believe that American business or government can possibly imitate or ally themselves with the Soviets. They believe that a war against Russia is inevitable. They believe, furthermore, that they themselves constitute a small, trained, compact minority who, when American capitalism inevitably breaks down and is left helpless in its ignorance and anarchic selfishness, will be able to step in and man the works. This idea has always sounded to us absurd, but who will say that it is entirely fantastic today when the machine is obviously badly in need of repairs and there seems no political group in a position of power with either—a sensible plan or good intentions? I believe that if the American radicals and progressives who repudiate the Marxian dogma and the strategy of the Communist party hope to accomplish anything valuable, they must take Communism away from the Communists, and take it without ambiguities or reservations, asserting emphatically that their ultimate goal is the ownership of the means of production by the government and an industrial rather than a regional representation. What we need in this country is a genuine opposition, and it is a long time since the liberals have been one. A genuine opposition must, it seems to me, openly confess that the Declaration of Independence and the Constitution are due to be supplanted by some new manifesto and some new bill of rights. It must dissociate its economics completely from what is by this time a purely rhetorical ideal of American democracy, though it has since the first days of the Republic been inextricably bound up in our minds with the capitalist system. If we want to prove that the Marxian Communists are wrong and that there is still some virtue in American democracy, if we want to confute the Marxian cynicism, the catastrophic outcome of whose "economic laws" is predicted, after all, only on an assumption of the incurable swinishness and inertia of human nature, an American opposition must not be afraid to dynamite the old shibboleths and conceptions and to substitute new ones as shocking as possible. Who knows that they may not seem less shocking to other people than to us shibboleth experts ourselves?

The Shores of Light, pp. 532-33.

. . . The Communists in the United States assume that, by their very nature, neither our government nor our business is capable of learning anything from or of associating itself with the Soviets. They believe that a war against Russia is inevitable. They believe, moreover, that they themselves constitute a trained compact minority which, at the moment when American capitalism shall have finally broken down completely and been left helpless in its ignorance and anarchic selfishness, will be able to step in and man the works. To liberals, this idea has always sounded absurd, but who will say that it is entirely fantastic today when the machine is so badly in need of repairs, and one can see no political group in any position of power that has either a sensible plan or even good intentions? I believe that if the American radicals and progressives who repudiate the Marxist dogma and the strategy of the Communist Party still hope to accomplish anything valuable, they must take Communism away from the Communists, and take it without ambiguities, asserting that their ultimate goal is the ownership by the government of the means of production. If we want to prove the Communists wrong, if we want to demonstrate that the virtue has not gone out of American democracy, if we want to confute the Marxist cynicism implied by "economic laws" the catastrophic outcome of which is, after all, predicted only on an assumption of the incurable swinishness and inertia of human nature if we seriously want to do this, an American opposition must not be afraid to dynamite the old conceptions and shibboleths and to substitute new ones as shocking as necessary. Who knows but they may seem less shocking to the ordinary suffering public than to us shibboleth experts ourselves?

"An Appeal to Progressives"の雑誌版（*New Republic* 掲載）と単行本版（*The Shores of Light* 収録）の一部比較。下線部は本稿で言及した典型的な削除例のひとつ。

言われていた"An Appeal"（ある提言）で、単行本ではこれを削除しちゃったのだから、議論の焦点がぼやけてくるのはある意味当然であるわけですね。しかしそれにしても、修正〈後〉の記事を読めば分かるように、ウィルソンは決してコミュニズムに対する共感そのものを隠蔽しているわけではない。逆です。当時の共感は残しつつ、むしろ表現されている共感の程度というか、ニュアンスを変更しているわけで、そういう意味ではかなり慎重というか、ある意味巧妙な変更を加えているとも取れる。

ですがカウリーの回想は、先ほども申し上げたように、この修正について直接どうこう述べているのではありません。しかし、彼は当然自分が手伝った『苛立つアメリカ』の絶版を知っていたでしょうし、かつての盟友が自分の三〇年代をあまり語りたがらない、見せたがらないようになっていたのは誰より良く気付いていただろうと思います。だからこの『黄金の山々を夢見て』でのウィルソンへの言及は、その辺を明言していないからこそ、二人の交友関係にも、ある種の政治的な影が落ち始めたことを感じさせる。なんだか、少し暗い話になっちゃいますが。

しかしこういう「修正」の問題というのは、最終的には書誌的・文献学的な重箱の隅突きではなくて、結局その人がみずからにとっての書くことを、あるいはみずからが書いたものをどう捉えていたのかという、いわば信念の問題を明らかにするものでなければならないと思います。

極端な例ですが、レズリー・フィードラーなんかは、ウィルソンの「修正」についてはかなり公然と、それも激しく非難している数少ない批評家の一人ですね。一九六四年に出た『終わりをまちながら』という有名な三部作の一冊がありますが[78]、この本で彼は、三〇年代はアメリカ文学がある種の「終わり」を迎えた時代だと主張している。なぜなら、当時の作家たちが自分の人生を文字通り「書き換え」てしまったからだ、というわけです。フィードラーに言わせればカウリーも正直者とはとても言えなくて、とにかく「失われた世代」は大体ダメということになっているんですが、なかでも自分の過去を徹底して隠蔽・修正した人物として大物ウィルソンをやり玉に挙げている。フィードラーによると、どうも当時ウィルソンは、三〇年代の文章を絶対転載させないことで有名だったようですね。確かにこの時代に彼が実際に語っていたことは、先に例を見たように、後に「当時書かれたもの」として出た本を読んでも、正確なところが分からない。あちこち修正している。フィードラーはそれを、やはり非常に欺瞞的な隠蔽ではないか、と言うわけです。

しかしまあ、そう言い切っちゃうのも、僕は少し違うかなという気がしていて……「お前は文章を変えただろ！」とか、なんか魔女狩りになっちゃうじゃないですか。じゃあ文章変えなきゃ、ええんかいという。ウィルソンには、確かに熱心な共産主義シンパとしての過去を、あまり大っぴらにしたくない気持ちはあったかもしれません。しかしごく好意的に言えば、彼の場合、もともと一冊の書物を完璧に仕上げたいという一種プラトニックな欲望というか、偏執も感じますよね。なんであれ、現時点で誤りと思われることは一切含めたくないという。ある種、癖の問題というか。

ただ、いずれにせよはっきり言えるのは、ウィルソンが色々と現実政治について頭を悩ませた末、やがて「危機の二〇年」の終わり（第二次世界大戦の始まり）を迎えた頃には、もうものを書く人間としての自分は現実政治への提言などではなく、『フィンランド駅へ』のような流儀、つまり冒頭で申し上げた〈歴史〉という展望から語るべき人間だということをはっきりと見定め、自覚したのだろうということです。

『フィンランド駅へ』は、そういう意味ではウィルソン自身にとって、単に仕事というより人生における分岐点となった本かも知れない。またこういう旧友の変化を、カウリーが意識しなかったはずはありません。『フィンランド駅へ』以降、ウィルソンは現在の僕らが知っているような、押しも押されぬ二十世紀アメリカ、あるいはむしろ英語圏全体を代表するような "a man of letters" (文人) になって行く。他方でカウリーは、いわば消去法的にこの『ニュー・リパブリック』誌の顔となったことで、大きな政治的苦境に立たされることになります。

(78) Fiedler, Leslie A. *Waiting for the End.* New York: Stein and Day, Publishers, 1964. (邦訳:レスリー・A・フィードラー『終りを待ちながら (アメリカ文学の原型)』井上謙治・徳永暢三共訳、新潮社、一九七二年。)

8

『ニュー・リパブリック』というのは、ご存じのように戦後も長くアメリカのリベラル派を代表し続けた雑誌ですが、三〇年代後半には大きな危機の時代を迎えます。これはそのまま、当時雑誌を代表する人物だったカウリー自身の危機でもある。その苦境は、ひとことで言えばスターリンを支持したことによって生じたものです。

一九三七年、カウリーは長年寄稿してきた書評欄で、六百頁近くにわたるモスクワ裁判の長大な筆記録[79]——翌年にはたちまち八百頁以上に増補されますが——を取り上げ、これを三部構成で論じています[80]。そして、さまざまな保留の言葉をちりばめながらではあるけ

(79) *The Case of the Anti-Soviet Trotskyite Center: A Verbatim Report.* Published by The People's Commissariat of Justice of the USSR. New York: Bookniga. 1937.

れど、彼はここで一連の裁判を「是」としてしまう。むろん雑誌がこの問題を取り上げたのははじめてではなく、カウリー自身、相当の疑念や判断保留を経た末にこれを公表したことは想像できます。しかし過程はどうあれ、彼はそれを肯定した。しかも書評欄と言っても、この雑誌を代表するコラムとも言える“Books in Review”冒頭の記事において、カウリーはわざわざそうして見せたのです。むろんこの判断は、やがて決定的な「誤り」だったと判明する。しかし当初の誤認をずるずると引きずることで、カウリーはどんどん苦しい立場に追い込まれて行きます。

あまり歴史的経緯をご存じない方のために簡単に説明しておくと、モスクワ裁判というのは、旧ボルシェビキをスターリンが粛正した一連の裁判を指します。デューイに言わせると「見世物裁判」ですが、当時はいわば情報統制的な戦略から、ソヴィエト共産党があれこれ国外から言われる前に、敢えて「情報公開」するという形で世間に認知されて行くわけですね。こういう次第だから、いらない詮索や非難は外からしてくれるなよ、と。しかし、ばんばん人が殺されて行くわけですからね。騒然とする世論の中で、『ニュー・リパブリック』としては難しい立場に立たされることになる。というのもこの雑誌は、ス

(80) Cowley, Malcolm. “The Record of A Trial,” *The New Republic: A Journal of Opinions*, Vol. LXXXX, Number 1166, April 7, 1937, pp. 267-270.

ペイン内戦時（一九三六－三九年）には、人民戦線のほぼ実質的な機関誌であったわけです。人民戦線の後ろ盾はソヴィエト共産党で、対するフランコ政権を支援していたのは、むろんナチス・ドイツ。そこで編集部としては、色々疑義はあるけれど、先だっての戦いでともかくも人民の味方であったソヴィエト・ロシアを信じるという形で、この「裁判」の正当性をも信じてしまう。あるいは、信じたことにする。

というのは、ロシアの現状がかなり怪しいというのは、当時の編集部でも相当分かっていたわけですね。カウリーが入社した二九年、三〇年あたりというのは、ちょうど第一次五ヵ年計画が始まるころですが、ジョン・リードが『世界を揺るがした十日間』を世に問うた革命直後と違って、かなり多くの作家や特派員がロシアを訪れている。カウリーの三〇年代録も、そういう人たちが頻繁に編集部を訪れる様子を伝えています。実際、訪露の機会もあったウィルソンのような文学的トロツキストと比べても、後にスターリニストとして非難されることになったカウリーのほうが、早くから悪しき実情を察する機会があったんじゃないかと思うんですよ。というのも、カウリーは編集部では特に色々な人と会って話す機会が多いポストにいて、三〇年代初頭から「ニュー・スクール」黎明期の亡命知識人や、後にコロンビアで一大潮流（フランクフルト学派）を作り出すドイツ語圏の社会学者、あるいはクーデタで国を追われた元大臣なんて人たちとも、しょっちゅうチェルシー近辺で会っている。同じくソヴィエトについても、雑誌の特派員はもちろん、彼の地を尋ねた友人・知人たちから、公安の良くない噂や飢饉で人がどんどん死んでるなんて話を、随分耳にしていたようです。むしろ彼こそは、ロシアの実態を最初に疑うべき立場にあったと言うべきかもしれない。

しかし『ニュー・リパブリック』という雑誌は、そもそも戦後のヴェルサイユ条約批准の可否をめぐっ

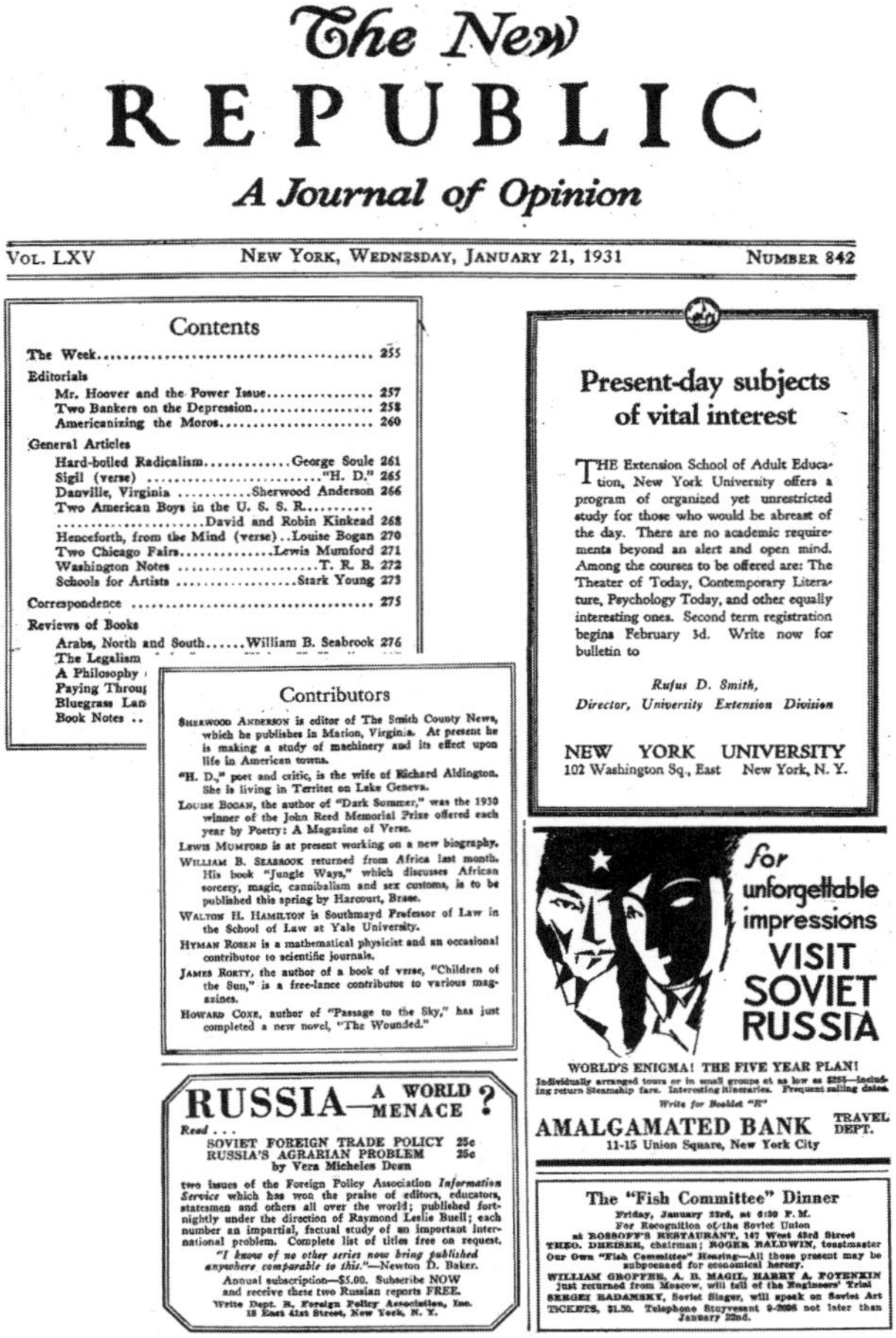

The New
REPUBLIC
A Journal of Opinion

Vol. LXV　　New York, Wednesday, January 21, 1931　　Number 842

Contents

The Week.......... 255
Editorials
Mr. Hoover and the Power Issue.......... 257
Two Bankers on the Depression.......... 258
Americanizing the Moros.......... 260
General Articles
Hard-boiled Radicalism..........George Soule 261
Sigil (verse) ...."H. D." 265
Danville, Virginia ....Sherwood Anderson 266
Two American Boys in the U. S. S. R..........
..........David and Robin Kinkead 268
Henceforth, from the Mind (verse)..Louise Bogan 270
Two Chicago Fairs..........Lewis Mumford 271
Washington Notes ....T. R. B. 272
Schools for Artists ....Stark Young 273
Correspondence 275
Reviews of Books
Arabs, North and South......William B. Seabrook 276
The Legalism
A Philosophy
Paying Throu
Bluegrass Lan
Book Notes ..

Contributors

Sherwood Anderson is editor of The Smith County News, which he publishes in Marion, Virginia. At present he is making a study of machinery and its effect upon life in American towns.

"H. D.," poet and critic, is the wife of Richard Aldington. She is living in Territet on Lake Geneva.

Louise Bogan, the author of "Dark Summer," was the 1930 winner of the John Reed Memorial Prize offered each year by Poetry: A Magazine of Verse.

Lewis Mumford is at present working on a new biography.

William B. Seabrook returned from Africa last month. His book "Jungle Ways," which discusses African sorcery, magic, cannibalism and sex customs, is to be published this spring by Harcourt, Brace.

Walton H. Hamilton is Southmayd Professor of Law in the School of Law at Yale University.

Hyman Rosen is a mathematical physicist and an occasional contributor to scientific journals.

James Rorty, the author of a book of verse, "Children of the Sun," is a free-lance contributor to various magazines.

Howard Coxe, author of "Passage to the Sky," has just completed a new novel, "The Wounded."

Present-day subjects of vital interest

THE Extension School of Adult Education, New York University offers a program of organized yet unrestricted study for those who would be abreast of the day. There are no academic requirements beyond an alert and open mind. Among the courses to be offered are: The Theater of Today, Contemporary Literature, Psychology Today, and other equally interesting ones. Second term registration begins February 3d. Write now for bulletin to

Rufus D. Smith,
Director, University Extension Division

NEW YORK UNIVERSITY
102 Washington Sq., East　New York, N. Y.

for unforgettable impressions
VISIT SOVIET RUSSIA
WORLD'S ENIGMA! THE FIVE YEAR PLAN!
Individually arranged tours or in small groups at as low as $255—including return Steamship fare. Interesting itineraries. Frequent sailing dates.
Write for Booklet "R"
AMALGAMATED BANK　TRAVEL DEPT.
11-15 Union Square, New York City

RUSSIA—A WORLD MENACE?
Read . . .
SOVIET FOREIGN TRADE POLICY 25c
RUSSIA'S AGRARIAN PROBLEM 25c
by Vera Micheles Dean
two issues of the Foreign Policy Association *Information Service* which has won the praise of editors, educators, statesmen and others all over the world; published fortnightly under the direction of Raymond Leslie Buell; each number an impartial, factual study of an important international problem. Complete list of titles free on request.
"I know of no other series now bring published anywhere comparable to this."—Newton D. Baker.
Annual subscription—$5.00. Subscribe NOW and receive these two Russian reports FREE.
Write Dept. R, Foreign Policy Association, Inc.
18 East 41st Street, New York, N. Y.

The "Fish Committee" Dinner
Friday, January 23rd, at 6:30 P. M.
For Recognition of the Soviet Union
at ROSSOFF'S RESTAURANT, 147 West 43rd Street
THEO. DREISER, chairman; ROGER BALDWIN, toastmaster
Our Own "Fish Committee" Hearing—All those present may be subpoenaed for economical heresy.
WILLIAM GROPPER, A. B. MAGIL, HARRY A. POTEMKIN just returned from Moscow, will tell of the Engineers' Trial
SERGEI RADAMSKY, Soviet Singer, will speak on Soviet Art
TICKETS, $1.50. Telephone Stuyvesant 9-2696 not later than January 22nd.

▲　当時の雑誌表紙と広告欄のコラージュ（1931年1月21日号より）。“Visit Soviet Russia”などの宣伝文句、執筆者・寄稿編集者として詩人のH. D.（ヒルダ・ドゥーリトル）や小説家のシャーウッド・アンダスン、哲学者のデューイや文明批評のルイス・マンフォードらの名が見える。なおこの号の目玉は、先に紹介したウィルソンの「提言」に対する、経済学者ジョージ・スーレイの痛烈な批判“Hard-Boiled Radicalism”であった。この論争には、すぐにもケネス・バークが加わることになる。

てもそうですが、こういう政治的大事に際しては、必ず「立場」を白黒つけた形で表明するというのが、初代編集長ハーバート・クローリー以来の流儀なんですね。これはたぶん一九二〇年代ぐらいまでは可能だった、雑誌社のポリシーとしてはやや純朴に過ぎるそれという気もしますが……明らかにカウリーは、『パーティザン・レヴュー』などで活躍していたもっと若い世代と比べると、こういういささか無垢な政治的伝統の中にあった。彼自身の一九二〇年代録（『移郷者の帰還』）では、政治運動と芸術運動が同じ「ラディカリズム」として祝祭的雰囲気の中にいられたのは、せいぜい一九一〇年代ぐらいまでだと書いてますが、三〇年代以降の過度に政治化した世界に比べれば、二〇年代だってまだまだそうでしょう。しかしいずれにせよ、わざわざ雑誌を代表して「立場」を表明するようなナイーヴな政治的善意は、その後の世界ではどんどんドツボに嵌まって行く。それを否応なく思い知らされるのがカウリーの世代で、フィードラーの非難とはちょっと趣旨が違いますが、確かに〈失われた世代の、失われた一九三〇年代〉といったことは言えるかもしれない。そして、そんな彼らの政治的イノセンスを最初に決定的に打ちのめしたのが、ほかでもない三九年の「独ソ不可侵条約」であったわけです。

　ところで、例えばその前の「スペイン内戦」というのは、ピカソの『ゲルニカ』なんかを通じて、現在でも一種の政治的マニキーズムで捉えられることが多いですよね。「人民戦線」対「フランコ政権」とは、すなわち善き市民と悪しきファシズムの戦いである、というように。カウリーが関わっていた作家会議をはじめ、当時の良心的インテリたちは、いわばこういう善悪の戦いにおける〈善〉の側に加担しようとしていたと言っていい。コミンテルンの募った義勇兵として駆けつけたヘミングウェイとか、オーウェルとか、ああいう人たちもそうです。中にはケストラーみたいに、敢えてフランコ側で二重スパイになっちゃうという手の込んだ人もいましたが……総じて彼らが、ファシズムという〈悪〉に対抗する意志として在ろうとしたことは間違いない。

しかしリアルポリティクスには、そんな〈善〉が存在すべき場所はなかった。というか、現実政治はそういうものをどんどん無化してゆくプロセスだということを、彼らは思い知らされることになる。スペインを代理的戦地としたファシズムと社会主義の二陣営が、内戦の終結後、たちまち「独ソ不可侵条約」という形で手を取り合ったことで、彼らの理念的な地図は吹き飛ばされてしまいます。残った現実政治の風景では、芸術家の掛け値なしの良心が生んだ先の『ゲルニカ』だって、ある種のイデオロギー装置として働くほかない。政治とイメージといった問題にも、彼らは無垢だった。当時のリベラリストたちは、自分たちの政治的判断の「正誤」を問われて苦しんだのではなくて、むしろこういう、自分たちが抱いていた世界の見方そのものを覆されるような経験に苦しんだんじゃないですかね。

しかしともかく、彼らがどのような「内心の砦」を持ち、どのような善意に従って行動していたのであろうと、モスクワ裁判に際してこれを是とする意見を表明したのには、百パーセントそれを表明した人間と、これを掲載した雑誌に責任がある。とりわけ『ニュー・リパブリック』を背負って論陣を張っていたカウリーが非難されるのは当然のことです。

さて、その後どうなったか——このあたりのアメリカのインテリたちの経験については、なんとなくご存じの方も多いでしょうが……三九年に「独ソ不可侵条約」が締結されると、それみたことかと、ソヴィエト＝スターリン支持を表明していた雑誌やインテリはぼろかすに叩かれることになる。なかでもカウリーは集中砲火を浴びて、その攻撃の急先鋒にあったのは『パーティザン・レビュー』周辺のいわゆる「ニューヨーク・インテレクチュアル」たちです。カウリーと彼らの関係については、秋元秀紀さんの大冊『ニューヨーク知識人の源流』がどの本よりも分かり易く詳述してくれています[81]。この本を読むと当時のインテリの動向や苦しみが実に良く分かりますが……しかしそれにしても、この頃からスターリニストとして非難され続けたカウリーが、その後「大粛正」の実態なんかが次第に明らかになって行くなかで、どんな風にアメリカ国内で過ごしていたのかなあと思うと、きっと相当、きつかったろうなと思うんですよね。

実はカウリーは、モスクワ裁判のときだけでなく、一九五〇年代のレッド・パージでも相当やられています。こちらはアルジャー・ヒスの裁判。カウリーはヒスの無実を信じて進んで証言台に立ち、結果、またもサンドバッグと化す。いまこの事件を詳述する時間はありませんが、ヒスというのは、国連設立の立役者でもあったアメリカ政府の高級官僚です。ローズヴェルト大統領の、まさに側近中の側近。そんな人物がウィテカー・チェンバーズの証言をもとにして、「ソヴィエトのスパイ」容疑で非米活動委員会に引っ張り出されたわけですから、当時のアメリカでは前代未聞の大スキャンダルですよね[82]。

証人喚問されたカウリーは、当時のリベラル派の多くがそうであっ

(81) 秋元秀紀『ニューヨーク知識人の源流——一九三〇年代の政治と文学』彩流社、二〇〇〇年。なお本論との関連では、ニューヨーク知識人をめぐる本編とは別に設けられた、カウリーに関する間奏曲的な数章(“Interrude”)を参照のこと。

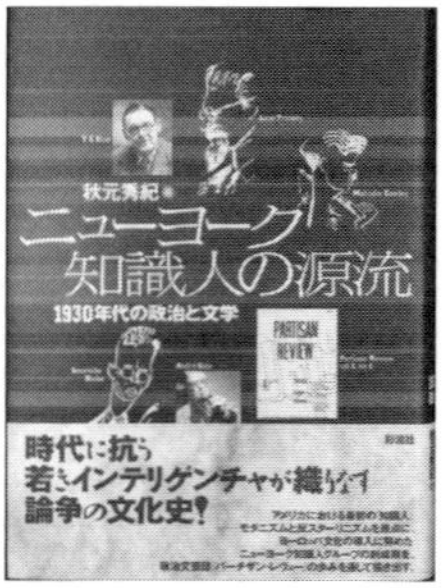

たように、ヒスの「無実」を信じて証言台に立ちます。彼の証言はチェンバーズの主張が事実無根であることを証そうとするものだったようですが、結局ヒスは「有罪」になり、投獄されてしまう。ヒスはその後、死の直前の一九九二年に名誉回復して、夫婦で大喜びするところが大きく報道されています。しかしとにかく、一九五〇年当時は政治犯として長く服役することになった。カウリーはここでもまた、ソヴィエトのスパイに味方した人間として、国賊のような扱いを受けることになってしまう。

アメリカという国は、ご存じのようにこういう風に一度政治的レッテルが貼られてしまったものには、極めて不寛容ですからね。年齢的にも、ここまですべて働き盛りの三十代から四十代にかけての出来事ですから、なかなかカウリーもしんどかったろうと思うんです。

実はこれ、アメリカの文壇では広く知られた話みたいで、そのために、今でも「マルカム・カウリーはアカ」ということに基本的になっている。彼はいわゆる旅の同伴者《フェロー・トラヴェラー》(共産党シンパ)で、みずから共産党員であったことは一度もなく、また先に見た若い頃のウィルソンの書きっぷりなんかと比べても、もともと文筆活動においては政治的にずっと穏便な良心的リベラル派です。しかし結果的に、世間の目には

(82) アルジャー・ヒスについては特に以下の二冊が参考になる。
Cooke, Alistair. *A Generation on Trial: United States of America Versus Alger Hiss.* 1st ed. New York: Knopf, 1950.
Hiss, Alger. *Recollections of A Life.* 1st ed. New York: Seaver Books, 1988.（邦訳：アルジャー・ヒス『汚名――アルジャー・ヒス回想録』井上謙治訳、晶文社、一九九三年。）

カウリーのほうがはるかに「赤い」ということになっちゃった。スターリンを支持したのは、むろん彼の自由意志です。しかし雑誌を代表して語るその立場が、カウリーの言葉を否応なく政治化して行ったことも否定できません。

他方でウィルソンはというと、もう一九四〇年代にはすっかり「コミュニズムに批判的なインテレクチュアル」という評価が定まっている。どれとは言いませんが、最近の文学事典では彼が非常に早くから共産主義に批判的だったというようなことが、保留抜きで書かれていることがあります。しかしモスクワ裁判以降のスターリニズムならともかく、彼が当初から共産主義に批判的で、常にその〈歴史〉を記述する超越的立場にいたかのように捉えるのはおかしい。三〇年代初頭ぐらいまでの文筆活動で言うと、すでに見たように、シンパセティックに振る舞っているのはむしろウィルソンのほうです。

しかし本当に大事なことは、彼らが当時何を支持していたかではなく、そのことについて、後世が知り得た事柄に基づいて非難すべきではないということでしょう。近頃はそもそもレーニンが元気だった頃から、ちょっと矛盾した表現になりますが、広義の「スターリニズム」は（レーニン自身によるツァー一族の虐殺やインテリゲンチャの国外追放によって）始まっていたと捉えるのが普通ですね。しかし当時、そういう実態を知る人はいなかった。分かったのはソヴィエト崩壊後の九〇年代に入ってからで、それ以前に、実態の知られていない事柄について正当に批判できた人は、原理的にいない。三七年にスターリンを支持していようがいまいが、彼らは皆、翌年までに七〇万件近くの死刑執行が為されていたなんて事実は、知らなかったのです。政治は結果責任ですが、それでも当時モスクワ裁判を容認した人々が、このような所業を受け入れたかのように遡及的に捉えてはならない。しかし政治判断の「正誤」を問う論争は、しばしばそういう性格を持ちますからね。でもそうやって生じるバッシングは、実はデューイが非難した「見世物裁判」と同じで、みずからの正しさを誇示しようとする欲求と論理に支えられている。

実を言うと、カウリーの苦境は亡くなった現在もある意味で続いていまして……先ほどのスパイ容疑の掛かった政府高官のアルジャー・ヒス、一九九二年に「名誉回復」したと申しましたけれど、二一世紀に入ってヒス夫妻が亡くなると、こんどは「ヴェノナ文書」なる機密文書──もの自体は同じ九〇年代初頭、つまりソヴィエト崩壊をきっかけに出てきたもので、スターリニズムの実態もこれで判ったわけですが──の詳細が改めて明らかになったと米政府が言い出し、それでつい最近、「やっぱりヒスはスパイでした」という話にまたなっちゃった。ヒス夫妻はすでにこの世になく、真実は闇の中ですが、一応アメリカ政府の公式見解としては、マルカム・カウリーはいまふたたび、アメリカを国難に陥れたスパイを擁護した人物である、ということになって現在に至っているわけです。

そんなカウリーも、第二次大戦後はあのように活躍することになる。で、それは結局、メロン夫妻（ボーリンゲン）の援助も大いにあったでしょうが、やはりあのフォークナーのおかげだったのではないかと思うわけですね。通常、文学史的にカウリーは「フォークナーの発見者」の一人とされていて、埋もれていた南部の天才というか、ほとんどアウトサイダー・アーティストになりかけていたニートのおじさんを救い出したことになっている。けれども、実は救われたのはカウリーのほうじゃなかったか、と。

それ以前、カウリーはこれまで述べたような事情で文壇内で肩身が狭くなり、それからはずっとアンソロジーの編集とか、あれこれのイントロダクションの執筆、それからなんといっても書評ですが、そういうどちらかといえば目立たない仕事にひたすら打ち込んでいる。一方フォークナーも、いまとなっては二十世紀文学の金字塔と目されている作品を大量生産しながらも、社会的にはほぼ無に等しい存在。ハリウッドで『大いなる眠り』のスクリプトを書いたりしながら、口に糊する境遇だった。そんな二人が出会うのは、ようやく一九四〇年代の後半になってからです。

ちなみに同じ頃、エドマンド・ウィルソンはというと、こちらはまったく逆に、すでに押しも押されぬ大家になっている。実はここに、晩年まで彼が用いていたと伝えられる、各所からの依頼に対する「お断り」のフォームがあるんですが……これがなかなか面白い（左頁参照）。チェックマークを付して「〇〇をお断りいたします」とする略式の書状として用いていたようですが、「人の原稿に目を通す」とか「シンポジウムへの参加」とか、色々あらかじめリストになっている。実に彼らしいつっけんどんですが、良く言えば俗世間を離れた孤高の批評家、悪く言えば少しお高くとまっている感じで、まあ先ほどお話ししたポープとグラブ・ストリートの境遇の違いに比するつもりはありませんが、お互い同じ地点から出発したウィルソンとカウリーは、晩年に向かって、ずいぶんと違った境地に辿り着いていたわけです。

この違いは結局、一九三〇年代を振り返ることにも現れてくるんですね。今日お話ししたように、ウィルソンはこの時代をみずからの〈歴史〉記述のはるか後景へと退かせて行くわけですが……カウリーはむしろ逆に、晩年に向かうにつれてその〈編集〉の仕事の傍ら、強迫的なまでに当時を開示して行こうとする。そして、ともかくも六〇年代にフィードラーが非難した「過去を消す」こととは、逆のことをやろうと試みるわけです。

今日幾度か紹介した『黄金の山々を夢見て』という本が、まさしくその成果のひとつであるわけですが、色々苦労しながらやっと書き終わったのが一九七九年。もともと『移郷者の帰還』の「続編」のつもりだったのが、あれこれ悩む内にここまでかかったというんだから、あっという間に書き上げた二〇年代録と比べると、彼にとって三〇年代がいかに書くのが辛い時代であったのかが分かります。むろんこの回想についても、自己正当化を誹る批判がないではない。しかしまあ、そういう非難から自由であることは誰にもできないんですよ。彼を支える素朴な信念は、冒頭に簡単に書いてあります。コミュニズムにい

Edmund Wilson regrets that it is impossible for him to:

read manuscripts,
write articles or books to order,
write forewords or introductions,
make statements for publicity purposes,
do any kind of editorial work,
judge literary contests,
conduct educational courses,
deliver lectures,
give talks or make speeches,
broadcast or appear on television,
take part in writers' congresses,
answer questionnaires,
contribute to or take part in symposiums or "panels" of any kind,
contribute manuscripts for sales,
donate copies of his books to libraries,
autograph books for strangers,
allow his name to be used on letter-heads,
supply personal information about himself,
supply photographs of himself,
supply opinions on literary or other subjects.

Wilson's printed "card of response." *University of Illinois Library*

▲　ウィルソンが改訂しながら用いていたという断り状の一例（出典：Douglas, George H. *Edmund Wilson's America.* Lexington: University Press of Kentucky, 1983.）。このカード欲しさに、かえって「依頼者」が増えてしまったという逸話もある！ 文面は大体以下の通り。

エドマンド・ウィルソンは遺憾ながら以下を予めお断りいたします。

- 人の原稿を読むこと
- 注文に応じて記事や本を書くこと
- 序文やイントロダクションの執筆
- 公共の諸目的のために発言すること
- 編纂などの仕事の一切
- 文学賞の審査員を務めること
- 教育目的の指導を行うこと
- レクチャーの開講
- その他スピーチ・講演会の類を行うこと
- テレビ番組への出演や、自身の姿の放映すること
- 各種作家会議への参加
- アンケート調査への返答
- シンポジウムへの参加や、同種の場で「パネル」を務めること
- 自筆原稿の売却に応じること
- 図書館への個人蔵書寄贈
- 他人の所有する自著への署名
- レターヘッドに自分の名を付すこと
- 私的な情報の提供
- 自分を写した写真の提供
- 文学、その他の事柄に関する意見の提供

かに「失望」したかを書いた本は沢山ある、と。例えばアーサー・ケストラーとか、この本でも言及されている『過てる神』所載のエッセイなんか有名ですが[83]、あれが一典型ですね。だけど、そもそもコミュニズムについて、自分たちが当時どんな希望を抱いていたのか、その雰囲気や気持ちをありのままに語ろうとしたものはほとんどない。だから、それを書いておこうと思って筆を執った。そう述べているわけです。

内容的には、やはり時代や彼自身の政治的苦境を反映してちょっと暗いんですが、それでもやはり歴史的概説では到底知り得ない、この時代の作家たちのリアルな生活や日常を良く伝えていて、僕は『移郷者の帰還』に負けないぐらい素晴らしいクロニクルだと思います。

最後になりますが、一九六〇年代後半、カウリーはもうひとつ、一九三〇年代に関する『ふり返る我ら——同時代としての一九三〇年代』という本を出版しておりまして、こちらはクロニクルではなく、当時を回想したさまざまなテクストをまとめたものですが、その「エピローグ」にこうあります。

長年短めの書評が仕事だったから、それが私なりの瞑想的無韻詩、

(83) Crossman, Richard Howard Stafford, Arthur Koestler, Ignazio Silone, Richard Wright, André Gide, Louis Fischer, and Stephen Spender. *The God That Failed*. 1st ed. New York: Harper, 1950; New York: Columbia University Press, 2001.

> ソネット連作、離れた友への手紙や私的日誌へと成り代わった。(…)作家は偶然が強いるどんな形式にも応ずるものだが、私もまたさまざまな出来事や意見をめぐる自分なりの冒険を、できうる限りそこに注ぎ込んだのである。(84)

(84) Cowley, Malcolm, "Epilogue." *Think Back on Us: A Contemporary Chronicle of the 1930s*. Edited by Henry Dan Piper. Carbondale: Southern Illinois University Press, 1967.

これは、彼が自分を語った言葉としては、もっとも良く表現されているように僕は思いますね。偶然与えられた自分の場所や、表現の形式を甘んじて受け入れること。一見消極的なそういう立場から、むしろそういう立場だからこそ表現される、素晴らしいものもあるんじゃないか。そんなことも、これから彼を通じて紹介できたらいいなと思っています。

長くなりましたが、今日のお話は以上です。ご静聴、どうもありがとうございました。

初出一覧

エピソディカルな構造　ヒューモアの概念──〈小説〉とエピソディカルな構造（『Metropolitan』五八号、二〇一六年）

内容と形式　内容と形式──『新・意味の意味』（仮題）序説」（『Metropolitan』五二号、二〇〇七年）

倒壊する言語　科学、崇高、パラドックス──18世紀的観念のアルケオロジー（『Metropolitan』四二-四三号、一九九九年）

サミュエル・ベケットと二人のデカルト　書評：岡室美奈子・川島健編『ベケットを見る八つの方法──批評のボーダレス』（『英文学研究』九二号、二〇一五年一二月）

照応と総合──〈土岐恒二の仕事〉への一視点　照応と総合──〈土岐恒二の仕事〉への一視点（『Metropolitan』五八号、二〇一六年）

アメリカン・ナルシスの相貌　アメリカン・ナルシスの相貌（『現代のエスプリ』二〇一一年一月号）

マルカム・カウリーの流儀　『ロスト・ジェネレーション』のこと（『みすず』二〇〇八年九月号）

モダンな二人──カウリーとバーク　モダンな二人──カウリーとバーク1（『みすず』二〇〇九年六月号）

モダンの二重螺旋　本書初出（講演・シンポジウム詳細は208頁参照）

後記

本書は広義の文学研究に関わるテクストを集めたものである。Ⅰには文学研究と哲学、ないし思想的なトピックの〈あいだ〉を繋ぐやや理屈寄りのエッセイを、Ⅱにはより「文学的」で読みやすい、比較的短いエッセイ——ただし最後の講演録だけはかなり長い——を収録している。どれも研究や調査の途上にあるようなものばかりで、中途半端な印象は否めないが、いまや個人的関心の向かう先が多少変化しつつあることもあり、一旦このような形で一部を公表させて頂くことにした。

中には古い起源を持つものもあり、例えばカントやダイアーを論じた「倒壊する言語」は前世紀最後の年が初出である。しかも元々のテクストは、かつて高山宏先生に提出した一九九七年の「学期末レポート」なのだから（実は石川淳で始まる表題の〈小説〉論も同様の起源を持つ）、我ながら進歩のなさに呆れるほかない。それでも、いかにも尖った当時の「説明不足」なスタイルを改め、一七―一八世紀の思想地図を、なぜ今日の構造主義やディコンストラクションの祖型として読み解きうるのかを、なるべく分かり易く示そうと再構築に努めた。「ハードウェア」と称したやや堅苦しい冒頭の三篇が初出当時より多少読みやすくなっているとすれば、これには縁あって震災の年から再度勤めることになった首都大学東京、つまりかつての都立大学で高山先生と「再会」し、あれこれお話させて頂く機会を得たことが大きい。専門家でない人々にも一気に届く「学魔」の魅力的語り口についてはご存じの読者も多かろうが、これを真似るには到底能わずとも、一切は人と人が語り合う交通にこそ行きつく、という氏の哲学——と、勝手に想像しているのだけれど——が、人生半ばをとっくに過ぎた相対的若者（?）にも、ようやく身に染みて分かってきた。コトバは届かなければ、始まらない。結果的には氏の厖大な訳書の一つから、タイトルとなるべきフレーズを拝借することにもなった。まことに縁《えにし》という、氏が良く用いる言葉を想わないわけにはいかない。

ところで、まさしくその「縁」をテーマに文化史の一端をひもといたのが、巻末のマルカム・カウリーをめぐる講演録である。本書冒頭には、小説家マルカム・ラウリーも出てきてちょっとややこしいが、この講演録の内容とテーマは、そのまま現在準備中の『ニューヨーク黎明』(仮題)と題したバーク、カウリー、ウィルソンを中心とした一九二〇-三〇年代文化論に、またⅠの「ハードウェア」にやや窮屈な形で展開した理論的トピックの数々は、雑誌『思想』にひとまず始まりの一章を掲載して頂いたマクルーハンを軸とする拙論にて(「ナルシスのプロテーゼ」、『思想』二〇一八年二月号)、これから少しずつ書き継いで行く予定である。

末筆ながら、常々サポートして下さっている首都大学東京の同僚各位に、心からの感謝を申し上げたい。また非常勤講師として来校される傍ら、当方に度々語らう機会と少なからぬヒントを与えて下さる二人の恩師、すなわちアメリカ文学の折島正司先生と、すでに名を挙げた「学魔」こと高山宏先生のお二人にも改めて御礼を。こうして挙げて行けばきりがないが、それでもかつての同僚であり、いまも度々「あるめいだ」にてお会いする二人の年長の友人(と、言って失礼のないことを願う)、すなわち政治思想史の佐々木武氏と、経済学の大久保和正氏のお二人にも、やはり数行を用いないわけにはいかない。佐々木さんからは今も励ましの言葉に加え、数々の「宿題」(?・)を頂く日々だが、なにしろ十年ほど前、「カウリーの翻訳」という大仕事を佐々木さんから引き受けることなくば、自分がここまでマルカム・カウリーに関わることはなかったはずなのである。ここでもやはり、縁という一語を思わないわけにはいかない。

そして最後の最後に、彩流社とその気鋭の編集者、高梨治氏の知遇を得たことに、大いなる感謝を。これが新たなる「始まり」でもあることを願いつつ、いまはペンを、いやMacBookの筐体を、ひとまず枕元に置くことにしたい。

二〇一八年七月某日　　吉田 朋正

人名索引

（一部の例外を除き、注のみに掲載された人名を除く。）

事項索引

ア・プリオリ（*a priori*）30, 42, 60, 105, 107, 109, 125
ア・ポステリオリ（*a posteriori*）9, 33, 42
アイソモーフィック（同型的 , isomorphic）34, 45
アイロニー , イロニー 20, 23, 45, 55n, 71, 78, 88, 93, 120, 125, 140, 142, 145, 147-148n, 294
アイロニカル , イローニッシュ 23, 25, 30, 78, 142, 201, 120-121
アナロジー 7, 22, 27, 36-37, 46, 57, 73, 117, 126, 140, 148n, 175, 212, 236-237
アルス・コンビナトリア（組み合わせ〔術〕）34, 39
アレゴリー（寓喩，寓意表象，allegory）55n, 103, 124-125, 142, 145, 105-108, 150n, 172-173n
アレゴリカル（寓喩的，寓意的）40, 103, 105, 108, 134, 143-144
イデア（「エイドス」も見よ）44, 81
イローニッシュ → アイロニカル
イロニー → アイロニー
隠喩〔的〕→ メタファー , メタフォリカル
隠喩 → メタファー
ヴァリュータシュバイン（Valutaschweine）245, 251n
ヴェノナ文書（Venona）309
ヴェルサイユ条約 , - 体制 246, 256, 265n, 267, 269-270, 302
ウモーレ（umore,「ヒューモア」も見よ）19-22, 24, 54n
ウモリズモ（umorismo,「ヒューモア」も見よ）14, 19, 20-22, 25, 27, 33, 37, 53n
エイドス（eidos,「イデア」も見よ）52, 61, 63, 65-66
エスシート（aesthete,「審美主義」も見よ）267, 271, 282
エピソディカル（挿話的 , 気まぐれな , episodic, episodical）28, 30-31, 35, 41, 54n
オートマティック・ライティング → 自動記述
オプティミズム → 哲学的オプティミズム
カオス〔的〕（「ディオニュソス〔的〕」も見よ）26, 42, 157
ガルゲンフモール（Galgenhumor）22-23, 119-120, 123, 144
カント=ラプラスの仮説（星雲説）114, 117
観念史 117, 157, 212, 213n
換喩〔的〕→ メトニミー , メトニミック
客観的相関物（objective correlative）71, 73-74, 77-79, 84, 230
共産主義，共産思想 → コミュニズム
共時的，共時態（synchrony）18, 36-37, 95
ギリシア壺 67-68, 81
金本位制 43, 250, 287
金融資本 248-249, 270
グラブ・ストリート 195, 261, 261-263n, 264, 310
クリエーション → 創造
繋辞 → コピュラ
〈形式〉（「内容と形式」のような二元性それ自体）67-69, 68, 86
芸術至上主義（「審美主義」,「エスシート」も見よ）142, 222, 224, 228, 264, 265n, 271
ゲーム（解釈の , 言語の , etc.）78, 92-93, 95, 124
ゲシュタルト（〔全体としての〕形 , Gestalt）116, 156, 167-168, 170, 174n
ケニング（代称法 , kenning）166
言語器官（language organ）165, 167, 174n
顕示的消費（conspicuous consumption）262
憲法 232-234, 235n, 236, 265n, 296
言明可能性条件（「真理条件」に対する , assertability condition）117
交換価値（exchange value）32-33, 35, 41
合目的的 → 目的〔論〕的
コノータティヴ（内包的 , 含意の , connotative）173n
コピュラ（繋辞 , copula）6, 163-164, 172n
コミュニケーション（「伝達」も見よ）37, 88, 90, 92, 95, 97
コミュニズム（共産主義，共産思想）193, 273, 284-285, 291-292, 295-296, 298-299, 308, 311-312
コモンセンス 169, 195, 226, 244
コンスティテューション（「憲法」,「構成体」も見よ）232
根本的翻訳（クワイン , radical translation）97

サーボメカニズム（「自己言及的」も見よ）16-17
散文的（〈小説的〉の対概念としての）17, 27, 33, 36
サンボリスム → 象徴主義
恣意性（arbitraire, arbitrariness）85, 107
恣意的（arbitrary）33, 40, 79, 106
自己言及, - 回帰, - 参照〔的〕 26, 43, 45, 124-126, 137, 147
自己疎外 67, 69, 137-138, 140-141, 144-145
指示対象 → レファレント, レファレンシャル
自然主義〔的〕28-33, 35, 41, 46, 223
自動記述, 自動筆記（automatic writing, écriture automatique） 254-256, 256n
シネクドキー（提喩, synecdoche）106, 107, 140, 145
シミュラークル（simulacre）43
シミリー（直喩, simile）164, 172
主観（subject）41, 56, 58, 63-64, 67, 69, 70, 73, 75, 78, 83, 86, 104, 136-140, 143
主観主義的（subjectivistic） 40
主観性（subjectivity）41, 126, 128, 136-137, 140, 145
主観的（subjective）162
主客の分離 69, 75, 86
シュルレアリスム, シュルレアリスト, 超現実主義 254-257, 257n
順列（permutation）136, 137
使用価値（use value）31-33, 41
小説的（〈散文的〉の対概念としての）15, 17, 19, 26-27, 33, 36, 41, 51, 171, 185, 279
象徴主義（サンボリスム, symbolism）182, 190n, 222, 223n, 282
消費社会 28-31, 33, 36, 43, 45, 46
紳士志願兵（gentleman volunteers）225, 257, 268
心身二元論（mind-body dualism）158, 160
シンタクス, 構文〔論〕10, 37, 130
審美主義, 審美家（「エスシート」,「芸術至上主義」も見よ）142, 224
真理条件（truth condition） 117, 148
スターリニズム 308-309
スタヴローギン（登場人物） 7-8
ストウヘッド（「風景庭園」も見よ）39, 103, 105, 134, 145
スペイン内線 193, 283, 302, 304
スラッシュ（「／」）57-59, 68-70, 75, 85-88
星雲説 → カント＝ラプラスの仮説
セルフ＝レファレンシャル → 自己言及的
セルフメイド・マン（self-made man）180, 187, 227, 243
造園術, 庭園術（landscape gardening）102, 134-135, 144
創造〔性〕（「ファブリケーション」に対する）40, 42, 51, 100, 105-106, 122, 128, 181
ダイグレッシヴ（脇に逸れる, 脱線しがちな, digressive） 4, 18, 37, 127
ダイダロス〔的〕（「ディオニュソス」に対する）15, 26, 34, 242
多声的 → ポリフォニック
ダダ〔- イズム, - イスト〕196, 220, 222, 224, 229, 246, 252, 256-257, 260, 264-265, 271-272
脱構築 → ディコンストラクション
チズウィック・ハウス（「風景庭園」も見よ）35, 38, 134
地動説 20, 25, 125
超越的（transzendent, transcendent）17, 20, 23, 26, 30, 36, 52n, 53n, 65, 71, 105, 120, 121, 140, 142, 148n, 157, 201, 308
超越論的（transzendental, transcendental）53-54n, 115, 118-121, 125-126, 137, 140-142, 147n, 148n, 171n
直喩 → シミリー
通貨 43-45, 44, 45, 250, 251n, 286-287
庭園術 → 造園術
ディオニュソス〔的〕（「ダイダロス」に対する -「カオス〔的〕」も見よ）26
ディコンストラクション, ディコンストラクティヴ, etc.（脱構築〔的〕, deconstruction） 13, 55, 102, 123-126
テクノロジー 16-17, 34, 41, 57, 255
デコーラム（〔特に芸術上の〕規範的作法, decorum）74, 79, 81, 84-85
哲学的オプティミズム（ライプニッツ）114, 116, 127
デノータティヴ（直示的, 外延的, denotative）86, 124, 173n
デミウルゴス〔的〕, デミアージック（創造神〔模倣〕的, demiurgic）17, 42-43, 155, 275
テレオロジー → 目的論
テレオロジカル → 目的〔論〕的
テンセグリティー〔構造〕205, 242
伝達（「コミュニケーション」も見よ）60, 63, 80-81, 95, 97, 276

【著者】

吉田朋正

…よしだ・ともなお…

首都大学東京大学院人文科学研究科（英文学）准教授

一九六八年生まれ。慶應義塾大学仏文科卒、早稲田大学大学院英文科修了、東京都立大学博士課程単位取得満期退学。同大学人文学部英文科助手（一九九八-二〇〇〇年）、東京医科歯科大学教養部助教授および准教授（二〇〇〇-二〇一一年）を経て、現職。専門は英語圏を中心とした批評史、ならびに二〇世紀アメリカの文化・思潮。論文に「ナルシスのプロテーゼ――『メディア論』再訪（1）」（『思想』二〇一八年二月号）、翻訳にマルカム・カウリー『ロスト・ジェネレーション』（共訳、みすず書房、二〇〇八年）のほか、雑誌翻訳にダンカン・フォーブズ「思想史という営みの感性的側面について」（『思想』二〇一七年五月号）など。

Sairyusha

エピソディカルな構造《こうぞう》
〈小説《しょうせつ》〉的《てき》マニエリスムとヒューモアの概念《がいねん》

二〇一八年八月二〇日　初版第一刷

著者――吉田朋正

発行者――竹内淳夫

発行所――株式会社 彩流社

〒102-0071
東京都千代田区富士見2-2-2
電話：03-3234-5931
ファックス：03-3234-5932
E-mail：sairyusha@sairyusha.co.jp

印刷――モリモト印刷（株）

製本――（株）難波製本

装丁――坂川朱音［krran］

ISBN978-4-7791-2510-2 C0010
http://www.sairyusha.co.jp